RUHE
AUF DEN
BILLIGEN
PLÄTZEN!

Lucinde Hutzenlaub

RUHE AUF DEN BILLIGEN PLÄTZEN!

Eine Mutter im Familienurlaub packt aus

Inhalt

I haven't been everywhere, but it's on my list.
– Susan Sonntag

Nach der Reise ist vor der Reise

Verreisen ist toll. Es bildet, ist erholsam und bringt die Familie zusammen. Obwohl: Weder das mit der Erholung noch das mit der Familienbildung weiß man vorher immer so genau, aber ein Abenteuer ist eine Reise auf jeden Fall. Schließlich kann selbst ein im Reisebüro gebuchter Pauschaltrip in ein All-inclusive-Hotel ganz anders beginnen oder enden als geplant. Flüge halten nicht immer, was sie versprechen, Uhrzeiten können für Verwirrung sorgen und allerlei Missverständnisse entstehen, wenn man Pläne schmiedet, aber sie mit keinem bespricht. Oder nur die Hälfte. Wichtig ist bei Chaos aller Art natürlich, dass man die Nerven behält. Dafür ist Urlaub allgemein ja ein gutes Übungsfeld, vor allem, wenn man Kleinkinder, Pubertierende, Großeltern oder Ehemänner dabeihat, die eine völlig andere Vorstellung von links und rechts haben als man selbst.

Jeder von uns hat nun mal ganz konkrete Vorstellungen von einer gelungenen Reise. Dass die nicht immer mit den Vorstellungen der anderen Familienmitglieder übereinstimmen, ist logisch. Mein Sohn William will zum Beispiel immer angeln. Meine Tochter Maria braucht Action, ihre Schwester Lilli Erholung (ich auch, verstehe aber etwas anderes darunter), mein Mann Holger möchte auf gar keinen Fall in einen Luxusschuppen und Paulina, Tochter Nummer drei, will auf gar keinen Fall fliegen. Mein Mann und ich hätten gern mal Zeit zu zweit und gleichzeitig mögen wir Reisen mit Freunden. Es ist nicht einfach, bei der Reiseplanung alle glücklich zu machen. Aber man kann es versuchen. Ja, wir hatten gerade erst grandiose 14 Tage am Meer. Die Sonne schien den ganzen Tag, wir hatten ein sehr schönes Ferienhaus direkt am Strand, die Kinder haben schnell Anschluss gefunden, Holger und ich hatten sogar Zeit zu zweit und wir alle haben uns gut verstanden. Beinahe immer. Wir sind braun, erholt und urlaubssatt, die Rückreise verlief reibungslos und der nette Taxifahrer hat es tatsächlich geschafft, uns und alle unsere Gepäckstücke direkt am Flughafenausgang in seinem Minivan unterzubringen. Dieser Urlaub war eindeutig perfekt. Alle Familienmitglieder sind dementsprechend froh. Alle? Nun, eine einzige Person schaut eher griesgrämig aus dem Autofenster und – nur fürs Protokoll – es ist kein mitgereister Teenager. Schande über mich. Ich bin es selbst. Und warum?

Nun, je näher wir unserem Haus kommen, umso schwerer wird mein Herz. Also, nicht dass ich unser Haus nicht mögen würde, unsere Katze nicht vermisste hätte und mich nicht auf meine Eltern und Freunde freue – ganz im Gegenteil. Es bedeutet einfach nur, dass unser Urlaub vorbei ist.

Na ja. Mir graut eben vor den Wäschebergen, dem Staub, den obligatorischen vertrockneten Äpfeln und den vergessenen Pausenbroten, die sich dank Pelzbesatz in den Schultaschen bemerkbar machen. Während Paulina, Maria, Lilli und William ihre Reisetaschen vor die Waschmaschine werfen und behaupten, sie hätten ihre Koffer ausgepackt und die Klamotten dahin geräumt, wo sie hingehören, und zu ihren Freunden aufgebrochen sind, stehe ich in meinem Flur und frage mich, was ich hier soll. Das ist genetisch. Oder vielleicht auch nur chronisch. Und hat nur bedingt etwas damit zu tun, was ich nach jeder Reise zu

Hause wieder vorfinde. Und es ist meistens auch nicht wirklich schlimm, es ist nur eben – Alltag. Und an den kann ich mich einfach schlecht gewöhnen. Jedenfalls bin ich dauerhaft fernwehgeplagt und überlege mir bei der Ankunft nach jeder Reise, ob ich nicht doch gleich wieder in den nächsten Flieger steigen sollte. Wenn mich meine Freunde fragen, ob ich sie zum Flughafen oder an die Bahn bringen kann, sage ich sofort Ja und habe hinterher Mühe, meine Sehnsucht in ihre Schranken zu weisen. »Ich will mit!«, ruft mein Herz. »Nix da!«, mein Verantwortungsgefühl. Ich schmiede ständig Reisepläne und will überall hin. Budapest, Bangkok, Berlin? Finnland, Fidji-Inseln, Fuerteventura? Bin schon unterwegs. Gedanklich zumindest. Ich habe auch kein Problem damit, länger zu bleiben, solange es fremd ist.

Unter meinem Bett liegt immer ein gepackter Koffer. Also, emotional gesehen. In Wahrheit liegen dort maximal Wollmäuse. Aber ich habe schnell gepackt, so viel ist klar. Sogar das Gepäck meiner Kinder, wobei: Dank meiner genialen Packliste können die das mittlerweile selbst. Ob später alle Gepäckstücke im Auto sind? Nun, das wird sich zeigen. Aber lesen Sie selbst, was alles passieren kann, wenn wir zu sechst, zu elft, zu dritt oder auch ganz allein unterwegs sind.

Ach, die Welt ist groß und bunt und schön, am liebsten wäre ich noch viel öfter unterwegs. Mit Kindern und ohne, mit Freunden, Eltern, dem Auto, dem Flugzeug, um die Ecke oder ganz weit weg. Von mir aus kann es losgehen!

Das Ziel ist das Ziel

Unterwegs in Deutschland – oder ahnungslos durch das Land

Beim Reisen ist es mir übrigens auch völlig egal, ob mich mein Weg auf die andere Seite der Welt oder nur ein paar Orte weiter bringt. Hauptsache, es gibt Neues zu entdecken. Und das ist durchaus auch hier vor unserer Haustüre möglich.

Doch, ich kenne Deutschland. Allerdings leider schlecht. Man sollte nicht glauben, wie viele schöne Städtchen es gibt, die ich noch nie gesehen habe. Ja, von deren Existenz ich noch nicht einmal wusste.

Die wenigen Male, in denen ich durch mein Heimatland gereist bin, habe ich sehr zielorientiert geplant. Sie führten von A nach B und zwar ohne Zwischenstopp in C.

A, also das Zentrum von allem, ist Stuttgart. Das sagt ja schon einiges. Und B sind Tante Gisela in München, Anja in Berlin, die Buchmesse in Frankfurt oder der Bauernhof in Bayern. Neulich war B eine Preisverleihung in Bad Hersfeld.

Juhu. Bad Hersfeld. Noch nie gehört.

Den Süden kenne ich ja immerhin. *Einigermaßen*. Ein bisschen. Ich weiß, unterhalb von München kommt nicht mehr viel (also ich meine großstadtmäßig und wenn man die Münchner fragt, sowieso).

Das heißt, nach meiner Einteilung liegt alles andere »oben«. Entweder bei Frankfurt oder bei Hamburg. Oben ist für mich immer Norden. Dresden ist rechts außen und Düsseldorf links. Beides auf halber Strecke nach ... oben. Noch Fragen? Ich muss, um die Himmelsrichtungen sortieren zu können, grundsätzlich leise »Nie ohne Seife waschen« vor mich hin sagen und dabei mit dem Zeigefinger im Uhrzeigersinn mitgehen. Menschen, die ganz entspannt Richtungsangaben machen wie »Na ja, nach Ebersbach, da musst du Richtung Südwest ins Remstal und dann Nordost auf die B27 ...«, beeindrucken und verunsichern mich zutiefst. So funktionieren Wegbeschreibungen bei mir nicht.

Ich kann alles finden, wenn man mir sagt, ich soll am Edeka nach links und vor der Kneipe, in der ich früher gekellnert habe und in der Olli immer ..., nach rechts. Tja. Was soll ich machen? Es ist beschämend, ich weiß. Es ist noch beschämender, wenn man sich nur mal vorstellen mag, dass ich mittlerweile mit vier Kindern jeweils mindestens einmal für die Schule alle Bundesländer und ihre Hauptstädte gelernt habe. Gerade habe ich sie heimlich aufgezählt. Die Hauptstädte. Die Kinder kann ich mir merken. Bei den Hauptstädten sage ich besser nicht, wie viele mir eingefallen sind. Da ist jedenfalls lerntechnisch noch deutlich Luft nach oben (und in diesem Fall ist nicht Norden gemeint). Zu meiner Entschuldigung sei gesagt, dass ich mir schließlich auch keine Landkarte mehr anschauen muss, seitdem mein Mann ein Auto mit Navigationssystem hat. Mein Mann. Ich nicht. Mein Auto ist so alt, dass es noch ein Radio mit Kassettendeck hat. Ich glaube, es steckt auch noch ordentlich Kinderzwieback darin. Aber ein Navi? Nicht vorhanden. Auch keine Sitzheizung, kein anständiges Radio und wenn ich einparken will, piept auch überhaupt gar nichts, um mich vor anderen Stoßstangen, Bäumen oder Betonpfeilern zu warnen. Wenn jemand hinten sitzt, wird gekreischt. Das muss reichen. Richtig alt also. Meine Kinder finden es peinlich alt. Tausend Jahre mindestens.

Mein Mann versucht mir einzureden, dass es ja beinahe schon wieder retro ist (und somit total chic), und außerdem, so findet er, kann ich es ruhig noch fahren, bis wenigstens Maria und Lilli ihr erstes Führerscheinjahr hinter sich haben. Das ist frühestens 2019. Da bin auch ich tausend Jahre alt und darf bestimmt schon nicht mehr Auto fahren. Ich spekuliere auf irgendetwas, das dafür sorgt, dass mein Auto ersetzt werden muss, ohne dass ein Unfall passiert oder ich schuld bin. Ich finde, ich bin im besten Cabrio-Alter. Im besten hellblauen Beetle-Cabrio-Alter. Und ich hätte gern mal ein richtig neues Auto. Die riechen so gut.

»Würdest du dein Auto sauber halten, würde auch deines gut riechen«, sagt Holger.

»Hätte ich ein neues Auto, würde ich es auch sauber halten«, sage ich. »Außerdem sind in diesem hier integrierte Kindersitze drin. Das war praktisch, als wir noch drei Kleinkinder und ein Baby durch die Gegend fahren mussten. Aber selbst das kleinste von den Kleinkindern wird im Dezember 18 und das Baby wird zwölf!« Was ich nicht sage, ist, dass ich erst vor ein paar Tagen beim Aussaugen einen Schnuller gefunden habe, woran man unschwer erkennen kann, wie lange die letzte gründliche Innenraumreinigung her ist.

»Und das älteste ist 22«, antwortet Holger. »Da kann es ja mit den Enkeln auch nicht mehr so lange dauern!«

Ich gebe auf. Diese Diskussion geht in eine Richtung, in der ich in ein paar Minuten eine Psychotherapie wegen akuter Midlife-Crisis brauche.

Aber für die Fahrt nach Bad Hersfeld bekomme ich immerhin Holgers Navi-Auto. Trotzdem will ich wissen, wo ich hinmuss. Also: Wo ist Bad Hersfeld?

»In der Nähe von Fulda«, sagt mein Mann.

»Oookaaay ... Und wo ist ...?«

»Näher aber noch an Gießen.«

»Ja, und wo ...?«

Genervt schaut er mich an.

»Das Navi bringt dich hin, okay? Aber wenn du es genau wissen willst: Dreieinhalb Stunden nach oben und ein bisschen nach links.« Ah ja, danke. Warum nicht gleich so?

Bad Hersfeld ist übrigens nicht nur nach oben und ein bisschen links, sondern auch sehr schön. Wieder einmal denke ich, ich sollte endlich einmal durch Deutschland reisen. So richtig. Von Süd nach Nord. Von Ost nach West. Oder einfach von unten nach oben.

Eine alphabetisch geordnete und sicherlich noch erweiterbare Liste der Städte, die es sich schon allein ihres Namens wegen zu besuchen lohnt:

* Alf
* Aua
* Buntekuh
* Busendorf
* Busenwurth
* Drogen
* Ehrenzipfel

* Elend
* Großkuchen und Kleinkuchen
* Haßloch
* Katzenhirn
* Killer
* Knüllwald
* Kotzendorf
* Kuhbier
* Lederhosen
* Leichendorf
* Luschendorf
* Möse
* Motzen
* Ohnewitz
* Ranzig
* Schabernack
* Schwarze Pfütze
* Sexbierum
* Sommerloch
* Tittenkofen
* Tuntenhausen
* Ursulapoppenricht
* Tussenhausen
* Witzenhausen
* Wixhausen

Städtereisen mit Holger

Als wir uns kennenlernten, Holger und ich, gab es meine älteste Tochter Paulina schon. Sie war damals zwei Jahre alt. Wir hatten also nie diese unbeschwerte »Komm, lass mal losfahren und sehen, wo wir landen«-Phase. Urlaube mussten abgestimmt werden. Mit dem Kindsvater, den Schulferien und mit Holgers Urlaub. Nicht tragisch. Das machen schließlich alle Menschen mit Kindern so. Aber wir waren jung und neugierig, das Leben und die Welt lagen verheißungsvoll vor uns und wir wollten alles anschauen, auskosten und erleben. Städte wollten wir bereisen, jedes Jahr mindestens einen Kontinent erforschen. Na ja, ich jedenfalls. Holger wäre aber schon auch mitgekommen.

In unserem ersten Jahr flogen wir mit Paulina nach Kreta, wo wir die Erfahrung machten, dass Retsina nur halb so gut schmeckt, wenn der Strand vor dem Hotel auch nichts anderes als ein großer Sandkasten ist, in dem jeder darauf Wert legt, sein eigenes Spielzeug zu benutzen. Und dass ein Urlaub sich vermutlich nur dann auch nach Erholung anfühlt, wenn man nicht ständig ein aufgewecktes Zweijähriges aus dem Pool, anderen Hotels oder fremden Autos klauben muss. Kinderbetreuung wäre gut, aber erstens waren uns solche Hotels zu teuer und zweitens distanzierten wir uns von Eltern, die ihre Kinder im Urlaub in die Kinderbetreuung gaben. Uncool. Noch. Diese Einstellung sollte sich bald ändern. Spätestens als Paulina ein bisschen größer war, Maria, Lilli und William geboren wurden und wir mit unseren Finanzen und Ansichten ein wenig großzügiger sein konnten.

Dann kam die Kinderbetreuung. Davor waren wir in Bayern auf dem Bauernhof und einmal auf Rügen bei drei Wochen Dauerregen. Gab ein prima Fernsehprogramm damals. Und ich war noch nie so erholt und ausgeschlafen nach einem Urlaub.

Aber gut. Zurück zu den Anfängen: Wir wollten unsere Kinder kulturell aufgeschlossen erziehen. Wir wollten ihnen die Welt zeigen und jedes Jahr eine Stadt anschauen. Nun, die Zeit rast. Und wir waren immerhin schon in ... äh ... Tübingen und Esslingen und beinahe wären wir vor sieben Jahren mal nach Straßburg gefahren. Das zählt. Das muss einfach zählen!

Vor drei Jahren (nach mittlerweile beinahe 15 Jahren Ehe) schenkte mir mein Mann nun die allererste Städtereise zum Geburtstag. In Form eines Gutscheins. Ich mag Gutscheine nicht. Ich habe nämlich sehr viele. Viel zu viele. Es scheint mir, als ob für meine Familie mein Geburtstag immer sehr überraschend kommt. Ich habe Gutscheine für Massagen, Küche auf- oder Spülmaschine ausräumen, Müll runtertragen, Tisch decken und Wäsche zusammenlegen. Ich könnte ein komplett arbeitsfreies Jahr verbringen und gemütlich von der Couch aus meinen Kindern dabei zuschauen, wie sie herumwuseln und ihre Gutscheine abarbeiten. Tun sie aber nicht. Nie. Ich habe trotzdem alle aufgehoben. Wenn meine Kinder selbst mal Familie haben, räche ich mich. Zur Geburt ihrer Kinder bekommen sie von mir Enkelbetreuungsgutscheine, Erziehungsberatungsgutscheine, Katzen- oder Hunde-in-den-Ferien-fütter-Gutscheine. Ha! Jedenfalls: Mein Mann hat alles noch getoppt, in dem er mir nicht nur einen Gutschein schenkte, sondern auch noch »Städtereise in eine Stadt deiner Wahl« draufschrieb. Hallo? Das heißt so viel wie:

Wir fahren in eine Stadt, die du aussuchst, machen eine Reise, die du organisierst und buchst, wofür du die Kinder ebenso wie die Katze unterbringst, die du vorbereitest, für die du einkaufst, vorkochst und packst, und ich zahle das Ganze. Danach darfst du mir für mein tolles Geschenk danken und mich bis in alle Ewigkeit anhimmeln. *Danke*, kann ich da nur sagen! *Danke schön!*

Er hat es sicher nett gemeint.

Aber konnte er haben: Ich träumte also schon mal von einem schicken Hotel in Kopenhagen, einem Stadtbummel und vielen Museumsbesuchen in New York an Weihnachten, Shanghai, Rio oder ganz gewagt: eine Reise in meine Studienstadt San Francisco. Dresden, Palermo, Dubrovnik oder Dublin? Die Entscheidung fiel mir schwer.

Nun, bis zu meinem Geburtstag im kommenden Jahr war ich jedenfalls nirgends. Aber Holger hatte sich was ganz Besonderes für mich ausgedacht: Ich bekam Konzertkarten für Gregory Porter in Karlsruhe. Und – tadaaa – weil Karlsruhe eine Stadt ist, war der Gutschein vom letzten Jahr auch gleich mit abgegolten. Toll! Juhu! Karlsruhe! Eine Übernachtung war selbstverständlich nicht notwendig (nach Karlsruhe fährt man schließlich nur eine knappe Stunde) und im eigenen Bett schläft man doch sowieso am besten. Nichts gegen Karlsruhe. Wirklich. Ist auch irgendwie schön da. Aber eben nicht New York.

Dafür aber liehen wir uns Räder aus und fuhren einmal zum Schloss (das Schloss wurde gerade renoviert), machten vor dem Bauzaun ein lustiges Foto und radelten wieder zurück. Und! Wir aßen sogar einen Salat in einem Biergarten. Ist das nicht eine supertolle, echt coole, megaspannende und vor allem romantische Städtereise? Womit habe ich das nur verdient?

Nichts gegen Karlsruhe: Das Konzert war genial, die Location toll und der Salat lecker. Aber eine Städtereise habe ich mir irgendwie anders vorgestellt. Ich sehe schon, so etwas muss man selbst machen. Aber ich könnte ihm als Dank trotzdem ja einen Gutschein schreiben: Zehn Minuten überbordende Freude mit wahlweise (bitte ankreuzen): Juchzen. Umarmen. Anhimmeln.

Dabei hätte er mich doch nach Hamburg, Berlin, Stockholm oder Kopenhagen entführen können. Nach Reykjavik, Brüssel, Rom, Barcelona oder Amsterdam? Zürich? New York, Leipzig, doch endlich Straßburg oder Wien? Hm. Alles muss man selbst machen. Aber gut, ich bin ja flexibel. Und ich glaube, ich will als Allererstes endlich nach Venedig.

Venedig oder nicht Venedig –
Planungsfehler

Eigentlich wollte nicht nur ich, sondern wir alle schon lange nach Venedig. Lange, bedeutungsschwere Pause. Denn ein Satz, der mit »eigentlich« beginnt, verheißt schließlich überhaupt nichts Gutes. Man kann sich also schon denken, dass aus Venedig nichts wurde. Und das, obwohl ich seit meiner Jugend ganz dringend in diese Stadt reisen will. Ich glaube Venedig nämlich einfach nicht. Das kann doch alles nicht wahr sein! Dieser Inbegriff der romantischen Kulisse, den muss doch jemand erfunden haben! Ich will mir unbedingt diese Kanäle mit den tollen alten Häusern und den Millionen gestreiften Pfosten anschauen. Mit diesen Gondolieri. Den Brücken. Und den vielen Venezianern, die immer alle Karnevalsmasken tragen. Auch beim Einkaufen, beim Sport oder auf dem Klo. Täglich. Außerdem sind die Menschen dort grundsätzlich üppig-historisch gekleidet und tragen Federmasken und Turmfrisuren. Dass das so ist, weiß man einfach. Sieht man schließlich in jedem Reiseführer.

Ich hatte als Kind ein Venedig-Puzzle von Mordillo, falls den noch jemand kennt. Es war das schwierigste Puzzle, an das ich mich jemals gewagt habe, denn alles war geringelt. Die Gondolieri trugen geringelte Shirts, die Katzen an den Stegen waren irgendwie gestreift und aus dem Wasser ragten krumm und schief diese Markierungspfosten wie überdimensionale rot-weiße Weihnachtszuckerstangen. Seitdem will ich dahin und mit eigenen Augen sehen, was es mit dieser Stadt auf sich hat.

»Kann man da angeln?«, will William wissen, als ich ihm von meinem Herzensurlaubsziel erzähle. Denn das ist *sein* Auswahlkriterium für einen angemessenen Urlaubsort dieser Tage. Geringelt hin oder her, völlig piepegal. Wenn man angeln kann, ist der Urlaubsort okay. Das Problem: Man muss es dann auch machen. Das Dilemma ist also folgendes: Sagen wir, man kann angeln, wird ein kleiner Junge seinen Vater so lange bearbeiten, bis dieser, anstatt sich mit uns die historische Altstadt anzusehen, sich an den Kanalrand setzt und seine Angel ins Wasser hält. Sollte dies nicht erlaubt sein (was wir uns alle wünschen würden), wäre mein Sohn empört und auch schwer nur wieder mit dieser Stadt zu versöhnen. Denn wenn es irgendwo Wasser gibt, gibt es Fische. Und wenn es Fische gibt, muss man angeln. Das ist Pflicht, Gesetz und die Natur der Dinge.

Will man nun nicht unbedingt den weiten Weg nach Venedig auf sich nehmen, nur um dann sicherlich sehr kleine Fische aus einem eher fragwürdigen Gewässer zu ziehen, dann sollte man sich entweder doch für Sightseeing entscheiden oder an irgendeinen See fahren. Weit weg von Venedigs Lagune. Oder in den Schwarzwald. Der ist bei uns quasi vor der Haustüre, ähnlich beliebt bei Japanern wie Venedig und außerdem flächendeckend mit Fischzuchtbetrieben besiedelt.

Ich will aber Sightseeing. Und ich bin kein Japaner. Den Schwarzwald kenn ich schon. Da gibt es keine Sights, die ich noch nicht gesehen habe, und überhaupt sieht es überall dort so aus wie, nun, eben bei uns vor der Haustüre. Brauch ich nicht. Hab ich schon.

Ich. Will. Nicht. Angeln. Ich. Will. Nach. Venedig. Außerdem hat mir mein Mann das zur Hochzeit als Hochzeitsreise versprochen. Ist 18 Jahre her. Und ich war schwanger. Gingen wir eben nur ins Thermalbad. Aber jetzt ist doch der perfekte Moment! Maria muss für die Schule außerdem *Tod in Venedig* lesen. Da haben wir es. Perfekt! Die Schule ist doch immer wieder der allerbeste Reisegrund. Bildung! Wissen! Erkenntnisse! »Du, Mama?«, fragt die Tochter, »geht es in dem Buch um den quälenden Tod von Teenagern durch übereifriges, zwanghaftes Kirchenbesichtigen?« Äh. Nun. Ich sehe, sie ist schon ganz in die Materie eingetaucht. Dabei bin ich wirklich keine besessene Kirchenbesucherin. Ich will einfach nur wissen, ob auch die Kathedralen in der geschichtsträchtigen Stadt alle geringelt sind. Ich kann auch prima in der Sonne sitzen und Cappuccino trinken. Lilli anscheinend auch, denn sie sagt dazu gar nichts. Das kann man bei einem Teenager durchaus als Zustimmung gelten lassen.

Ich buche. Die erste Nacht wollen wir auf halber Strecke auf einem Agriturismo, einem Bauernhof vor Verona, verbringen. Mit Blick auf die Stadt. »Oh, Verona!«, seufze ich verzückt, »wie gern würde ich einmal dort in der Arena eine Oper hören! *Nabucco! Carmen! La Traviata! Aida!*«

Aus den Augenwinkeln sehe ich, wie Lilli, Maria und William synchron geschockt die Augen aufreißen.

»*Romeo und Julia?*«, versuche ich zaghaft doch noch mein Glück bei den Mädchen. Irgendwo tief vergraben müssen die beiden doch wenigstens eine ganz kleine romantische Ader haben? Nein? Haben sie nicht.

»Meinst du diesen komischen schnulzigen Film mit Leonardo di Caprio? Da war der noch voll jung! Voll kitschig! Hat bestimmt so 'ne Frau geschrieben, die keine Ahnung von Action hat!«, sagt Maria.

Äh ja.

»William Shakespeare?« Ich ernte doppeltes Schnauben.

Lilli ergänzt: »Shakespeare? Spielt der auch mit? Na und? Total unrealistisch das Ganze. Und uralt! Mindestens aus den Neunzigern oder so. Was ist damit?« Hilfe!

Bevor William sich nach eventuellen Gewässern in Verona erkundigen kann, lobe ich die Vorzüge des unterwegs gebuchten Landgasthofes: Schafe, Ziegen, Hühner, Katzen, zwei Ponys. Wein. Brot. Käse. Der kulinarische Verführungsversuch gilt eher meinem Mann, der auch ganz gern Opern hört. Hören würde. Und eigentlich gar nicht überredet werden muss.

Überhaupt sind die Interessen meiner Familie gar nicht so leicht unter einen Hut zu bringen. Denn die Angelfrage meines Sohnes ist nur die eine Seite der Medaille. Die andere heißt: »Kann man da shoppen?« Und wenn man es genau nimmt, hat die Hutzenlaub'sche Urlaubsmedaille sogar noch eine dritte, nämlich die »Gibt's da WLAN?«-Seite. Angeln *und* Shoppen gleichzeitig strapaziert meine Vorstellungskraft schon ein wenig, aber nun auch noch WLAN? Ich bin überfordert. Auf dem Bauernhof gibt es kein WLAN und man kann nicht shoppen gehen. Es sei denn, man gehört zu der verschwindend kleinen Pubertistengruppe, die sich shoppingtechnisch für eingemachtes Obst und selbst geräucherten Schinken interessiert. Tut man in unserem Falle nicht. Wenn man es nicht anziehen oder auf die Nägel und ins Gesicht streichen kann, ist es uninteressant für Maria und Lilli.

Wenigstens findet William, dass Ziegen und Schafe ein ganz angemessener Ersatz für Fische sind, und die Mädchen werden sich ja wohl einen Tag auch in der Natur aufhalten können, ohne sogleich an akuter Vereinsamung durch WhatsApplosigkeit sterben zu müssen. Wenn man ihre Gesichter sieht, muss man allerdings mit dem Äußersten rechnen.

Ich beschäftige mich nun seit circa sieben Stunden verteilt auf drei Tage mit dem Thema Venedig und bin ein wenig gereizt ob der mangelnden Begeisterung meiner Kinder und der komplett fehlenden organisatorischen Unterstützung meines Mannes. Aber da es ja mein Wunsch war, dorthin zu fahren, bleibe ich dran. Und weil ich glückliche Menschen um mich haben will, habe ich nach dem Bauernhof vor Verona nun auch noch eine wunderschöne Wohnung mitten in der Altstadt von Venedig für uns gefunden. Hohe Decken, geschmackvolle, moderne Einrichtung, spannende Bilder an der Wand, ein großes Bad und eine super Küche. Nicht zu vergessen die vielen kleinen Läden, die sich in unmittelbarer Nähe befinden. Ach, denke ich so bei mir, alles richtig gemacht.

»Wozu brauchen wir so ein schickes Appartement, wenn wir uns die Stadt anschauen wollen?«, fragt mich da mein pragmatischer Mann ein wenig irritiert ob des nicht ganz so schnäppchenmäßigen Preises dieses Kleinodes. Er kann wirklich überall schlafen und beansprucht keinerlei Komfort für sich.

Grundsätzlich hat er damit natürlich recht, aber er reist mit mir. Und ich will nicht wissen, ob man da angeln kann, auf Shoppen kann ich auch verzichten (obwohl, so ein bis zwei Paar Schuhe aus Italien ...?), WLAN ist nett, aber nicht lebensnotwendig, selbst auf Opernbesuche verzichte ich zur Not, ebenso wie auf Shakespeare, wenn nur die Familie glücklich ist. Aber: Ich möchte eine schöne Unterkunft. Ich will mich nicht in einem Bad ekeln oder mich in einem Schlafzimmer unwohl fühlen. Nein, ich möchte in der Designerküche unserer Gastgeberin keine Fünf-Gänge-

Menüs kochen (und schon zehnmal keinen in der Lagune selbst gefangenen Fisch!), ich möchte mich nur bei meinem ersten Kaffee am Morgen entspannt an einen unklebrigen Tisch setzen, die Aussicht genießen und abgesehen von einem wohligen »Hach!« nichts sagen müssen. Schon gar kein irritiertes »Huch!«.

Das mit dem Bad ist echt wichtig. Wenn ein Bad nicht sauber ist, dann krieg ich Herpes. Und schlechte Laune.

Wenn es also mein Urlaubsglück positiv beeinflusst, eine etwas teurere, tollere Wohnung zu mieten, dann machen wir das. Zumal ich nun mal die Reiseplanerin bin. Und im Zweifel sage ich eben, es hätte keine andere gegeben. Ha.

Nachdem ich stolz meine Buchungen ansehe und mich schon mal im Voraus auf einen leckeren Cappuccino in der Sonne und anregend unverständliches italienisches Gemurmel freue, runzelt Lilli die Stirn.

»Äh, wann ist das noch mal genau?«

»In den Osterferien. Wieso?«

Nur zur allgemeinen Erläuterung: Die Osterferien beginnen in acht Tagen. Die allgemeinen Baden-Württembergischen Schulferien stehen in unseren Kalendern. Und alle Kinder wissen, wann sie frei haben.

Lilli: »Also, ich habe dir doch gesagt, dass ich da mein Sozialpraktikum im Kindergarten machen muss! Ich kann da nicht weg! Ich muss das machen! Ich ...«

Sozialpraktikum? Lilli? Noch nie gehört. Aber okay. Einatmen. Ausatmen. Wundern. Ist es nicht so, dass ich gerade in körperlicher Anwesenheit von Lilli einen Urlaub gebucht habe, zu dem sie nun nicht mitkommen kann, weil ihr plötzlich auffällt, dass sie da arbeiten muss? In den Ferien?

»Wie? Du kommst nicht mit?«, mischt sich nun auch Maria ein. Ich bin einigermaßen beruhigt, dass sie auch leicht säuerlich schaut. Immerhin ist sie sonst »nur« mit Holger, William und mir unterwegs. Keiner zum Shoppen. Alle nur angeln. »Hä? Wie soll denn das gehen?« Entnervt schaut sie mich an, dabei kann ich da doch am wenigsten dafür. Wie soll was gehen? Und woher soll ich das wissen? Ich bin hier nur die Mutter. »Ich habe da meinen Intensivkurs Mathe! Das weißt du doch!«

Weiterer, beleidigter Blick, so als ob ich Venedig gebucht hätte, nur um sie persönlich zu ärgern. Und nein. Ich weiß es nicht. Ich wusste es nicht. Mir hat niemand irgendetwas gesagt. Mir sagt sowieso nie irgendjemand irgendwas. »Also Mama, wir können da jetzt eben beide nicht mit.«

Meine Töchter sind sich nie einig. Bis auf jetzt.

»Wie? Moment: Ihr kommt nicht mit? Ich habe doch alles schon gebucht! Venedig! Nur für euch! Und außerdem – ich lasse euch doch nicht hier allein! Was da alles passieren kann! Und ...«

»Ja, Mama. Und du bist sowieso die Allerärmste!«

Hä? Ich bin zwar grundsätzlich derselben Meinung, besonders jetzt gerade, da ich zwei Bauernhofzimmer und eine sauteure Wohnung in Shoppingnähe für fünf Personen gebucht, eine Reiseroute geplant und mehrere Stunden meines Lebens dafür geopfert habe. Nicht zu vergessen die abwertenden Blicke meiner Töchter und das Shakespeare-Fiasko? Aber was hat das denn damit zu tun?

»Ist ja auch egal.«

Nein! Ist es nicht! Es ist nicht egal! Es ist viel schlimmer, denn ich mag ein wenig schwer von Begriff sein, aber blöd bin ich nicht. Und jetzt habe ich sie durchschaut. Es gibt nichts zu beschönigen: Meine von mir zu Ehrlichkeit, Anstand und Respekt erzogenen Mädchen haben das alles von langer Hand geplant. Was hab ich mir da nur eingebrockt, als ich mir selbstständige und kluge Kinder gewünscht habe? Und am besten welche, die ein bisschen so sind wie ich? O Mann. Augen auf bei den Charakterwünschen sage ich da nur. Das hab ich jetzt davon, denn:

»Total easy. Ihr fahrt mit William nach Venedig und wir bleiben hier. Irgendjemand muss ja auch die Katze füttern!« Tolles Argument. In unserer Nachbarschaft gibt es viele hochqualifizierte Katzenfütterer. »Wir könnten ja eh nicht wirklich feiern, weil wir ja beschäftigt sind!« Synchroner Augenaufschlag. Ich glaube kein Wort.

Aber was soll ich tun? Der Mathekurs ist sicherlich sinnvoll und ich erinnere mich dunkel, dahingehend eine Empfehlung von Marias Lehrer bekommen zu haben (woher sollte ich denn wissen, dass er ausgerechnet in den Osterferien stattfindet?), und einen passenden Praktikumsplatz zu bekommen, ist wirklich auch schwierig. Andererseits: Will ich meine Kinder wirklich allein zu Hause lassen? Darf man das überhaupt?

Ein kleines, feines Lächeln liegt auf den Gesichtern von Lilli und Maria. Siegesgewiss zwinkern sie sich zu. Herzloses Pack.

Na warte, irgendwann werdet ihr mich anflehen, mit euch nach Venedig zu fahren, alle beide. Ich weiß es genau. Aber dann nehme ich euch nicht mehr mit. Ich habe ja auch meinen Stolz.

Wofür alle meine Kinder übrigens ihre megawichtigen Termine absagen oder gleich in der Lage sind, vorausschauend zu planen, ist ein Urlaub in Bayern. Um genau zu sein, in Frohmaching.

Ich packe meinen Koffer

Frohmaching – Glücksgefühle beim Packen

Kennen Sie Frohmaching? Nein? Kein Wunder. Frohmaching ist auch auf keiner Landkarte verzeichnet. Es ist schließlich kein Ort, den man mithilfe von Koordinaten, Breitengraden oder einem Navi finden könnte (noch nicht einmal mit Holgers!). Es ist mehr so eine Gegend. Eine Gegend, die, wie der Name schon sagt, froh macht. Eine Gegend zwischen Truchtlaching, Sondermoning, Zorneding, Obing und, ja, sogar Tittmoning. Manche Menschen finden besagten Platz aber auch oben an der Nordsee, im Allgäu oder in der Eifel. Die meisten Menschen haben ein eigenes. Und wenn nicht, sollten sie sich schleunigst eines erreisen.

Unser persönliches Frohmaching beginnt gleich hinter München, nämlich genau dort, wo man auf der Autobahn Richtung Salzburg plötzlich am Horizont die schneebedeckten Berge sieht. Wir haben da so einen Hutzenlaub'schen Wettbewerb: Wer zuerst die Berge sieht, hat gewonnen und bekommt wahlweise ein Bier oder ein Eis. Ich brauche weder noch, denn ich bin sowieso ein Gewinner. Mein Herz wird leicht, mein Kopf wird leer und der Urlaub beginnt.

Am besten fährt man gleich in Wasserburg raus und dann immer weiter, bis man endlich ganz in Frohmaching angekommen ist. Der erste Biergarten an der Hauptstraße ist ein Meilenstein, der Zwiebelturm sowieso und die blau-weißen Rautenfahnen an jeder Ecke weisen den richtigen Weg wie der rote Teppich bei der Oscarverleihung.

Es gibt magische Plätze. Sehnsuchtsplätze. Orte, an die ich immer schon einmal reisen wollte und die meistens viele Flugstunden weit weg sind. Weit weg von meinem Alltag, von meinen Pflichten und allem Vertrauten. Sie sind verheißungsvoll, weil unbekannt und abenteuerlich (zumindest in meiner Fantasie), und es gibt viele exotische Dinge zu essen. Asien. Afrika. Aserbaidschan. Letzteres kenne ich nur vom Eurovision Song Contest.

Frohmaching ist nicht exotisch. Es zeichnet sich vielmehr dadurch aus, dass es genau das Gegenteil davon ist (es sei denn, man ist zum Beispiel Japaner). Frohmaching ist nämlich mehr als vertraut und das seit beinahe zwanzig Jahren.

Ich weiß, was ich für eine Reise dorthin einpacken muss. Ich weiß, was mich erwartet (und auch wer). Ich weiß, wie jede Kuh, jeder Hund, jede Katze und auch jeder andere Gast hier heißt. Ich weiß, wie es riecht, wie es dort aussieht und dass es schön wird, selbst wenn es regnet. Ich muss dort nichts erkunden, denn ich kenne alles schon. Es gibt dort kein anständiges Telefonnetz (und überhaupt wenig Telefone – die Nummern der Festnetzanschlüsse sind dreistellig!) und um ins Internet zu kommen, brauche ich einen Code. Aber das ist mir viel zu anstrengend und überhaupt, warum sollte ich? WhatsApp-Nachrichten braucht von hier aus kein Mensch, denn ich habe alles schon tausendmal fotografiert und geteilt. Ich will eigentlich auch gar nichts teilen. Ich will alles für mich. Das ganze große entspannte Nichts. Alles meins.

Meine Gummistiefel haben noch den Dreck vom letzten Jahr im Kuhstall dort unter den Sohlen, mein Regenschirm steckt noch so im Schirmständer, wie ich ihn praktischerweise letztes Jahr dort vergessen habe, und alles andere, was ebenfalls aus Versehen dort geblieben ist, hängt in einer Tüte hinter der Eingangstüre unserer Ferienwohnung. Dass wir etwas liegen lassen, versteht sich von selbst. Kein Urlaub ohne Liebespfand. DVDs, Schulsachen, Klamotten – es ist schon einiges dort geblieben. Im Gegenzug nehmen wir dafür gern den Schlüssel unserer Ferienwohnung mit nach Hause. Das hat sich erst gebessert, seitdem die Schlüsselanhänger ungefähr einen Quadratmeter groß sind und Thomas, unser Gastgeber, noch mal unsere Taschen kontrolliert, bevor wir gehen. Ich hätte dort gern einen Spind. Es würde sich wirklich lohnen. Ein Teil meines Herzens bleibt aber auch ohne dort.

Maria war mit Thomas schon auf dem Feld, da war sie noch keine sechs Monate alt und konnte gerade krabbeln. Er war damals 16. Und prägte fortan ihr Männerbild.

Wir packen, was man für Frohmaching halt so braucht: ein paar Klamotten für Badewetter, ein paar Klamotten für Regenwetter, dementsprechende Schuhe, viele Bücher, Zeitschriften und ganz vielleicht auch noch etwas zu lesen. Haha.

Maria ist optimistisch. Die Regensachen lässt sie grundsätzlich zu Hause und nimmt nur Badeklamotten mit. Nach einigem Zögern ringt sie sich allerdings dieses Jahr immerhin dazu durch, auch noch die englische Schullektüre in ihre winzige Sporttasche zu werfen. Dieses knapp dreihundert Seiten lange Buch hätte sie allerdings schon bis vor den Ferien gelesen haben sollen. Auf Englisch. Sie ist bei unserer Abfahrt bereits beim Entziffern des Vorworts. Wie ich schon sagte, Maria ist Optimistin.

William packt grundsätzlich gar nichts ein. Er lässt packen. Und in unbeobachteten Momenten räumt er alles, was er für überflüssig hält, wieder aus und ersetzt es durch dem Reiseziel angepasste Notwendigkeiten. Für Frohmaching sind das Angelköder und was man eben für sein liebstes Hobby sonst noch so braucht. Mais in Dosen. Schnüre. Taschenmesser. Seitdem ich einmal seinen Rucksack mit einem herausragenden Angelhaken nachhaltig an meinem Daumen fixiert habe, bin ich mit Williams Gepäck äußerst vorsichtig und stecke prophylaktisch ein zweites Set Klamotten mit in meine Tasche.

Holger wirft irgendwann unbemerkt ein paar Sachen in eine Tasche, hat noch tonnenweise Platz darin und außerdem immer noch ausreichend Zeit dafür, sich und mich laut zu fragen, warum ich eigentlich immer so einen Stress machen muss, wenn wir in den Urlaub fahren. Schließlich fängt der ja bekanntlich schon beim Packen an. Ganz genau. Guter Witz.

Während ich mich noch wundere, wie er mit so wenig Kleidungsstücken über die Runden kommen will, muss ich mir im Urlaub sehr zuverlässig und ziemlich gleich das erste Paar Socken bei ihm borgen, weil meine verschwunden/vergessen/nass oder in der falschen Farbe sind. Wie er das macht? Ich habe keine Ahnung. Vermutlich denkt er sich irgendetwas dabei und stimmt seine Garderobe aufeinander ab. Ich schaufele meine Regalbretter leer und hoffe, dass alles drin ist, was ich brauche, und der Reißverschluss nicht platzt, während ich auf der Tasche sitze. Gedanklich bin ich nämlich gleichzeitig schon beim Einpacken der Nahrungsmittel, der Versorgung der Katze in unserer Abwesenheit, der Frage, ob die Erste-Hilfe-Tasche noch vollständig ist und ob man wohl vielleicht doch noch eine Zeckenzange besorgen sollte, weil die alte nicht auffindbar ist, und oh, thinking about it, ob ich eigentlich die dritte Zeckenimpfung bei den Kindern ... Na ja, das Übliche eben. Nichts Besonderes. Urlaub beginnt beim Packen? Ha. Haha. Hahaha. Und im Kopf womöglich auch.

Lilli ist dafür packtechnisch sehr entspannt. Wenn sie sich auf einen Urlaub vorbereitet, dann tut sie das gründlich. Sie beginnt damit, sich die Nägel in einer zum Urlaub passenden Farbe umzulackieren. Zu Bayern passt anscheinend Pink am besten. Oder doch lieber Blau? Metallic? Egal, sie hat ja Zeit. Sie sortiert ihre Ladekabel und räumt ihr Zimmer um. Sie trifft sich mit all ihren Freunden auf unserem Balkon, wo sie laut Musik hört und ihr Leben chillt, denn man weiß ja nie, wann man sich wiedersieht, und nur weil die Mutter nahe am Rande eines Nervenzusammenbruchs alle Gepäckstücke befüllt, noch mal die kompletten Familienklamotten wäscht und sich dabei fragt, wie es passieren kann, dass man kurz vor einem Urlaub noch mal so viel Dreckwäsche produzieren kann, heißt das ja noch lange nicht, dass man nicht trotzdem nebenher Spaß haben kann. Als Kind. Ihr Unterstützungsangebot besteht darin, mir vorzuschlagen, einen Kuchen zu backen.

Äh, was? Den kann man ja dann mitnehmen oder gleich essen, ganz egal, und das Chaos in der Küche (»Welches Chaos, Mama?«) räumt sie natürlich selbstredend wieder weg. Tippitoppi. Versprochen. Großes Lilli-Chilli-Ehrenwort.

Das Ende vom Lied ist, dass ich Nein sage und sie trotzdem einen Kuchen backt. Nur eben eine Backmischung. Der totale Kompromiss. Das ist Lilli-Logik. Das Chaos räumt sie tatsächlich wieder weg, aber nur das, was noch in die Spülmaschine passt. Die war davor aber schon gelaufen und enthält nun neben den von Lilli reingequetschten teigverklebten Utensilien auch all das saubere Geschirr, das jetzt großflächig Marmorschlieren aufweist. Das Kind ist hingegen eingeschnappt, denn dass die Spülmaschine gelaufen ist, hätte man ihr ja auch sagen können. Klar. Vom Kuchen bekomme ich nichts ab. Den essen die Balkonfreunde.

Ich will schlafen. Schnaps trinken. Und ich fahre nie wieder in den Urlaub, das ist gewiss. Die machen mich alle wahnsinnig. Dabei sind wir noch nicht einmal losgefahren!

Packliste ... für den Koffer

* Pass/Personalausweis
* Impfpasskopie
* Krankenversichertenkarte
* Bank-/Kreditkarte
* Unterwäsche
* Socken
* T-Shirts
* Shirts
* kurze und lange Hosen
* Sweatshirt

* Jacke
* Regenbekleidung
* warmer Pulli/Fleece
* Mütze/Kappe/Hut
* Schlafanzug
* Sportschuhe/Wanderschuhe
* schöne Schuhe
* Flipflops
* Gummistiefel
* kleines Kissen
* Zahnbürste
* Zahnpasta
* Bürste
* Nagelschere/Feile
* Gesichtscreme
* Shampoo
* Kulturbeutel (warum heißt das Ding eigentlich so?)
* Handtücher
* Badesachen
* Insektenschutz
* Sonnenschutz
* Deo
* Taschenlampe
* Schreibsachen
* Näh-/Flickzeug
* Sonnenbrille
* Spiele

* Oropax
* Adapter/Ladekabel
* Fotoapparat plus Speicherkarte und Akku

... für den Lesehunger

Was, abgesehen von Oropax, auch in keiner Reisetasche fehlen darf, sind natürlich Bücher. Hier eine kleine Auswahl der Lieblingsreisebücher meiner Familie, meiner Freunde und meiner Lieblingsautorenkollegen:

* Holger: *Small World* von Martin Suter (Diogenes)
* Lucinde: *Ein Mann namens Ove* von Frederik Backmann (Fischer)
* Paulina: *Schneemann* von Jo Nesbø (Ullstein)
* Maria: *Weil ich Layken liebe* von Colleen Hoover (dtv)
* Lilli: *Eine Tüte grüner Wind* von Gesine Schulz (Carlsen)
* William: *Seeland* von Anna Ruhe (Arena)

* Tita: *Früh am Morgen beginnt die Nacht* von Wally Lamb (List)
* Nick: *Eragon* von Christopher Paolini (Blanvalet)
* Dagmar: *Die Interessanten* von Meg Wolitzer (Dumont)
* Jutta: *Das Rosie-Projekt* von Graeme Simsion (Fischer)

* Sigrid: *Fräulein Smillas Gespür für Schnee* von Peter Hoeg (rororo)
* Trixi: *Die sieben Schwestern* von Lucinda Riley (Goldmann)

* Heike Abidi, Autorin von *Plötzlich 13: Mordsgouda: als Deutsche unter Holländern* von Annette Birschel (Ullstein)
* Haroon Gordon, Autor von *Palast aus Staub und Sand: Der Name der Rose* von Umberto Eco (dtv)
* Anja Koeseling, Literaturagentin: *Die besondere Traurigkeit von Zitronenkuchen* von Aimee Bender (Berlin Verlag)
* Uwe Laub, Autor von *Blow Out: Moby Dick* von Hermann Melville (Ullstein)
* Anka Malterer, Bloggerin auf *Ankas Geblubber: Der Tag, an dem Lotto-Klara in mein Taxi stieg* von Florian Herb (Ullstein)
* Anneke Mohn, Autorin von *Unter einem Dach: Die geheime Geschichte* von Donna Tartt (Goldmann)
* Claudia Pietschmann, Autorin von *GoodDreams: Gottes Werk und Teufels Beitrag* von John Irving (Diogenes)
* Luis Sellano, Autor von *Portugiesisches Erbe: Im Rausch der Stille* von Albert Sanchez Pinol (Fischer)
* Thomas Thiemeyer, Autor von *Evolution: Die drei Sonnen* von Cixin Liu (Heyne)

✳ Rainer Weckwerth, Autor von *Camp 21: Palast des Windes* von Carlos Ruiz Zafòn (Fischer)

Auf www.handlungsreisen.de kann man sich übrigens Lesestoff auf einer Karte heraussuchen – thematisch passend zum Reiseziel.

... für das Display

✳ **Tripadvisor:** Vergleichsportal mit Preisen, Bewertungen und Buchungsmöglichkeiten für Flüge, Unterkünfte und Restaurants.
✳ **Tripwolf:** Karten (auch offline, teilweise kostenpflichtig), Reiseplaner, inklusive Hotspots und Co.
✳ **Packthebag:** Eine eigene Packliste erstellen oder eine von der Liste übernehmen. Hier gibt es für alles eine Liste zum Abhaken: Camping, Fahrrad, Festival, Geschäftsreise, Reisen mit dem Haustier und noch viele andere.
✳ **Yelp:** Egal, ob Lieferservice, Restaurants in der Nähe, Friseur oder Nightlife, Drogerien, Tankstellen – Yelp findet alles in der Nähe und liefert gleich auch noch die Bewertungen dazu. Auch für die Heimatstadt sehr interessant.
✳ **WiFi Finder:** Wie der Name schon sagt: Findet einen WiFi-Hotspot und zeigt auch gleich die Qualität an.

* **Ulmon (Citymaps2go):** Offline-Karten mit tollen Tipps. Zwei Karten sind kostenfrei, danach ist ein Upgrade erforderlich.

* **Geozilla:** Wer mit mehreren Familienmitgliedern reist, kann mit dieser App dafür sorgen, dass man sich wiederfindet. Dazu muss sich allerdings jeder registrieren. Hat ein bisschen was von der »Karte des Rumtreibers« (aus *Harry Potter*) und wir brauchten es bisher nicht wirklich. Im Urlaub. Zu Hause fände ich es tatsächlich äußerst praktisch zu wissen, wo sich meine Kinder befinden. »Im Leben nicht, Mama!«, sagen sie und sind sich einig. Gut. Es war ein Versuch. Ein sehr kurzer.

* **Googletrips:** Reisedaten, Fakten zum Aufenthaltsort, alles auch offline verfügbar. Wirklich praktisch. Leider bisher nur auf Englisch erhältlich.

* **Toiletfinder:** Während ich hier an meinem Schreibtisch sitze, weiß ich jetzt endlich, dass die nächste öffentliche Toilette genau 783 Meter entfernt und auf dem Friedhof zu finden ist. Praktisch, wenn hier mal wieder alles besetzt ist. Und unterwegs natürlich sowieso.

* **Google-Übersetzer:** Funktioniert – ist aber auch schnell überfordert. Dann ist das Ergebnis dafür aber meist sehr lustig.

* **Wikitude:** Zeigt Sehenswürdigkeiten, Umgebungsinformationen und Bewertungen, allerdings ist Wikitude nicht offline verfügbar und bisher nur auf Englisch erhältlich.

Aber vorher muss ich noch …

Gepäckbeauftragte und ihre Grenzen

Es ist vollbracht: Alle Koffer, Taschen, Kisten und vor allem der komplette Kofferraum sind gefüllt. Wir müssen also nur noch los. Wenn wir zu sechst in den Urlaub fahren, ist es oft chaotisch, dauert länger als geplant und läuft niemals so unkompliziert ab, wie wir uns das vorher vorstellen. Leider besitzen wir auch nicht die Fähigkeit, aus vorangegangenen Urlauben zu lernen. Das ist schade. Aber es hilft ja nichts. Dass es dem Chaos allerdings auch egal ist, wenn man mit weniger Menschen unterwegs ist, habe ich neulich erfahren dürfen, als ich mit meiner Mutter spontan zu einem Kurzurlaub in ein Wellnesshotel aufbrach. Wir waren nur zu zweit. Das Gepäck also übersichtlich. Und dennoch: Als wir eingecheckt hatten und ich die Koffer aus dem Wagen holen wollte, um sie in unser Zimmer zu bringen, stellte ich fest: Es war nur einer drin! Einer fehlte. Und zwar der meiner Mutter. Er fehlte auch nicht ohne Grund, denn »normalerweise packt dein Vater immer das Auto«, sagte sie und fühlte sich in ihrer Gepäcklosigkeit mit dieser Aussage auch ausreichend gerechtfertigt. Der fehlende Koffer kümmerte sie sowieso wenig, denn alles, was fehlte, ließ sich problemlos ersetzen: Sie borgte sich an der Rezeption eine Zahnbürste, von mir ein Schlafshirt, verbrachte die zwei Wellnesstage ausschließlich im Bademantel und behauptete hinterher, sie hätte sich noch nie so gut erholt. Flexibel ist sie, das muss man ihr lassen. Und ich erst – das »Schlafshirt« war mal ausnahmsweise nicht von H&M, sondern von Jil Sander und Teil meiner aufeinander abgestimmten Abendgarderobe.

Was bei einem zweitägigen Wellnessurlaub und zwei einigermaßen gleich großen Frauen funktioniert, wird ein wenig komplizierter beim gepäcklosen Oster-Skifahren mit der ganzen Familie. Da hätten wir vor der Ankunft im Hotel an einem wunderschönen Samstagnachmittag theoretisch erst einmal Unterhosen, Socken, einem Restaurant angemessene Ober- und Unterbekleidung, Jogging- und Badehose und Sweatshirt für William shoppen gehen müssen, denn Holger und ich hatten zwar jeder sein eigenes Gepäck ins Auto gebracht, aber auch fest damit gerechnet, dass der jeweils andere auch das von William mitgebracht hatte. Und bei so vielen Taschen kann man ja schon mal den Überblick verlieren, nicht wahr? Als Kofferraum bestückender Mann, meine ich. Hätte ich den Kofferraum ... aber mein Mann hat da ein ähnlich ausgefeiltes System wie beim Spülmaschine-Einräumen und da kommt man ihm besser nicht in die Quere. Er weiß nämlich, wie es geht. Gut, dass dann ein Gepäckstück einsam und allein im Kinderzimmer steht und auf unsere Rückkehr wartet, ist nur ein unwichtiger Nebeneffekt, aber dafür hat man es ja dann beim Wiedereinräumen gut, da ist ja alles gewaschen, sauber und schon vor Ort. Ich liebe gute Argumente.

Wenn nicht schon alle Läden geschlossen gewesen wären und nicht vor Dienstag wieder zu öffnen gedachten – schließlich war Ostern. Glücklicherweise waren wenigstens die Skiklamotten in einer extra Tasche – und im Auto. Während William also tagsüber etwas anzuziehen hatte, trug er abends sehr lange, gemusterte Leggins von Lilli und ein Glitzersweatshirt. Ich schämte mich sehr. Ihm gefiel es. Außerdem kam es seiner persönlich bevorzugten Sparsamkeitsmethode sehr entgegen, dass er nur wenige Klamotten zur Auswahl hatte, denn mein Sohn trägt grundsätzlich seine Sachen sowieso am liebsten »William Style«. Etikett vorn und Inneres nach außen. Dennoch.

Man sollte sich einfach nicht darauf verlassen, dass Männer durchzählen oder nachprüfen, ob da noch was in der Diele steht (vor allem nicht, wenn sie gar nicht mit dabei sind!). Nein, es gilt grundsätzlich: Man sollte niemals davon ausgehen, dass der andere schon an alles gedacht hat. Schon gleich gar nicht, wenn es sich dabei um ein männliches Wesen handelt. Denn die Männermethode ist ebenso einfach wie riskant: Das Auto ist voll? Dann muss ja alles drin sein. So lange der Proviantkorb an Ort und Stelle steht, die Kinder im Auto sitzen und der Kofferraum sich nur noch mühsam schließen lässt, ist alles gut. Ach, oh, diese Handtasche im Flur sollte auch noch mit? Da war doch gar nichts Wichtiges drin, oder?

Die haben ja gar keine Ahnung! Denn: Äh. Doch. In Handtaschen sind *ausschließlich* wichtige Dinge! In der akut im Flur vergessenen zum Beispiel Dinge wie meine Geldbörse, mein Handy, meine Schlüssel, mein Pass, mein Lippenstift, mein Kalender, Taschentücher, Kaugummis, Ladekabel, Pflaster, ein kleiner Spiegel und noch viel mehr, kurz: Mein ganzes *Leben* befindet sich darin. Diese Tasche ist wichtiger als alles, was im Kofferraum steckt. »Schon klar«, sagt mein Mann, »aber warum nimmst du denn das alles mit?«

Jetzt wäre ein guter Zeitpunkt dafür, sich in die Wolle zu kriegen. Das können wir prima. Nicht weil wir uns so gern streiten, sondern einfach weil die Aufregung vor Reisen offensichtlich auch bei Menschen erhöht ist, die oft unterwegs sind. Deshalb gibt es jetzt und hier die ultimative Abhakliste von Dingen, die unbedingt erledigt sein sollten, wenn man sich nicht spätestens bei Kilometer zehn auf der Autobahn streiten oder/und noch mal umdrehen will, um zu überprüfen, ob man auch wirklich jedes Gepäckstück eingepackt oder die Haustür abgeschlossen hat.

Und das hast du doch, oder? Holger?

Oder? Holger?!

Die ultimative Urlaubsbeginn-Antistreit-Checkliste

* Haustüre abgeschlossen
* alle Fenster zu
* Waschmaschine aus
* Waschmaschine leer
* Mülleimer leer, besonders der für den *Biomüll!*
* Pausenbrote aus Schulranzen entfernt
* Computer/Kaffeemaschine/Telefon/Anrufbeantworter ausgesteckt

* Gemüse-Abo abbestellt
* Pflanzenbeauftragten gefunden, Schlüssel übergeben
* Nachbarn informiert
* Postbeauftragten gefunden und Schlüssel übergeben
* Katzenbeauftragten gefunden und Schlüssel übergeben
* Selbst einen Schlüssel behalten!
* Nummer vom Tierarzt bereitgelegt
* Katze draußen
* Oma draußen
* alle Kinder im Auto
* Gepäck im Auto
* *Handtasche* im Auto
* Pässe? (hoffentlich nicht abgelaufen)
* alle wichtigen Dokumente/Tickets/Buchungsbestätigungen dabei
* genug Geld – bestenfalls in der Landeswährung
* Kreditkarte und PIN!
* Auslandskrankenversicherungskarte/Police und Telefonnummern

Los geht's

Welches Links? Streiten im Auto

Wenn man nun also endlich die Entscheidung zum Reiseziel getroffen, den Zeitpunkt festgelegt, gepackt und das Auto beladen hat, muss man ja nur noch losfahren. Das Urlaubsgefühl kommt quasi von selbst, gleich wenn man die Heimatstraße verlassen hat. Das weiß man, denn das ist jedes Jahr so. Zumindest, wenn man ein minimal schlechtes Gedächtnis diesbezüglich hat. So wie ich. Ja, die Fakten sprechen für sich. Eine Hutzenlaub'sche Urlaubsreise mit dem Auto ist schließlich eine eindeutige Sache: Holger und ich suchen ein einigermaßen nahe gelegenes und kindertaugliches Reiseziel aus. Das ist seit vielen Jahren ein ganz bestimmter und heiß geliebter Bauernhof in Bayern. Ich bemühe mich, vor dem allgemeinen Aufbruch das Haus in einen Zustand zu bringen, den ich auch bei der Heimkehr erträglich finden werde. Wir suchen Katzensitter, Badeschuhe und das Buch, das Holger endlich zu Ende lesen will, und bereiten Proviant vor, der uns vermutlich bis an den Nordpol sättigt. Und wieder zurück. Wir fahren los, die Kinder schlafen die ganze Fahrt über, wir kommen entspannt an, haben eine prächtige Zeit und kehren erholt und froh wieder nach Hause zurück. So weit, so unrealistisch.

Natürlich schaffen wir die besten Voraussetzungen, weil wir wie immer unzählige Brote belegen, Tee und Eier kochen,

Schokolade und Gummibären kaufen (und »Nein, William, es gibt keine Tüten, in denen nur weiße sind!«), Gemüse, Äpfel und Käse schneiden und Servietten, Salz und Getränke dazupacken. All das passt – ebenfalls wie immer – perfekt in diesen kleinen Korb und der wiederum zwischen Holgers und meinen Sitz. Das ist schön, denn mein Job auf allen Reisen ist, ständig in diesem Korb zu kramen und die Familie mit Nahrung zu versorgen, die wir eigentlich nicht brauchen, denn wir fahren maximal drei Stunden und so früh morgens hat normalerweise keiner von uns Hunger. Es sei denn, wir befinden uns im Auto, dann muss man selbstverständlich direkt auf der Autobahnauffahrt mit Essen anfangen, als ob man monatelang gefastet hätte.

»So früh morgens« heißt übrigens: Wir stehen wie immer gegen halb sechs auf, »weil es so schön ist, in den Sonnenaufgang zu reisen«. Das findet zwar nur einer (nämlich Holger). Wir anderen wären gern lieber einigermaßen ausgeschlafen, aber weil die Sonne scheint, wenn Engel reisen, wollen wir nichts von dem kostbaren Tag vergeuden und außerdem können wir so mit unseren Gastgebern zusammen frühstücken, sobald wir den Bauernhof erreicht haben. Nicht dass einer von uns nach dem Monster-Imbiss bis dahin überhaupt Frühstückshunger hätte, aber trotzdem: Das erste Frühstück im Urlaub ist das beste und der eigentliche Ferienbeginn. So weit, so friedlich. Noch hat die entspannte Vorfreude eine Chance. So langsam aber bahnt sich eine verdrängte Erinnerung einen Weg an die Oberfläche meines Bewusstseins. Denn eigentlich ist es doch immer so:

Maria, Lilli, William und Paulina streiten wie jedes Jahr schon beim Beladen des Autos. Bei der Frage nämlich, wer wo im Auto sitzt. Da wir zu sechst sind, haben wir ein Auto mit zwei Rückbänken (und somit sehr viel Streitpotenzial). Ganz hinten will niemand sitzen, denn da ruckelt und holpert es immer so.

»Heute schon genickt?«, fragt Paulina ungefähr zwanzigmal, wenn sie da sitzt, weil Holger immer so dicht auffährt und dann plötzlich brem... Schon gut, schon gut, ich habe nichts gesagt! Er fährt natürlich spitze. Keine Frage. Noch ein Brot, Schatz? *Ich* bin ja friedlich. *Ich* will ja einen schönen Urlaub haben. Und *ich* kann mich ja anpassen. Weghören kann ich leider nicht und die Auseinandersetzungen gehen weiter.

Dass Paulina trotzdem nicht hinten sitzen kann, ist sowieso klar, denn da wird ihr schlecht. Maria wird nicht schlecht, aber ihr ist es da hinten zu eng und Lilli macht sich immer so breit. William will da sitzen, wo Lilli sitzt. Warum, weiß kein Mensch, bis Lilli sagt, dass sie freiwillig nach hinten geht. Sobald irgendjemand in unserer Familie etwas freiwillig tut, muss es gut sein – und dann wollen es plötzlich alle. Bis auf Paulina. Die will immer noch nicht nach hinten und auch auf keinen Fall neben William, weil der ihr immer die Füße ins Gesicht streckt (wie auch immer er das macht).

Lilli sagt, ihr ist es egal, wo sie sitzt, solange sie das iPad kriegt, das sie sowieso schon heimlich in ihre Tasche gepackt hat. Jetzt wissen wir auch, warum William ihre Gesellschaft plötzlich so attraktiv findet.

Zu unseren Kindern, dem Proviant und dem Gepäck kommen übrigens noch die Kopfkissen von jedem der vier dazu, denn für jede Fahrt muss eigens ein Lager gebaut werden, das wiederum auf keinen Fall von anderen berührt werden darf. Schwierig, denn dies hier ist immer noch ein *Auto* und nicht etwa die MIR auf ihrem Weg ins All – wobei ich just in diesem Moment die Kinder sehr gern dorthin geschickt hätte. Oder überhaupt auf den Mond. Allein. Der mangelnde Raum hindert sie nicht daran, »trotzdem ein wenig Privatsphäre« einzufordern. Im Bus. Für drei bis vier Stunden Fahrt. Bis Lilli, Maria, William und Paulina sich eingerichtet haben, krakeelt jeder mindestens zwölfmal »*Grenze!*«, »Der hat mir …!« und »Die hat mich …!«, während wir Eltern versuchen, die Streithähne so weit unter Kontrolle zu bringen, dass keine Schuhe, Bücher oder Kuscheltiere durch den Fond fliegen und eine sichere Fahrt möglich ist. Ähm. Und wir endlich Zeit für unsere eigenen Auseinandersetzungen haben. Ja, die Voraussetzungen sind perfekt. Immerhin findet Holger nach ein paar Jahren auf diesem Bauernhof den Weg, auch ohne sich ein einziges Mal zu verfahren. Das heißt, es gibt eigentlich überhaupt keinen Grund zu streiten. Aber es gibt ja noch die Auseinandersetzungsmöglichkeiten wegen der besseren Route/Ausfahrt/Fahrweise/Teezubereitung. Ich hatte wirklich vergessen, wie flexibel wir sind. Also, bezüglich der potenziellen Streitthemen.

Jetzt ist es leider auch nicht mehr halb sechs, sondern circa sieben Uhr und das mit dem Sonnenaufgang hinfällig. Außerdem schüttet es wie aus Kübeln (so viel zum Thema »Engel« und »Reisen«).

Wir hätten uns ja auch die Wettervorhersage anhören können, dann hätten wir gewusst, dass das Wetter bescheiden wird, hätten supergut ausschlafen können, und …

Ach ja, endlich ein Grund zu erörtern, wer auf diese blöde Frühaufsteher-Idee gekommen ist und keine Ahnung von der positiven Auswirkung von ausreichend Schlaf auf Kinder und Frauen hat und warum eigentlich immer Holger fährt. Dabei frage ich mich, ob es nicht ein Feriencamp für *Mütter* und *Ehefrauen* gibt. Anreise? Möglich nur mit der Bahn und ohne Begleitung. Ein wenig Gedächtnistraining im Animationsprogramm dort wäre auch sehr nett.

Natürlich streiten wir nicht immer und durchgehend. Das geht ja gar nicht. Das will ja auch keiner. Was wir aber immer und unbedingt wollen, ist singen. Und wie in vielen Familien gibt es auch bei uns CDs, die wir immer hören können. Da sind wir uns sehr einig. Und wenn wir angekommen sind, heißt es oft:

»Das war doch echt wieder mal eine superlustige Fahrt.« Hm. Ich glaube, ich bin nicht die Einzige mit Gedächtnisstörungen. Aber wenn sie sich so äußern, ist das vielleicht gar nicht mal so übel, oder?

Autoplaylist, auf die wir uns immer einigen können

Für alle Zeiten unsere Lieblingskinderhörbücher:

* Lilli: *Rolfs Vogelhochzeit* von Rolf Zuckowski (Universal Music), ab 0 Jahren
* Paulina: *Ein Fest für König Gugubo: Eine kleine Urgeschichte mit Höhlensongs* von Die Füenf (Gugubo-Verlag), ab 3 Jahren

---

- Maria: *Schnipp, Schnapp, Schnorum* von Silke Leffler und Frank Helfrich (Betz), ab 3 Jahren
- Lucinde: *Der kleine Tag* von Rolf Zuckowski (Universal Music), ab 5 Jahren
- William: *CD Wissen Junior, Tatort Geschichte* (verschiedene Fälle, zum Beispiel *Verschwörung gegen Hannibal* oder *Spurensuche am Nil*) oder *Tatort Erde* (zum Beispiel *Flucht durch Tokio*) (audio media Verlag GmbH), ab 10 Jahren
- Holger: Alles!

Und Musik:

- *The Passenger* von Iggy Pop
- *Let's Go Crazy* von Prince & The Revolution
- *Where The Streets Have No Name* von U2
- *A Little Party Never Killed Nobody* von Fergie feat. Q-Tip & Goonrock
- *Pockets Full Of Kryptonite* von Spin Doctors
- *Highway To Hell* von AC/DC
- *Don't Let Me Be Misunderstood* von Santa Esmeralda
- *Summertime* von Ella Fitzgerald
- *Hallelujah* von Leonard Cohen
- *Boat On The River* von Styx
- *Summer In The City* von The Lovin' Spoonful
- *Holiday* von DJ Antoine feat. Akon
- *I Want It All* von Queen

* *What A Wonderful World* von Louis Armstrong
* *Around the World* von Daft Punk
* *I Love It* von Icona Pop
* *Freedom* von Pharell Williams
* *Uptown Funk* von Mark Ronson feat. Bruno Mars
* *Drunk In The Morning* von Lukas Graham
* *Are You With Me* von Lost Frequencies
* *Wolke 4* von Philipp Dittberner & Marv
* *Action* von Jan Delay
* *Anywhere* von Passenger
* *Bad Ideas* von Alle Farben
* *American Boy* von Estelle feat. Kanye West
* *These Boots Are Made For Walkin'* von Nancy Sinatra
* *Let Her Go* von Passenger
* *Whiskey In The Jar* von Dubliners
* *Leaving On A Jet Plane* von John Denver
* *Home* von Edward Sharpe and the Magnetic Zeros

Deutschland

Bayrisch – eine Fremdsprache

Wenn wir endlich in Frohmaching angekommen sind, ist natürlich alles wieder vergessen. Die Erholung setzt sofort ein, wenn wir aus dem Auto aussteigen, und außerdem bin ich ja auch prima auf diesen Urlaub vorbereitet: Ich habe sehr lange im Freibad vorgebräunt, ungefähr einen Tag keine Kohlenhydrate gegessen und obendrein aktiv Pilates gemacht. Einmal eine ganze Stunde lang ohne Absetzen.

Dabei habe ich gelernt, was alles möglich ist, wenn man nur das Powerhouse aktiviert. Das kann man ja immer brauchen, dachte ich, vor allem, wenn es draußen regnet. Das Powerhouse, für die, die es außer mir bisher auch nicht wussten, ist ein Zentrum irgendwo da um den Nabel rum. Man muss es anspannen und gleichzeitig einatmen, aber nicht zu tief, und dann kann man mühelos und elfengleich alle Extremitäten heben und sieht dabei aus wie Babs Becker in ihren Fitnessvideos. Um meinen Nabel herum gibt es kein Zentrum, geschweige denn irgendetwas, was ich anspannen könnte (weswegen ich ja auch auf Kohlenhydrate verzichtet habe). Deshalb kann ich auch nur ganz normal ein- und wieder ausatmen und sehe mitnichten aus wie Barbara Becker. An keinem Körperteil. Auch befürchte ich, dass Pilates und ich aufgrund architektonischer Basisprobleme keine Freunde werden können.

Bleibt mir also nur, so auszusehen wie ich selbst. Außerdem kann ich immer noch kein Bayrisch und das nach all dieser Zeit. Peinlich!

Aber das machte alles nichts, denn sobald wir auf dem Hof angekommen sind, entspanne ich mich direkt, weil hier garantiert keiner vorher irgendwas gemacht hat, um in irgendeiner Badeklamotte auch nur annähernd gut auszusehen. Das ist dort einfach nicht wichtig. Wir kennen die Gastgeber Thomas und Reinhard schon ewig und sie kennen uns.

Ob wir in Badeklamotten gut aussehen oder nicht, ist ihnen piepegal, Hauptsache, wir gehen her da. Aber dazu gleich. Ich glaube, sie können uns gut leiden. Was mich allerdings schwer irritiert, ist, dass sie ausgerechnet eine ihrer *Ziegen* nach mir benannt haben. Und die sind total störrisch! Ich hingegen meckere nie! Ich helfe sogar immer mit beim Kühetreiben, weil ich zu doof bin, rechtzeitig einkaufen zu fahren oder mich sonst wo zu verstecken. Wenn man da ist, hat man keine Wahl.

Die Unterstützung beim Kühetreiben wird mit dem unmissverständlichen Befehl »Gehherda!« eingefordert. Da weiß man, auch wenn man die Sprache nicht spricht, was man zu tun hat. Man geht her da. Die Kinder haben dabei einen unglaublichen Spaß und warten geradezu darauf, dass Kühe getrieben werden. Ich bin eher verhalten. Denn dazu bekommt man einen Stock, traut sich in das abgesteckte Kuhgehege (heißt doch so, oder?), passt auf, dass die Kühe auch nicht wieder auf die Weide zurücklaufen, und dann, auf dem Weg zum Hof, rennt man neben ihnen her und sorgt dafür, dass sie nicht ins Maisfeld ausbrechen und Flurschaden anrichten. Die Kinder haben da eine enorme Durchsetzungskraft, Mut und Erfolg. Ich hingegen ...

Vermutlich hätten Thomas und Reinhard mich gar nicht unbedingt gefragt, wenn sie eine Alternative gehabt hätten, denn ich habe mich leider auch in den letzten Jahren nicht unbedingt als mutige oder gar effektive Kuhtreiberin hervorgetan. Unter anderem, weil man mit diesem Stock eventuell tatsächlich auf einen Kuh-Popo hauen muss und so was kann ich nicht. Ich habe nämlich Mitleid. Und Respekt. Kühe sind riesig! Aus der Nähe noch viel, viel größer als auf der Postkarte, außerdem total schnell, dabei stur und blind, was ihren eingeschlagenen Weg angeht, auch wenn da jemand steht, der so aussieht wie ich, und ihnen verspricht, sie nicht zu hauen, wenn sie nur vielleicht ein bisschen weniger im Maisfeld rumlaufen. Und dann haben sie auch noch diesen kuhmistverkackten Baumelschwanz. Auf was man da alles achten muss! Da kann es schon mal vorkommen, dass man ausrutscht und volle Lotte in einen Kuhfladen fällt. Komplett. Mann ... wie das riecht! Und sich anfühlt! Dass das fotografiert wird, ist ja wohl selbstverständlich, und zwar von einem Ehemann, der lieber Fotos macht, als selbst ordentlich daherzugehen. Pfff.

William, Paulina, Maria und Lilli stören sich hingegen wenig an Kuhmist, Arbeit oder bäuerlichen Regeln. Im Gegenteil. Die vier sind glücklich, weil es offensichtlich ein ungeschriebenes Bauernhofgesetz gibt, das besagt, dass man außerhalb des Kuhstalls nur mit Socken herumlaufen darf. Sonst dauert es so lange, bis man die Schuhe ausgezogen hat, wenn man ganz akut aufs Trampolin muss. Ja, ich finde das auch seltsam, und nein, es gefällt mir überhaupt gar nicht, weil ich die Socken-Wäscherin und -Stopferin (oder -Neukäuferin) dieser Familie bin, aber das machen alle so. Immerhin tragen sie im Kuhstall Gummistiefel, es sei denn, sie finden sie nicht, weil sie unter dem Bett liegen (was man doch eigentlich sehr leicht herausfinden müsste – geruchstechnisch, meine ich), aber für solchen Firlefanz haben meine Kinder keine Zeit. Dann nehmen sie lieber meine Turnschuhe. Wehe, ich beschwere mich. Dann nehmen sie meine Socken.

Dann haben wir noch Eugen, den aus dem Nest gefallenen Vogel. Er muss alle halbe Stunde gefüttert werden, was alle Bauernhof-Besuchskinder gern gemeinsam übernehmen, solange es Tag ist. In der Nacht macht das Maria und hält durch bis sieben Uhr morgens. Dann bringt sie Eugen zu Lilli. Am Ende sind beide völlig erschöpft und sich sehr einig, dass sie so schnell keine Kinder kriegen wollen. Sehr schön. So ein Bauernhofurlaub ist ja sogar noch pädagogisch wertvoller, als ich dachte.

Und lecker: Neben der gesunden ortstypischen Ernährung in Form von Schweinshaxe und Knödel darf man keineswegs die ortstypische, gesunde Getränkeauswahl vergessen.

Unbedingt müssen wir deshalb auf das lokale Bier- und Feuerfest. Mit Betonung auf Bier. Wenn man an jedem der acht Getränkestände jeweils drei verschiedene Sorten getestet hat, darf man bei einem Gewinnspiel mitmachen, bei dem man dann fünf Kästen Bier gewinnen kann. Im Ernst. Wenn ich insgesamt 24 Biere probiert habe (und »probiert« heißt komplett ausgetrunken), will ich theoretisch nicht unbedingt auch noch weitere fünf Kästen haben. Auch nicht geschenkt. Aber praktisch finde ich Gewinnen ganz großartig und wenn ich ein ganzes alkoholisches Getränk einmal ausgetrunken habe, kann ich sowieso für nichts mehr garantieren. Bei Bier Nummer vier (irgendwas Dunkles, das einen seltsamen Moos-Nachgeschmack hat, ist bestimmt bio) setzt sich Georg zu mir. Ein attraktiver Bayer in schmucker Tracht. Er erzählt uns eine tolle Geschichte mit vielen »woaßtscho's«, Händewerfen und Augenrollen. Es geht um ein Fellbaby. Wenn Männer über Tierbabys sprechen, das hat was, finde ich. Es macht sie so weich, so gut, so emotional intakt. Die Geschichte scheint großartig, Georg ist mir auch sehr sympathisch, leider aber kann ich außer dem Wort »Fellbaby« überhaupt gar nichts verstehen. Ich versuche das zu kaschieren, indem ich jedes Mal bei der Erwähnung des offensichtlich sehr geliebten Tieres laut »süüüß«, »oh« oder »ah« sage. Ich glaube, beim Fellbaby handelt es sich um eine Katze, aber sicher bin ich mir nicht.

Überraschend abrupt ist die Geschichte zu Ende. Ein bisschen unhöflich finde ich es schon, dass Georg mir gar keine Gelegenheit lässt, irgendetwas dazu zu sagen oder eine Frage zu stellen. Nicht mal ein Smartphone-Foto von der kleinen Katze bekomme ich zu Gesicht. Stattdessen schüttelt er nur den Kopf, schaut grantig, steht von der Bank auf und geht. Komisch! Als ich mich bei Holger darüber beklage, schaut er mich irritiert an und sagt: »Fellbaby? Der Mann hat von der Bundeswehr erzählt. Und von seinem fürchterlichen Feldwebel!«

Hach, Bayrisch ist so schwierig. Und man lacht über mich. Ich bemühe mich ja wirklich immer sehr, mir eine Sprache anzueignen, bevor ich mich in fremdes Terrain wage (und es macht überhaupt keinen Unterschied, ob es sich dabei um Japanisch oder *Bayrisch* handelt, weder bezüglich meines Einsatzes noch meines verschwindend geringen Erfolgs).

Bei Bayrisch bin ich jedenfalls definitiv an meinen Grenzen angelangt.

Doch dann erbarmt sich glücklicherweise der Weißbrunner Steffe, ebenfalls in toller Tracht, außerdem jung und gaaanz nüchtern (so wie ich!), und erteilt mir Sprachunterricht. Er bringt mir wesentliches Vokabular bei. Zum Beispiel »Goaslschnoizn«. Ich nehme an, dies ist ein typisches Touristenwort. Im Schwäbischen werden ja erst einmal Flüche weitergegeben oder Vokabular, das man im Restaurant braucht, aber im Bayrischen mag das anders sein. Ich kann es nicht beurteilen, finde allerdings, Goislschnoizn hört sich weder nach Fluchen noch nach Essen an. Da ich mich ja schon beim Fellbaby blamiert habe, möchte ich mir hier auch keine Blöße geben und etwa nachfragen. Das ist auch kein Problem: Innerhalb eines weiteren Bieres kann ich perfekt »Goaslschnoizn« sagen, sinniere aber nach wie vor über die Bedeutung. Heißt es wohl übersetzt »Geiseln schnalzen«? Oder »Geißen schnäuzen«?

Ich habe keine Ahnung, Holger ist auch keine Hilfe, wir beide tippen aber auf Letzteres, denn der Weißbrunner Steffe zückt nun seinen Schnupftabak. Mit Aprikosengeschmack. Merke: *Geschmack* für die *Nase*. Das ist schon nicht wirklich ein gutes Zeichen, denn meiner Meinung nach ist die Nase ausschließlich fürs Riechen zuständig und nicht fürs Schmecken. Aber da sind die Bayern nicht so. Jedenfalls will ich auch hier nicht zurückstecken und lasse mir Schnupftabak »Aprikose« auf meine Daumenaußenseite häufeln. Für mein Auge ist es viel, aber der Weißbrunner Steffe sagt: »Naaa, geht scho!«, und ich glaube ihm. Ich beobachte, wie er die Hand an seine Nase hält und mit Schwung tief einatmet. So weit, so gut. Kann ich auch. Daumen an Nase, Schwung und tief einatmen.

Das Nächste, an was ich mich erinnern kann, ist das Gefühl, zu erblinden und eine Mischung aus Sägemehl, Zahnpasta und ja, Aprikose in meiner Nase zu haben.

Das soll raus! *Sofort!*

In eine Nase, und sei sie auch so groß wie meine, gehört nichts, was aus irgendwas ist. Ich finde, schon manche Gerüche sind eine enorme Zumutung, man denke nur an Bruno Banani, aber irgendwas mit *Konsistenz? Spinnen* die Bayern eigentlich? Wie kann man so was gut finden? Der Weißbrunner Steffe lacht über mein schockiertes Gesicht. »Oamol no, basst scho!«, sagt er und streckt mir sein Döschen entgegen. Da muss ich sehr schnell denken: Gesichtsverlust gegen Nasenschleimhaut? Braucht man die denn für irgendwas? Dringend?

Am Ende habe ich fünfmal geschnupft, mindestens. Es ist ein bisschen wie bei Tequila: Der erste schmeckt fürchterlich. Aber mit jedem weiteren geht's immer besser und am Schluss kann man erst aufhören, wenn alles zu spät ist.

Ich weiß, Aprikosen-Tabak klebt jetzt überall an der Innenseite meiner Nase (ach was, meiner Nase – *an meinem Gehirn!*) und ich werde jahrelang Geißen schnäuzen. Aber es war ein sehr, sehr lustiger Abend und ich mach so etwas nie wieder. Auch wenn mich der Steffe später fragt, ob ich mal seinen Ranzen fühlen will. Da bin ich zwar ein wenig erschrocken, aber dann kann ich natürlich nicht Nein sagen. Man muss die Feste feiern, wie sie fallen oder so, nicht wahr?

Ich bin auch nur ein bisschen enttäuscht, dass es sich bei diesem Ranzen um einen Gürtel handelt. Aber einen sehr schönen, mit Gänsekielen bestickten, unglaublich teuren, das muss man auch sagen. Da darf bestimmt nicht jede ran.

Ach ja, Bayern ist schön. Der Himmel so blau, die Berge so nah, die Kühe so groß und die Bikinifigur so egal! Das nenn ich Urlaub.

Und noch einmal Bayern – Schwangerschaftstests für Kühe und Philosophie

Unser Bauernhofurlaub bildet also. Sprachlich. Pädagogisch. Und auch ein wenig tiermedizinisch. Schadet ja nichts. Schwanger bin übrigens nicht ich. Nein, nein, wirklich. Vier Kinder zu haben, ist schön. Und genug. Aber glücklicherweise gibt es auch dieses Jahr im Stall außer Meerschweinchen wieder ein paar Kühe. Das ist schön für uns und doof für die Kühe. Also, das mit dem Stall. Muss aber so sein, weil sie besamt wurden und man jetzt nicht weiß, ob sie wirklich schwanger sind oder nicht. Kühe sind natürlich auch nicht schwanger, sondern tragend oder trächtig, aber Schwangerschaft heißt es so oder so. Und bevor die nicht bestätigt ist, dürfen die Kühe nicht auf die Weide zu den anderen, weil man sie ja sonst wieder reinholen muss, wenn es zyklustechnisch mit dem Besamen wieder passt. Es. Wieder. Passt. Uah. Besamer! Was es für Berufe gibt! Jedenfalls ist das nicht besonders schön. Also, dass die Kühe im Stall stehen müssen, anstatt sich auf der Weide zu vergnügen. Na ja, und das andere auch.

Jedenfalls kann man auch leider frühestens nach sechs Wochen herausfinden, ob das Besamen geklappt hat. Dann dürfen die Kühe raus, frisches Gras fressen und sich mit den anderen Kühen über ihre jeweiligen Schwangerschaften austauschen. Wie man das halt so macht unter werdenden Müttern.

Nun gab es aber diese Idee. Im Nachhinein war es meinen liebsten Bauernhoffreundinnen Anja, Inge und Heike und mir natürlich auch klar, dass es nicht klappen kann, aber in diesem Moment, nachdem wir den dritten Kaffee durch ein Glas Prosecco ersetzt hatten, als wir das erste Mal darüber sprachen, da ... also, da schien es nicht ganz abwegig. Ähem. Die Idee ist übrigens ursprünglich auf Thomas' Mist gewachsen. In jeder Hinsicht. Aber wir haben sie ernst genommen, begeistert aufgegriffen und ... Jedenfalls haben wir einen Schwangerschaftsschnelltest gekauft. Genau. Einen für Menschen. Vielmehr drei. Wenn es irgendwo welche für Kühe gibt, dann bitte schön her mit der Info. Bis dahin sind wir offensichtlich experimentierfreudig. Wir waren einfach in der Drogerie. Gemeinsam. Unser Gesamtalter beträgt vermutlich circa 170 Jahre. Schwangerschaften sind bei uns allen mittlerweile eher unwahrscheinlich, aber man hat ja diesbezüglich auch schon von dem ein oder anderen Wunder gehört. Nein, es war uns nicht peinlich. Unseren insgesamt neun Kindern, die uns unbedingt begleiten wollten, schon, aber die hatte ja auch keiner zum Mitkommen gezwungen.

Die Konversation mit der Drogeriemarktangestellten verlief so:

Inge: »Entschuldigung, wir suchen Schwangerschaftstests.« Anja, Heike und ich nicken bekräftigend. Die Kinder schauen beschämt zur Seite. Die Drogeriemarktangestellte schluckt. Sie schaut von einer zur anderen und schließlich auch noch jedes einzelne Kind an. Ich weiß genau, sie überlegt sich gerade, welches von unseren Mädchen das arme Huhn ist, das hier unter Beobachtung einer kompletten Kommune getestet werden soll. Lilli ist immerhin sehr groß, der Verdacht liegt also nahe, aber vermutlich fragt sie sich auch, wer von den Jungs (der älteste ist 14) als Vater infrage kommt.

Sie schluckt wieder. »Für sie?«, fragt sie schließlich mutig (ich habe es doch gewusst!) und deutet auf Lilli, als ob es einen Unterschied machen würde.

Heike übernimmt das Wort: »Nein, für die Kuh!«

»Äh, aha, also für die ... Freundin von ... jemand?« Hilflos schaut sie zu Heike. »Wie weit ist Ihre ... Freundin denn? Oder wissen Sie das gar nicht?«, fragt die Verkäuferin und deutet leicht überfordert auf das komplette Testsortiment im Regal hinter sich. »Mittlerweile kann man ja ab der vierten Woche schon testen, aber später ist immer besser.« Man sieht ihr deutlich an, dass sie lieber irgendwo anders wäre. Egal wo. Ob »die Kuh« vielleicht die heimliche Freundin einer der Ehemänner ...? Keiner sagt was.

Nachdem sie offensichtlich nicht mehr mit einer erhellenden Antwort rechnet, erläutert sie uns das aufregende Sortiment genauer. Meine Güte! Was sich seit meiner aktiven Familienplanungszeit alles entwickelt hat! Unfassbar. Da gibt's ja die unglaublichsten Dinge! Da kann man ja Schwangerschaften feststellen, bevor man überhaupt schwanger ist! Toll! Schließlich entscheiden wir uns für einen Test, der schon nach einer Woche sehr zuverlässig sein soll. Man muss nur den Mittelurin auffangen, das Stäbchen ein paar Minuten reinhalten und dann weiß man Bescheid. Gar nicht kompliziert. Jedenfalls im Verhältnis zu den Gedanken, die sich die Verkäuferin gerade sicherlich macht.

Ist ja schön und gut mit den Tests – unsereins geht aufs Klo, pieselt in einen Becher, hält das Stäbchen rein, wartet zwei Minuten, sieht ein oder maximal zwei Striche und gut. Aber eine Kuh? Eine Kuh pieselt nicht auf Kommando. Und schon gar nicht, wenn tausend Menschen hinter ihr herumstehen. Und das tun wir. Mit allen Kindern, unseren Männern und einem grinsenden Thomas. Wir sind mit Eimern bewaffnet und warten froh, Schwangerschaftstest-Fachsimpeln inklusive. Aber es ist nichts zu machen. Man kann den Wasserhahn aufdrehen und selbst Pieselgeräusche machen, soviel man will. Die Kühe sind diesbezüglich völlig resistent. Es kommt nix. Beinahe zwanzig Menschen stehen hinter drei potenziellen zukünftigen Mutterkühen, geben peinliche Zischlaute von sich, drehen Wasserhähne auf und zu und halten Eimer in Gegenden, wo wir Kuhkörperausgänge vermuten. Es passiert rein gar nichts. Ich kann es den Kühen auch nicht verdenken. Wer kann schon auf Kommando und mit so viel Publikum?

Nach 15 Minuten wird es öde. Die Ersten, die gehen, sind die Kinder. Und dann Heike, Anja, Katja und ich. Wir wenden uns wieder interessanteren Dingen zu: Prosecco trinken, in der Sonne liegen, Klatschzeitung lesen, schwimmen. Nur Inge ist geduldig. Und als wir alle endlich weg sind, auch erfolgreich.

Lassen Sie mich das Ergebnis so zusammenfassen:

1. Geduld ist nicht unsere Stärke.
2. Einen blauen Strich haben alle Kühe dahergepinkelt. Die Tests funktionieren also.
3. Laut unserer Tests ist dennoch keine der Kühe trächtig.
4. Schwangerschaftstests sind trotz blauem Beweisstrich nicht für Kühe gemacht.

All dies bestätigt der Tierarzt, der wenig später kommt, um die Kühe zu untersuchen, damit sie endlich auf die Weide können. »Und?«, fragt Heike den Arzt ungeduldig, der liebevoll seine Wange an den Kuhhintern gelegt und seinen kompletten Arm darin versenkt hat. »Sind die jetzt schwanger oder nicht?«

Er schaut hochkonzentriert und tastet ein wenig in dem äußerst geduldigen Tier herum. Irgendwie wird mir komisch. Ich glaube, ich muss mich setzen. Tierarzt ist definitiv nicht mein Traumberuf.

»Ja klar!«, bestätigt er stolz, als ob es sein persönlicher Verdienst wäre. »Olle drei!« Er grinst froh.

»Und woher weiß man das?«

»Das fühlst halt!«, sagt er, ohne seinen Blick zu heben. Er grubelt immer noch in der Kuh herum.

»Und von was hängt es ab, ob es klappt oder nicht?«

»Na ja«, sagt er verträumt, immer noch mit dem halben Oberkörper in der Kuh: »Da steckst net drin!«

Bayern zum Dritten – Erleuchtung inbegriffen

Wir sind evangelisch. Das ist in der Gegend rund um Stuttgart nicht weiter eine Herausforderung. Selbst in Bayern ist es keine Katastrophe. Jedenfalls keine epische. Es sei denn, man möchte sich beteiligen, und das wollen wir. Immer. Vor allem deshalb, weil Pfingsten ist und uns der Weißbrunner Steffe zur Maisandacht an seinem Wegkreuz eingeladen hat.

»Maiandacht heißt das!«, sagt Holger.

»Quatsch. Mais!«, meint Maria. »Er hat doch gesagt, es ist mitten im Feld!«

»Na und? Es wird ja nicht der Mais gehuldigt, sondern Maria! Und außerdem ist Mai, das passt doch viel besser.«

»Dem!«, sage ich. »*Dem* Mais! Und warum heißt es dann nicht Marienandacht? Ich dachte, es geht um sie! Und außerdem: Was ist mit Gerste, Weizen und Roggen?« Und überhaupt, was soll ich anziehen, was muss ich dafür können und warum heißt es überhaupt irgendwie?

»Weil ... weil ... ach, ist doch auch egal. Er hat gesagt, sie würden singen und es gibt hinterher auch was zu trinken.«

Gut, das ist natürlich ein Argument.

Hätten wir das mit der Andacht (welcher auch immer) gewusst, dann hätten wir ziemlich sicher was Anständiges zum Anziehen eingepackt. Zumindest ich. Das ist ja immer ein guter Einstieg, vor allem, wenn man niemanden kennt und noch nicht einmal weiß, wessen hier überhaupt gedacht wird.

Bevor wir aufbrechen, bekommen wir von Thomas und seiner Mutter Dorothea noch schnell eine Einführung in die uns erwartende Gesellschaft: Hochzeiten, Taufen, Trennungen und Skandale in der Nachbargemeinde der letzten Wochen werden uns im Schnelldurchlauf verkündet. Und überhaupt: der Pfarrer! Skandal! Der Pfarrer nämlich, der ... und die Mesnerin, die ... und beide katholisch! Das ist wirklich unerhört. Aber wie gut, dass es die Maisandacht gibt, da kann man dann ja gleich mal schauen, wer die überhaupt hält. Und wer kommt. Ich sehe schon, wir müssen hin. Thomas kann ja nicht, das sieht dann so aus, als wäre er neugierig, und das ist er selbstverständlich *ü-ber*-haupt nicht! Aber uns, uns kann man schicken. Wir sind nicht von hier und ob wir uns alles merken können, ist eh ungewiss. Fängt schon beim Ort an. Ob wir den überhaupt finden, ist die eigentliche Frage hier. Komplizierte Wegbeschreibungen, die viele Links und Rechts, namenlose Feldwege, diverse »woaßtscho's«, »passtscho's!«, »pfiati's« und »dolang's« und etliches Gelächter enthalten, sind selten zielführend bei uns. Vor allem weil Holger und ich sehr unterschiedliche Auffassungen von links und rechts haben. Da fängt es ja schon mal an. Die Sonne scheint, als wir uns auf den Weg machen. Es ist sechs Uhr abends und wir sind festlicher Stimmung, denn alle Menschen tragen heute Tracht und eine frische Blume am Hut. Jedenfalls die, die hier leben. Es gab eine feierliche Prozession am Morgen, die wir leider verpasst haben, bei der aber Alois, Thomas' Vater, jedes Jahr die vertrauensvolle Aufgabe hat, den Lautsprecher zu tragen. Wir tragen keinen Lautsprecher und keine Blume am Hut, aber auch Tracht. Urlaubertracht. Meine sauberste Hose ist leider eine Jeans und ich habe nur Turnschuhe und Flipflops dabei. Holger hat immerhin ein hellblau-weiß kariertes Hemd in seiner Tasche gefunden. Streber.

Unsere Kinder bleiben vorsichtshalber auf dem Hof. Maria will einfach nicht im Bikini. Ha. Und Lillis Nagellackfarbe passt heute auch eher schlecht. William kann nicht, denn wenn er das Trampolin verlässt, kollabiert vermutlich sein komplettes Immunsystem, denn von dem Ding sind die Kinder so abhängig, als wäre es eine Herz-Lungen-Maschine. Vom Hof? Tödlich.

Natürlich kommen wir nicht pünktlich. Was ich am Zuspätkommen besonders gut leiden kann, vor allem, wenn man niemanden kennt, ist, dass einen alle anschauen. Im Grunde habe ich nichts gegen Publikum, aber hier stehen und sitzen ungefähr vierzig Leute auf einem Feld (abgemäht – eher kein Mais, nur fürs Protokoll) im Halbkreis um ein wunderschönes Wegkreuz herum und unterhalten sich, als wir näher kommen. Oder vielmehr: *bis* wir näher kommen. Sanft fallen die grünen Felder zum Flussufer hinab, im Hintergrund leuchten die Alpen mit ihren schneebedeckten Hängen. Ein spiritueller Ort. Wunderschön. Ich kann meine Augen nicht von der Gegend nehmen.

Und ich trau mich auch nicht. Dann müsste ich mich nämlich der Festgesellschaft zuwenden und die schauen mich ganz sicher alle an. Der Einzige, der weiß, wer wir sind, ist der Weißbrunner Steffe. Alle anderen denken vermutlich, wir hätten uns verlaufen. Gut, das ist jetzt nicht so weit hergeholt. Haben wir auch irgendwie. Aber das war vorher. Und wir wären eigentlich eine halbe Stunde früher da gewesen, wenn nicht Holger ... Egal. Wenigstens sind wir zufällig irgendwann richtig abgebogen und na ja, jetzt sind wir da, das ist die Hauptsache.

»Setzt euch her da!« Steffe hat sich unserer erbarmt und weist auf die einzigen beiden freien Plätze neben einem Herrn ganz in Schwarz direkt neben dem Kreuz.

»Guten Tag, mein Name mein, ich heiße ... ähm, ich ... Lucinde«, stottere ich und strecke dem Mann meine Hand hin. Er schaut irritiert. Schließlich erbarmt er sich, steht kurz auf, schüttelt die meine und sagt: »Ja. Gut. Schön. Guten Abend.« Dann setzt er sich wieder. Komischer Typ. Holger zieht scharf die Luft ein. Ich höre, wie die Menschen leise flüstern und in unsere Richtung deuten. Was denn? Hier reden sich doch alle mit dem Vornamen an! Ich bin nur höflich, da könnte er sich eine Scheibe ...

Der Mann steht auf.

»Guten Abend, liebe Gäste der Familie, und herzlich willkommen zur Maiandacht«, begrüßt er alle feierlich und ergänzt mit einem strengen Blick auf mich: »Wir wollen beten!«

Sch... das ist der Pfarrer! Ich bete. Und wie. Aber so richtig kann ich mich irgendwie nicht konzentrieren.

Steffen singt im Anschluss mit zwei anderen dreistimmig bayrische Andachtslieder. Das macht er super. Ich transpiriere vor Scham. Wenigstens darf ich dafür sitzen. Neben mir steht das schwarze Pfarrerbein und spricht ausführlich von Maria (Ha! Ich hatte also doch recht mit der Marienandacht!) und beinahe entspanne ich mich wieder. Aber nur einen Sekundenbruchteil, denn auf dem Pfarrerbein wandern langsam zwei aufeinandersitzende, schwarz-rote Käfer nach oben. Ich kann nicht hinsehen. So richtig wegsehen kann ich aber auch nicht. Was machen die da? Doch nicht etwa ...? Oder doch? Und ausgerechnet während der Andacht?

»Mach sie weg!«, flüstert Holger mir zu. Ah. Wie schön. Er hat sie also auch entdeckt. »Los! Mach sie weg! Schnell!« Das war ziemlich laut. Alle Augen sind auf den Pfarrer gerichtet. Noch. Man lauscht andächtig seinen Worten und beobachtet nebenher die zwei seltsamen Menschen, die sich hierher verirrt haben, nicht wissen, was sich gehört, und jetzt auch noch tuscheln. Die Menge beobachtet uns.

Mir rinnt mittlerweile der Schweiß zwischen den Schulterblättern hinab. Ich kann die doch nicht einfach so wegmachen! Wie denn? Wie stellt sich Holger das denn vor? Die Käfer haben das obere Pfarrerbeindrittel erreicht. Holger reißt die Augen auf und weist mit seinem Kinn auf den Pfarreroberschenkel. Was mach ich bloß? Ich kann das nicht! Vorsichtshalber kneife ich die Augen zusammen und hoffe, dass die Käfer einfach weg sind, wenn ich sie wieder öffne. Sind sie nicht. Aber da – die Predigt ist zu Ende und im letzten Moment, quasi in der Sekunde, bevor der Pfarrer sich wieder neben mir niederlässt, und in der Millisekunde, bevor die Krabbeltiere seine Leiste oder Schlimmeres erreicht haben, hole ich aus und schlage heldenmütig die Käfer von des Pfarrers Hose.

Stille. Leider schon wieder nicht andächtig. Sondern fassungslos.

»Entschuldigung«, flüstere ich in seine Richtung, »aber da waren ...« Ich habe keine Chance auf Vergebung. Strafend sieht mich der Pfarrer an und rückt demonstrativ an die äußerste Kante der Bank, faltet seine Hände und seufzt tief. Wenn es nach ihm geht, komme ich nicht in den Himmel, so viel ist gewiss. Und wenn es je einen Preis für vorurteilsbildende Urlaubsaktivitäten gibt, bitte schön: Hier ist die Siegerin.

Am Ende der Andacht kann ich mich noch einmal dadurch hervortun, dass ich während eines wunderschönen, wieder dreistimmig vorgetragenen Geburtstagsständchens für eine Neunzigjährige vor Rührung anfange zu heulen. Möglicherweise ist es aber auch Erleichterung, weil die ganze Aufmerksamkeit nun auf einer anderen Person als auf dem Pfarrer und in dessen Dunstkreis eben auch auf mir liegt, weil die Andacht ohne weitere Zwischenfälle vorübergegangen ist und weil es wirklich schön war. Ich würde mich so gern bei dem Pfarrer richtig entschuldigen oder wenigstens erklären, was passiert ist, aber immer wenn ich in seine Nähe komme, ist er plötzlich verschwunden. Ist das nicht seltsam? Beinahe habe ich das Gefühl, er geht mir aus dem Weg. Dabei kennt er mich doch gar nicht. So habe ich leider auch keine Chance, herauszufinden, ob es sich bei diesem Pfarrer hier um den mit der Mesnerin handelt. Ich wäre bei der Investigation aber auf jeden Fall äußerst diskret vorgegangen. Das ist, wie wir wissen, ja absolut meine Stärke.

Als alle Gäste ein bis drei Bier getrunken hatten, wirklich jeder wusste, wer wir sind, woher wir kommen und warum ich den Pfarrer geschlagen hatte, wurde es auch noch sehr nett. Und das neunzigjährige Geburtstagskind zwickte mich beim Abschied in den Arm und sagte mit einem Augenzwinkern: »Kimmst aber nächstes Jahr scho wieder! Dann gibt's endlich wieder was zum Schaun und der Pfarrer hat auch mal was zum Erzähln!«

Ja, genau. Und die Käfer erst!

Übrigens, Williams komplettes Gepäck hätte ich auch zu Hause lassen können. Also die Kleidung – das Angelequipment natürlich nicht, das wurde schließlich gebraucht!

Denn nachdem er sein T-Shirt einmal rechts und einmal linksherum getragen hat, dreht er es von innen nach außen und spielt das Spiel von vorn. William-Style nennt er das. Seine Hose steht vor Dreck und seine Haare sind von einer merkwürdigen Schicht bedeckt. Aber er ist glücklich. Und schlau. Immer wenn es Zeit für die Dusche ist, ist William verschwunden. Finde ich ihn doch, sagt er: »Papa hat mich schon geduhuhuscht!« und umgekehrt. Da wir die ganze Zeit draußen verbringen, fällt das auch nicht weiter auf.

Aber als wir nach dieser Woche ins Auto steigen, zieht ein strenger Geruch an meiner Nase vorbei. Bis wir uns alle daran gewöhnt haben, dass es im Auto mehr nach Kuhstall riecht als im Kuhstall selbst, fahren wir bei mittlerweile strömendem Regen mit geöffnetem Fenster. Der Geruch kommt eindeutig von der hinteren Sitzreihe. Und noch eindeutiger von einem kleinen zehnjährigen Jungen in ehemals Blond. Zweifellos gehört dieses Kind geschrubbt. »Gründlich«, sage ich. »Das gehört so«, sagt William. »Weil, Mama, ich möchte wenigstens den Bauernhof in der Nase mitnehmen. Und wenn wir zu Hause sind, dann kannst du mich gründlichen, so lange du willst.« Das werde ich, mein Sohn, darauf kannst du dich verlassen. Ich werde dich gründlichen, bis du riechst wie das Weizenfeld im Frühling.

»Mais!«, sagt Maria von hinten. »Es heißt Mais!«

Ja, bei Frohmaching sind wir uns einig. Aber alle anderen Reiseziele werden heiß diskutiert und je älter die Kinder werden, umso größer werden auch ihre Ansprüche. Sie wollen alles. Nur eines nicht: irgendwohin, wo man etwas lernt oder hinterher abgefragt werden kann. Nichts, wo man irgendwas helfen muss, wie abspülen oder so. Unbedingt irgendwohin, wo man tolle Fotos für Snapchat, Instagram, Facebook und so weiter machen kann.

Coole Reiseziele, bei denen man andere Jugendliche trifft, mit denen man dann seine Zeit verbringen kann und zwar wenn möglich jeden Moment außer den Mahlzeiten. Da muss man eben ... notgedrungen ... mit den Eltern ... wenn's unbedingt sein muss. Puh. Langsam, aber sicher müssen wir uns richtig anstrengen, um einen Urlaubsort zu finden, der unseren Kindern genehm ist und an den sie uns überhaupt noch mitnehmen. Sie. Uns.

Für alle Menschen, die ein Frohmaching wie unseres suchen:

* www.die-chiemseebauern.de
* www.urlaubaufdembauernhof.de
* www.chiemsee-bauernhofurlaub.de

Verwandtschaftsbesuch in Schüttelwald – Konfirmation und Fremdenverkehr

Manchmal reist man ja auch nicht unbedingt zu Erholungszwecken. Nein, manchmal treibt man diesen ganzen Aufwand für ein Wochenende – und für Besuche aller Art.

Ja, ich bin gern unterwegs und nutze jede Gelegenheit, um meinen beschämenden Mangel an Deutschlandkenntnissen ein wenig auszubessern. Und nein, ich bin kein Fan von Konfirmationen oder anderen Festivitäten, bei denen man früh aufstehen, etwas »Anständiges« anziehen, in der Kirche wach bleiben und dann mitten am Tag unglaubliche Mengen an Kuchen und Fleisch vertilgen muss, ohne auch nur einen klitzekleinen Mittagsschlaf zwischendrin. Aber das gehört so. Und schließlich waren auch schon viele Menschen auf Konfirmationen unserer Kinder, bei denen es ebenso ablief, und sie haben sich nicht beschwert. Zumindest nicht bei mir. Am Ende war es doch immer ganz schön und das lag nicht unbedingt nur daran, dass wir gleich nach der Kirche mit Prosecco angefangen haben. Oder vielleicht nur ein bisschen.

Jedenfalls steht die Konfirmation von Marlene an, der Tochter von Holgers bester Freundin Ella aus deren gemeinsamen Schultagen. Ganz klar: Da müssen wir hin. Erstens natürlich wegen dieser netten Menschen und zweitens, weil die Konfirmation an einem Ort ist, an dem ich noch nie gewesen bin. Nennen wir ihn Schüttelwald.

Selbstverständlich brauche ich dafür als Allererstes etwas Neues zum Anziehen. Es ist für Anfang Mai eiskalt und mein einziges konfirmationstaugliches Kleid ist ärmellos und blau und dazu gehen keine Strümpfe, weil die einzigen passenden Schuhe Sandalen sind, und wie sieht das denn aus und überhaupt, ich habe auch nichts für drüber. Und so ein affiges Jäckchen will ich nicht. Jaja, ich weiß, ein ganzer Kleiderschrank voll nichts zum Anziehen. Aber es ist eine Konfirmation, die Gastgeberin ist *die* Freundin meines Mannes von früher, ich kenne da niemanden, der mir von vornherein wohlgesonnen ist und deshalb nicht so genau hinguckt, was ich anhabe. Ich finde, das sind Gründe genug. Ich kaufe also ein dunkel Gemustertes (wegen der Flecken) ohne erkennbare Taille (wegen des Kuchens) aus weichem Stoff (Schmeichelt der Figur, hab ich gelesen. Kann nicht schaden). In Ermangelung von Zeit sogar, ohne es anzuprobieren. Außerdem ist meine Tochter Lilli dabei und ich habe keine Lust, mit ihr zu diskutieren. Sieht es gut aus, will sie es für sich haben, und wenn nicht, dann findet sie es so scheußlich, dass ich mich nie trauen werde, es anzuziehen, was ich mir aber erst dann eingestehe, wenn man es nicht mehr zurückgeben kann. Ich kaufe es also quasi blind. Ich meine, ich kenne meinen Körper mittlerweile gut genug, um so etwas zu machen. Denke ich. Und liege total falsch.

Zu Hause stopfe ich alles in eine Reisetasche. Was für ein Glück, dass das Kleid aus einem Material ist, das nie knittert. Gut, man sollte sich, darin gewandet, von Kerzen, offenem Feuer, Zigaretten und Bügeleisen fernhalten, aber vor allem bei Letzterem muss man sich bei mir auch keine ernsthaften Sorgen machen. Ein Satz Unterwäsche, Zahnbürste, Schminke – fertig. Auch Williams Sachen sind schnell gepackt, wenn auch ein wenig umfangreicher. Wir sind zwar nur eine Nacht weg, aber ich packe drei Unterhosen, vier lange Hosen (davon zwei identische ohne erkennbare Makel, die auf der Konfirmation nach Bedarf ausgetauscht werden können), drei Paar Socken, einen Schlafanzug, zwei Pullis, zwei Jacken, Gummistiefel, Fußballschuhe und eine Regenjacke ein. Er ist mein Sohn. Ich weiß, wir werden alles brauchen.

William nutzt die Zeit, in der ich das Geschenk für Marlene verpacke, um in seiner ureigenen Packmanier alle Kleider wieder aus- und dafür sein komplettes Nerfpistolen-Arsenal einzupacken.

Nerfs sind die Dinger mit den Schaumstoffpfeilen, die zwar nicht besonders wehtun, aber dafür extrem viel Krach verursachen, besonders wenn der Nerfpistolenträger zusätzlich lautmalerisch sein Tun begleitet. Und das tun die. Immer. Nicht umsonst heißen diese Teile »*Nerfpistolen*«. Mit der Betonung auf *Nerf*.

Ich habe sie nicht gekauft, will ich nur mal klarstellen. Ich war das nicht. Und wenn es nach mir ginge ... Aber tut es ja nie. Jedenfalls packt William um. Auch nur zur Sicherheit. Und selbstverständlich, ohne dass ich dies bemerken würde.

Schüttelwald ist ein malerisches Örtchen. Sehr klein, an einer gewundenen Durchgangsstraße gelegen, mit hübsch restaurierten alten Häusern und üppig blühenden Gärten, einer Kirche auf dem Hügel, einem von Trauerweiden gesäumten Bach namens Schwalm und ohne WLAN oder Handyempfang. Genau so habe ich es mir vorgestellt. Idyllisch. Ruhig. Natürlich. Schön.

Vor der Kirche müssen wir uns allerdings noch umziehen. Schließlich konnten wir das Risiko nicht eingehen, dass auf der fünfstündigen Fahrt etwas an die guten Konfirmationsklamotten kommt, und sind deshalb in Jogginghose (William) und Jeans (wir anderen) angereist. Eine gute Entscheidung. Williams Jogginghose weist eindeutig eine Vielzahl an Beweisspuren von seiner Leidenschaft für Schokocroissants und kakaohaltige Getränke bei Autofahrten auf. Das Auto auch. Aber beim Auto macht es nichts, denn das wird nicht vom Konfirmationspublikum besichtigt. Mein Sohn allerdings schon.

Lilli und William schlafen bei Marlene und Flo, Marlenes kleinem Bruder, und wir in der Pension Susanne. Dorthin fahren wir zur allgemeinen Umkleidung. Pension Susanne liegt in einem Nachbarort, dessen Namen ich vergessen habe, was daran liegen mag, dass dieser Ort nicht ganz so idyllisch ist wie Schüttelwald selbst. Das Einzige, was diese beiden Orte verbindet, ist die Durchgangsstraße und, wie wir später feststellen dürfen, das fehlende WLAN.

Von hübschen Häusern, Bäumen oder Blumen kann hier nicht die Rede sein, dafür haben die Klinkerhäuser, die rechts und links der pfeilgeraden Straße stehen, alle die gleichen grünflächenlosen, dafür üppig gekiesten Vorgärten.

Ich frage mich gerade, ob wir uns womöglich in die etwas langweile Fertighausausstellung der Gegend verirrt haben, da sticht ein einziges Haus aus diesem wohlgeordneten Traum heraus. Ein Meer aus bunten Plastikblumen wogt sanft links und rechts im Kiesbeet, die Fensterbretter sind liebevoll mit Kupferkesseln voller Plastikblumen dekoriert. »Pension Susanne« steht einmal in Schreibschrift auf einem Schild an der verklinkerten Hauswand und – vermutlich für die, die aufgrund der ganzen Plastikblumenpracht kurzfristig ihre Sehkraft eingebüßt haben – noch einmal in A4-großen Druckbuchstaben auf einem Schild, das eines der unteren Fenster komplett ausfüllt. Au weia. Ich glaube, wir sind da.

Die Gardine im schildlosen Fenster bewegt sich. Wir halten an und steigen aus. Die Tür öffnet sich. Vor uns steht eine etwas mollige Frau mittleren Alters. Sie strahlt uns an und öffnet ihren Mund zu einem Redefluss, der erst wieder enden wird, als wir in unserem Zimmer sind und zwar genau dann, als ich zu ihr sage, ich müsste jetzt aber wirklich ganz dringend mal auf die Toilette. Bis dahin holt sie nicht einmal Luft. Ich schwöre. Sollte es einmal nicht mehr so gut mit der Pension laufen, könnte sich »Susanne« definitiv als Apnoe-Taucherin bewerben. Sie hat Talent. So etwas von.

»Ja, hallo, guten Tag und willkommen in der Pension Susanne«, sagt sie zur Begrüßung und öffnet die Tür weiter, sodass wir theoretisch eintreten können, aber praktisch muss sie wohl noch ein paar Einführungsworte verlieren, bevor wir über die Schwelle treten dürfen. »Also Susanne«, fährt sie fort, »weil ich so heiße, aber das haben Sie sicher schon gedacht. Ich wusste bereits, dass Sie da sind, weil meine Freundin von da vorn gerade angerufen hat und meinte, dass Sie kommen, sie hat auch gesagt, dass vier Personen im Auto sitzen ... Hmm, das ist ein Problem, weil wir nur eine Reservierung für zwei haben. Da hat sie sich gefragt, also meine Freundin, ob ich das auch richtig verstanden habe mit der Buchung, denn wenn Sie jetzt noch zwei Betten mehr brauchen, wird es schwierig. Aber der Bub (sie zeigt auf William) kann ja auch zwischen Ihnen beiden schlafen und das Mädchen, also wir haben auch noch ein Einzelzimmer, aber das ginge dann extra und ...«

Wir starren sie mit offenem Mund an. Ich kann gar nicht so schnell denken, wie sie sprechen kann. Wie, ihre Freundin hat sie angerufen, von wo und wann und wieso weiß sie, wie viele Personen wir sind, unsere Autoscheiben sind doch

abgedunkelt und ...? Man hatte uns zwar gesagt, dass Rhein-
länder sehr offen sind, gern reden und auf andere Menschen
zugehen, aber so? Holger sammelt sich als Erster: »Ja, nein,
unsere Kinder schlafen bei unseren ...« Also, er versucht es
jedenfalls. Erfolglos.

»Aber kommen Sie doch erst mal rein, alles Weitere erzähle ich Ihnen dann drinnen!«, ruft sie und verschwindet in der
stockdunklen Diele. Sprachlos stolpern wir hinterher, während
Susanne ununterbrochen weiterquasselt. Ich hatte mir vorsichtshalber für morgen Kopfschmerztabletten eingepackt, aber
wenn das so weitergeht, brauche ich die noch vor der Kirche.
Die Wände im Gang des oberen Stockwerks sind mit gelblich-
brauner Raufasertapete ausgestattet. Es ist düster. Sehr düster.
Und kalt. Ein modriger Duft umfängt uns trotz der Kälte. Uäh.
Zum Glück habe ich Flipflops fürs Bad dabei, denke ich und beschließe, den Boden nicht so genau anzuschauen. Das ist kein
Problem, denn die Energiesparlampe vor unserem Zimmer gibt
zwar alles – aber leider vergeblich. Meine Augen gewöhnen sich
nur schwer an die Dunkelheit.

Glücklicherweise gibt es in unserem Zimmer ein Fenster, auf
das Susanne besonders stolz ist.

»Ich habe mal gelüftet, weil, na ja, kann ja nicht schaden.
Der Gast, der davor hier war, hat geraucht, aber man will ja nicht
so sein ... Ich hoffe, das stört sie nicht, aber es gibt ja sowieso
nichts anderes ... Es sei denn, sie wollen doch das Einzelzimmer,
aber nein, das hatten wir ja schon und jetzt ist es eben ein bisschen kalt, aber hier ist noch keiner erfro...«

Ob es wohl sehr unhöflich ist, sich die Ohren zuzuhalten?

Als ich die rettende Idee mit der Toilette habe, geht Susanne.
Ich höre sie draußen weitersprechen. Wir schauen uns an.

Holger öffnet wortlos ein Bier aus der Kiste, die er für Ellas Mann Stefan von unserer Hausbrauerei mitgebracht hat, und reicht es mir. Vielleicht behalten wir prophylaktisch die ganze Kiste. Stefan braucht es ja sicher nicht ganz so dringend wie wir.

Draußen regnet es mittlerweile Bindfäden. Freundlicherweise hat William wenigstens eine der Konfirmationshosen in der Tasche gelassen, sonst müsste er jetzt in der schmutzigen Jogginghose in die Kirche. Ihn würde das natürlich nicht stören, mich aber ... Ich wasche die Jogginghose im Waschbecken für die Heimfahrt morgen aus, ziehe mein kleines Grobgemustertes an und erwarte bewundernde Blicke von meinem Mann. Schließlich treibe ich ausreichend Sport und kann meine Beine herzeigen. Er will aber nicht so recht bewundernd schauen.

»Ist das nicht ein bisschen kurz?«, fragt er mit zusammengekniffenen Augen. »Oder kommt da noch 'ne Hose drunter?« Falsche Frage. Ganz falsche Frage. Ich schaue böse. Wenn er das Kleid jetzt doof findet, dann hab ich auch nur noch eine Jeans als Alternative. »Ich meine ja nur, kannst du dich damit bücken?«, fragt er und schaut besorgt.

»Ich will mich überhaupt nicht bücken!«, antworte ich trotzig. »Findest du es jetzt hässlich oder was?«

»Nein, nein, ich finde es nicht häss...«

»Oder mich?«

»Nein, dich sowieso nicht! Aber wir sind hier auf dem Land und wer weiß, ich will ja auch nicht, dass alle dich anstarren und ...« Uh, ah. Ja, wir sind möglicherweise ein bisschen gereizt. Das frühe Aufstehen, Susanne, das Wetter, da bin ich manchmal nicht ganz ich selbst.

Trotzig lege ich den knallroten Lippenstift auf, werfe mir theatralisch den Regenmantel über und verlasse das Zimmer, um im Auto zu warten. Leider muss ich schon direkt vor der Zimmertür eine Pause einlegen, denn wenn ich mir nicht das Genick brechen will, muss ich warten, bis sich meine Augen an die Dunkelheit gewöhnt haben.

Über mein zu kurzes Kleid hätte ich mir allerdings wirklich keine Gedanken machen müssen und über Williams eventuelle Joggingbehosung auch nicht. Das stelle ich erleichtert fest, als wir an der Kirche ankommen. Hier ist bekleidungstechnisch alles vorhanden: der florale Retrolook ebenso wie das schwarze Netzminikleid, das Leder-Ensemble und die – tadaa – Jogginghose. Allerdings nicht an einem Kind, sondern an einem ausgewachsenen Mann und in dunkelblauer Ballonseide. Man gönnt sich ja sonst nichts.

Wir sind beinahe eine Stunde zu früh, aber dennoch zu spät, denn in der winzigen Kirche sind alle Plätze belegt. Macht nichts. Im Nebenraum gibt's nämlich Public Viewing. Im doppelten Sinn. Erstens wird der Gottesdienst hier simultan auf Leinwand übertragen und zweitens kann man hier auch viel besser Leute gucken.

»Mama«, sagt William und zupft mich am Ärmel, nachdem wir in einer der hinteren Reihen glücklicherweise noch vier Plätze gefunden haben. »Warum sehen hier alle Leute so gleich aus?«

Jetzt, da er das sagt, fällt es mir auch auf. Die Menschen, die außer uns bisher ihren Platz hier drin gefunden haben, haben tatsächlich alle eine gewisse Ähnlichkeit. Statur. Physiognomie. Kleidungsstil.

Lilli schaltet sich ein: »Tja, wahrscheinlich hatten die alle schon mal miteinander eine Affäre, da passiert so etwas!« Ich stoße Lilli in die Seite. Sie grinst. »Weißt du überhaupt, was eine Affäre ist?«

Nur zur Erinnerung: William ist noch klein. Er weiß das nicht. Bestimmt nicht. Allerdings: Er überlegt. Dann hellt sich sein Gesicht auf und stolz verkündet er die frohe Botschaft: »Na klar weiß ich, was das ist! Eine Affäre ist genau das Gleiche wie Fremdenverkehr!« Jawohl. Auf die Zwölf. Ins Schwarze. Die kleinen Jungs sind heutzutage auch nicht mehr das, was sie mal waren.

Während des Essens im Restaurant nutzen William und sein neuer bester Kumpel Flo die Zeit, um die Kuchen/Frisuren/Hinterteile der anwesenden Festgäste mit Nerfs zu drangsalieren. Wobei Flo, ein leidenschaftlicher Fußballer, bei einem besonders gelungenen Nerfschuss in die Konfirmandinnen-Hochsteckfrisur lautstark und begeistert »Latte!« brüllt. Es ist mir so lange peinlich, bis ich sehe, dass sich die meisten erwachsenen männlichen Festgäste wie Bolle darüber amüsieren und am liebsten auch mal schießen würden. Bitte. Dann muss ich jetzt auch nicht die Erziehungsbeauftragte spielen. Irgendwann befördert dann doch irgendjemand (vermutlich weiblichen Geschlechts) die beiden Jungs kurzerhand vor die Tür und in den Bindfadenregen. Grundsätzlich bin ich immer für solche Aktionen. Also für »Jungs nach draußen«. Allerdings weiß ich ja auch, dass Williams Tasche nicht mehr sehr viel Klamottenspielraum hat. Hm. Was nehme ich denn nun? Nerfpistolenbeschuss oder Grippe aufgrund von Dauerdurchweichung?

Glücklicherweise hat Flo wenigstens Williams Sockengröße und somit haben wir zumindest ein Kleidungsstück, das ersetzt und ausgeliehen werden kann. Das ist gut so, denn die beiden haben in der Tat keine zehn Minuten gebraucht, um die Kleidungsstücke in einen Zustand zu bringen, in dem man sie normalerweise unter optischen und geruchlichen Aspekten als Sondermüll entsorgen müsste. Holger deponiert alles auf der Heizung im Nebenraum, wo sich keine Gäste über die Geruchsbelästigung beschweren können, und wir stellen fest, dass William sich dem Anlass entsprechend für zwei unterschiedliche Socken entschieden hat. Aber immerhin sind beide geringelt. Ansonsten lässt sich nur wenig Übereinstimmung im Design feststellen – es sei denn, man rechnet jeweils ein Loch am großen Zeh dazu.

Kurze Bestandsaufnahme: Die Jogginghose ist nass und hängt in der Pension (und da gehe ich erst wieder hin, wenn ich betrunken bin oder sicher sein kann, dass Susanne schon schläft). Es ist halb vier. Wir befinden uns auf einer Konfirmation. Als Kleidungsstücke bleiben unserem Sohn nun nur noch Unterwäsche und sein Schlafanzug. William begeistert sich dafür, diesen gleich anzuziehen. Spart ein paar Stunden später wertvolle Spielminuten. Sein Freund Flo ist ganz Williams Meinung und zieht sich aus Solidaritätsgründen auch gleich mal um. Und die Konfirmationsgäste sind vermutlich einfach nur froh, dass die durchweichten Sondermüll-Draußenklamotten von gerade eben in einem anderen Raum getrocknet und ausgemuffelt werden.

Susanne schläft wohl tatsächlich schon, als wir kommen (puh), und ich bin außerdem völlig nüchtern. Das kann mein Mann bestätigen. Hoffe ich. Wir haben trotzdem eine sehr unruhige Nacht und das liegt bestimmt nicht an der Bettlänge, sondern eher an der Wanddichte. Im Zimmer neben uns schläft nämlich ein Säugling (nicht), der ab fünf Uhr vierzig Hunger bekommt und offensichtlich ohne Eltern angereist ist, die dieses Problem zu lösen gewillt sind. Oder sie haben prophylaktisch an Oropax gedacht. Wir sind jedenfalls hellwach. Und das Säuglingsgeschrei schrillt so unmittelbar in meinen Ohren, dass mir nach all den Jahren beinahe wieder die Milch einschießt. Susanne ist dann um sieben Uhr dreißig, als wir zu früh zum Frühstück erscheinen, auch ein wenig wortkarg (Yippie!), was vielleicht daran liegt, dass sie entweder auch neben dem Säugling geschlafen oder gestern schon die Worte für die ganze Woche verbraucht hat. Dafür sieht sie umwerfend aus. Ich sage nur auberginefarben schimmernder Chintz und Schulterpolster. Die Firmung! Trotzdem mag ich sie irgendwie. Auf eine etwas schmerzhafte Art und Weise. Jedenfalls sind wir für ein Frühstück bei ihr viel zu früh dran, weshalb wir beschließen, zu Ella und Stefan zu fahren. Wir lassen uns noch einmal mit Nerfs abschießen, klauben die brettharten, löchrigen Socken von der Heizung, bewundern die Geschenke, reden über tausend verschiedene Dinge und stellen mal wieder fest, dass manche Menschen noch so weit weg wohnen können – sie sind und bleiben einfach immer nah.

Ein weiterer weißer Fleck auf meiner persönlichen Landkarte ist also nicht nur dank der Blütenpracht vor Pension Susanne mit Farbe gefüllt. Das nächste Mal kommen wir trotzdem lieber mit viel mehr Zeit, dafür ohne Konfirmation oder ausgefeilte Garderobe. Ob wir allerdings auf Susanne verzichten wollen, das müssen wir uns noch sehr gut überlegen. Ab jetzt ist auf jeden Fall und bei jeder Reise eines dabei: Oropax.

Thüringen – Aktivurlaub mit William

Es ist Juni, Mittagszeit, stockfinster und schüttet wie aus Kübeln, als William und ich zum Zwecke der Mutter-Sohn-ohne-Schwestern-und-Vater-Erholung die Thüringer Landesgrenze überfahren. Nur wir beide. Das ist schön. Weniger schön ist, dass es so sehr regnet, dass ich zwischendurch am Straßenrand anhalten und warten muss, bis meine Bugwelle nicht mehr höher ist als mein Auto und ich wieder einigermaßen etwas sehen kann. Dabei fahre ich einen Bus. Gleichzeitig bin ich nervös, denn das Einzige, was einigermaßen hell leuchtet, ist meine Tankanzeige und das nicht erst seit Kurzem. Aber in den thüringischen Weiten gibt es anscheinend weit und breit keinen Rastplatz. Keine Ausfahrt. Und schon gleich gar keine Tankstelle, was jetzt aber so langsam wirklich dringend wäre. Jeden gefahrenen Kilometer begrüße ich innerlich mit einem erleichterten »Halleluja!«. Es begegnet uns nicht ein einziges anderes Auto und in meiner Fantasie stehe ich in naher Zukunft auf dem Seitenstreifen und winke, in der Hoffnung, dass irgendjemand vorbeikommt, der einen extra Benzinkanister dabeihat, freiwillig anhält und mich rettet. »Hallo«, möchte ich gern in die Sintflut hinausrufen, »ist hier jemand?« Wäre es trocken, würde man vermutlich dieses Cowboyfilm-Steppengras über die leere Fahrbahn rollen sehen. Der Horizont würde flimmern und so oder so wäre kein Mensch unterwegs.

Nein. Hier ist definitiv niemand, egal ob Regen oder Sonnenschein.

William sieht aus, als ob er gleich anfängt zu weinen. Ich fühle mich beinahe auch so. Bis gerade eben haben wir *Die drei ??? – Schüsse aus der Dunkelheit* gehört und nun zucken wir bei jedem Geräusch jenseits des prasselnden Regens erschrocken zusammen. Hier scheint alles möglich.

Am liebsten würden wir beide die Augen zukneifen und warten, bis es besser wird. Alles. Das Wetter. Die Stimmung. Und die Ödnis. Aber das macht man ja als Fahrerin eines Pkw vielleicht doch besser nicht.

Da plötzlich erhellt ein Blitz ein Ausfahrtschild. Egal, wo es uns hinführt: Wenn ich nicht die nächste Woche auf der Autobahn verbringen will, muss ich raus.

Das Radio rauscht empfangslos. Wir sprechen nicht und beten leise, dass eine Tankstelle kommen möge. Allerdings ist Samstag. Ob da überhaupt irgendetwas offen hat? Laut Schild sind wir auf dem Weg nach ... ich kann es kaum entziffern ... Ohrdruff. Ernsthaft? Das gibt es? Notiz an mich selbst: Das muss ich unbedingt in meine Deutschland-Liste aufnehmen. Und – o Freude über Freude: Laut meinem Navi liegt auf dem Weg dorthin eine Tankstelle. So ganz glauben kann ich es allerdings nicht, denn wir fahren auf etwas, was ich mit viel gutem Willen eher als Forstweg bezeichnen würde. Es ist nun wirklich stockdunkel und die Straße wird von einem finsteren Wald gesäumt. Nein, denke ich nun mehr als angespannt, hier is nüscht, um diese Aussage vorgreifend schon mal im richtigen Dialekt anzulegen. Da wohnen nur Rehe und Hirsche und Füchse und Wölfe und vielleicht Bären und ganz sicher sogar die drei Fragezeichen.

Und dann, Erleichterung und Glückseligkeit, leuchtet in all dem dunklen Grau plötzlich das helle Licht einer gelben Muschel. Ich fange beinahe an zu heulen. Noch nie habe ich mich über eine echte, beleuchtete Tankstelle so sehr gefreut wie in diesem Moment, auch wenn ich nicht glauben kann, dass Shell hier mitten im Nirgendwo gebaut hat. Wobei: Die Tankstelle ist gut besucht. Ach, ich bin so froh! So erleichtert, so ... hungrig! Vor lauter Dankbarkeit kaufe ich außer Diesel alles, was diese Tankstelle zu bieten hat: zwei Eis, zwei Schokoriegel, eine Zeitschrift für mich, einen Comic für William, eine Tüte Äpfel fürs Gewissen, eine Flasche Wasser, eine Apfelschorle und eine weitere *Drei-???*-CD. Titel: *Giftiges Wasser*. Uh. Oh. Ob das ein Zeichen ist?

Sie fragen sich, warum wir hier überhaupt hergefahren sind? Kann ich zwar verstehen, aber nun. Ganz einfach: Ich habe es so gewollt.

Meine Krankenkasse ist sehr großzügig, die Leistungen werden kulant erstattet, die Mitarbeiter sind freundlich und, das finde ich super und habe ich bis letztes Jahr nicht gewusst: Sie bieten Gesundheitswochen an. Ja! Wie in einem Reisebüro kann man eine Woche in einem Kurort buchen. Hotel plus Programm. Abgestimmt auf die eigenen Wünsche. Gut, der Wundertüteninhalt der allgemeinen Wahlmöglichkeiten wird ein wenig überschaubarer, wenn man Schulferien beachten muss und Kinder mitnehmen möchte, über dreißig und unter fünfzig ist und keine spezielle Frauenwoche machen möchte, in der man sich »in ruhiger und geborgener Atmosphäre über Wechseljahrbeschwerden, Doppelbelastungen in Beruf und Familie und Stressbewältigung« austauschen kann.

Ich will gesund essen, viel Sport treiben, der mich ein bisschen fordert, ich hätte nichts dagegen, ein bis zwei Kilo loszuwerden, und ich möchte mir die Gegend anschauen. Ich habe auch nichts gegen die Gesellschaft von netten, gleichgesinnten Sporttreibenden mit ebensolchen Kindern. Es heißt ja hoffentlich nicht umsonst AKTIV-Woche, oder? Ich suchte konkret eine Woche Spaß, Erholung und Fitness für William und mich. Und ich fand Tabarz.

Nun. Ich habe in dieser Woche viel über mich gelernt, obwohl ich das bei dem krankenkasseninternen Urlaubsfinder nicht als Erfahrungswunsch angegeben hatte. Meine Erkenntnisse sind nicht neu, schließlich kenne ich mich schon eine Weile, aber der Lernprozess war trotzdem schmerzhaft. Leider machte er mich allerdings nicht schlank. Im Gegenteil. All das musste mit Thüringer Klößen und Weißwein kompensiert werden. Und mit Schokolade. Wie immer.

Ich habe gelernt, dass ich nicht ausreichend neugierig und diesbezüglich auch nicht flexibel genug bin. Denn nein, ich will wirklich nicht alles, aber auch wirklich alles über die Sexpraktiken/Hautkrankheiten/Nahrungsmittelunverträglichkeiten inklusive Auswirkungen auf das Verdauungssystem meiner Mitreisenden erfahren. Verschont mich bitte außerdem mit dem plötzlichen Herzeigen von Narben, Schwabbel an ungewöhnlichen Körperstellen oder (am allerschlimmsten) üppigem Haarwuchs über die Grenzen der Badebekleidung hinaus.

Bitte. *Macht das nicht!*

Ich kann schlecht bis gar nicht über Kalauer, Flachwitze und blöde Sprüche lachen, die man so ungefähr zu jedem Thema loswerden kann, und ich habe ein Problem mit Menschen, die Experten für schlicht und ergreifend alles sind. Ernährung, Sport, Rente, Politik, die Rolle der Frau in der Gesellschaft? You name it, they know it. *Ende Gelände. Zum Bleistift. Aber nachts ist es kälter als draußen. Weil Joghurt keine Gräten hat.* Ich werde davon aggressiv und kann auch dies nur mit Nahrungsaufnahme kompensieren.

Ich habe außerdem Schwierigkeiten, mit anhören und -sehen zu müssen, was andere Menschen unter liebevollen Erziehungsmaßnahmen verstehen, und noch schlechter kann ich dabei zusehen, wie diese Menschen ihre Maßnahmen auch auf mein Kind anwenden. Gut, man hat dann immerhin die Wahl, das Ganze auf Erwachsenenebene anzuheben (dabei wäre es allerdings wichtig, vorher »erwachsen« zu definieren, und da gibt es sehr unterschiedliche Wahrnehmungen) oder es komplett zu ignorieren und sein Kind und sich damit zu trösten, dass es ja nur noch fünf Tage sind. Ist schwierig. Fünf Tage sind lang. Kompensationsmaßnahmen siehe oben.

Was Sport angeht, bin ich nicht dafür gemacht, vor zwanzig Menschen gefragt zu werden, wie viel ich wiege und warum ich eigentlich nicht mehr als drei Liegestütze (und zwar die Mädchenversion) hinkriege. Ich empfinde es als Zeitverschwendung, eine Stunde darin eingewiesen zu werden, wie man Nordic-Walking-Stöcke anlegt (*»Links ist da, wo der Daumen rechts ist, und lieber Nordic Walking statt Modern Talking«*), nur um dann festzustellen, dass die Zeit nun leider für eine Laufrunde doch ein wenig zu knapp ist.

Ich kann das alles nicht. Nein, offensichtlich bin ich kein Typ für Gruppenreisen. Ich bin erst recht kein Typ für Gruppenreisen mit gemeinsamen sportlichen Betätigungen. Und schon gar keiner für all das in einem Schwimmbad. Wir erinnern uns an meinen Hygieneanspruch, was Bäder angeht, und meine durchaus ausgeprägte Gulliphobie. Und wenn es etwas in öffentlichen Bädern ausreichend gibt, sind es gitterbedeckte Abflüsse. Ich schwöre, ich hab das mit dem Schwimmbad nicht gewusst. Das stand nirgends! Sonst hätte ich doch niemals ... Never! Ich empfinde es schon als Zumutung, zu zweit in einer Badewanne zu sitzen, zu zwanzigst in einem Pool zu paddeln, bringt mich auf jeden Fall an meine persönlichen Grenzen. Und darüber hinaus. O ja. Es irritiert mich also, dass unser erstes Gruppentreffen im Foyer des Tabarzer Erlebnisbades Tabbs anberaumt ist. Ja, dass offensichtlich unser komplettes Programm maßgeblich dort und im Wasser stattfindet. Aquajogging. Wassergymnastik. Entspannung. Alles hier! Alles im Wasser! Mist! Warum hat mich keiner gewarnt? In Schwimmbädern werde ich dank der feuchten Wärme wahlweise schlagartig schläfrig oder ich bekomme allein von der Vorstellung Herpes, was da alles außer Menschen drin rumschwimmt.

»Nü, ham se den Brosbegt denn nüsch gelesen?«, fragt mich unsere Betreuerin Melli freundlich und ich brauche eine Sekunde, bis der Inhalt der Frage ganz zu meinem Gehirn durchgedrungen ist. Bis dahin lächle ich freundlich. Bei meiner etwas zeitverzögerten Antwort muss ich mich sehr konzentrieren. Ich brauche noch eine kleine Weile, um mich auf den Dialekt einzustellen. Und dann noch eine, um nicht sofort darauf einzusteigen. Ich liebe ihn. Den Brosbegt hab isch zwar gelesen, aber offensischdlisch würglisch nüsch so rüschdsch gabiert. Düd mir läid.

William starrt mich an. Sorry, Kind. Da müssde jetz dürsch! Williams Unterlippe zittert verdächtig. Na gut. Ich hör ja schon auf. Nichts darf man.

Nach unserer Ankunft, dem Zusammentreffen mit Melli und einer Ortsbegehung haben wir erst mal frei und fahren auf den Inselsberg. Erste Lerneinheit: Rostbratwurst auf Sommerrodelbahn ist nicht meine Kombination. Wir treffen ein paar andere

Aktivwochenfamilien dort und ich bin megastolz, mir gemerkt zu haben, dass alle Männer aus dieser Gruppe René heißen. Ich bin wirklich eine Katastrophe mit Namen, dafür umso glücklicher, dass ich hier den ersten Menschen, den ich treffe, ganz persönlich ansprechen kann. Aber er enttäuscht mich. Denn er ist der einzige René, der Ingo heißt. Und ich habe mich wieder einmal erfolgreich am ersten Tag beliebt gemacht.

William ist ebenfalls dazu übergegangen, sich mit anderen Menschen zu unterhalten. Besonders spannend findet er den Typen an der Sommerrodelbahnkasse.

»Wie alt bist du?«, fragt er ihn.

»Säschzähn!«, sagt der.

»Was hast du gesagt?«

»Na, säschzähn!«

»Nein, wie alt du bist!«

»Säschzähhn!«

William (an mich): »Haben wir einen Hustenbonbon für den? Der hat was im Hals!«

Bitte. Ich bin Schwäbin. Ich weiß, wir Schwaben haben für die meisten Menschen außerhalb Baden-Württembergs einen äußerst unverständlichen Dialekt. Wenn wir uns überhaupt trauen, ihn zu sprechen. Denn sobald wir unseren Mund aufmachen, sind wir enttarnt. Als Schwaben. Mit allen Vorurteilen, jawohl. Ich weiß das aus Erfahrung. Selbst mein Hochdeutsch hört sich irgendwie anders an als richtiges. Da. Da habt ihr es: richtiges! Komplexbehaftet bis zur Landesgrenze. Ich hänge dafür umso gebannter an den Lippen meiner Freundinnen aus Hannover oder Frankfurt, könnte ihnen stundenlang zuhören und finde, sie hören sich gleich schon mal viel intelligenter an als Normalsterbliche. Also als Schwaben, zum Beispiel. Oder eben ein klitzekleines bisschen auch als Thüringer. Wir müssen zusammenhalten, finde ich. Ist auch nicht so, dass ich nicht stolz auf meine Herkunft und meinen Dialekt wäre, ich freue mich einfach nur, wenn auch andere einen haben.

Ein Mädchen zupft mich am Shirt.

»Sag mal, aus welschem Land kommst dü eigendlisch?«

Ich: »Aus Deutschland. Warum?«

Sie: »Na, aber du sprichst jo gor nüsch döitsch! Ünd dü sagst sö kömische Sochn!«

Ich denke noch einmal darüber nach, was ich in den letzten 15 Minuten von mir gegeben habe. Mir fällt nichts Ausländisches ein. »Äh, was hab ich denn gesagt?«

Das Mädchen: »*Na, gell!*«

Bei meiner Ankunft kann ich Eisenach und Erfurt noch nicht auseinanderhalten (entschuldigung, liebe Erfurter, Landeshauptstädter und Eisenacher, das ist natürlich schlimm), aber dass beide Städte in der Nähe liegen (und zwar voneinander, aber auch von Tabarz), finde ich grandios und so nutze ich den ersten Moment, der sich mir an Tag zwei bietet, um auszubüchsen und diesen Makel zu beheben.

Das Aktivprogramm ist nämlich auf halbtags begrenzt. Meine Vorstellung, dass man sich da ständig bei irgendwelchen Sportaktivitäten tummelt, hat sich als Irrtum entpuppt, aber auch das schdand vermüdlisch im Brosbegt. Macht nichts. Ist sowieso besser gegen Bildungslücken und dauerschrumplige Schwimmbadhaut.

William lässt sich als Erstes zu Eisenach überreden. Nein, man kann hier nicht angeln, aber da steht die Wartburg. Und die interessiert meinen Sohn. So halb. Die Führerin bemüht sich, alles Wesentliche zum UNESCO-Welterbe zu erzählen, was ein wenig schwierig ist. Denn sie spricht weder Italienisch noch Chinesisch, aber für die insgesamt fünf Besucher, die ausschließlich dieser beiden Sprachen mächtig sind, gibt es ja immer gern deutschsprachige Simultanübersetzer, die diese Aufgabe übernehmen, während die Burgführerin sich Mühe gibt, das Ganze auf Deutsch zu übertönen. Üsch werd gleisch täub!

Man kann aber selbstverständlich die unglaublichen Mosaiken in »Fräulein Elisabeths Camin-Stuben« auch bewundern, ohne dass man Näheres dazu erfährt, und auf einem chinesisch-italienischen Klangteppich wandelt es sich auch ganz angenehm. Wenn man seine Fantasie ein bisschen anstrengt und rechtzeitig vorher eine Migränetablette eingeworfen hat, dann klingt es beinahe wie Mönchsgesang und das passt dank Tannhäuser, dem unglaublichen Festsaal und Luther ja ganz prima hierher. Fast feierlich schreiten wir also durch die Hallen. Einzig ein deutschsprechender, kleiner, blonder Junge hat eine Frage. Und ich bin stolz, dass es mein Sohn ist, der da wissbegierig den Finger hebt, um seine Bildung zu erweitern. Bestimmt will er etwas zu Elisabeth, zur Reformation oder zu Luther wissen. Lächelnd lege ich meinen Arm um seine schmalen, strebsamen Schultern.

»Und …« Alle Augen richten sich auf meinen Sohn, als er laut und deutlich fragt: »… wo gingen die kacken?« Der Mönchsgesang verstummt abrupt. Ich ziehe meine Hand zurück. War nur ein Versehen! Ich kenne dieses Kind gar nicht!

Das chinesisch-englisch-italienische Murmeln erhebt sich, wie ich finde, mit einem leicht vorwurfsvollen Unterton, bis alle übersetzt bekommen haben, was William gefragt hat.

Ich entschuldige mich im Geiste für Williams Frage, aber es interessiert auch mich. Außerdem warten nun alle auf die

Antwort (Zum Glück gibt es eine. Mein Sohn wäre nicht ohne nach Hause gegangen: Die Wartburger hatten tatsächlich »Abtritte« und sogar nicht zu knapp.) und beim Verlassen der »Camin-Stube« klopft ein Italiener William auf die Schulter.

»Good question, son. Good question!«

Wir bewundern einen Walfischwirbel in Luthers Stube, den er als Reliquie verschmäht und dafür als Fußstütze benutzt hat, dieser Rebell. William kauft sich im Museumsshop ein kleines Katapult, in dem sich ein Bleistiftspitzer verbirgt. Der Wurfarm funktioniert top, wovon wir uns beim Abendessen überzeugen können. Da liegen wir mit unserer Restaurantwahl völlig daneben. Auf dem Kinderteller befinden sich circa drei Kilo Erbsen aus der Dose, unter denen ein einsames Fischstäbchen begraben ist. Auf meine Frage, ob der Wirt die Erbsen bitte einfach weglassen könne, antwortet er: »Nö! Dann söll er se liegen lassen!« Gut. Er hat es so gewollt. Ich habe ihn gewarnt. Die Erbsen fliegen jedenfalls prima.

Eisenach ist natürlich noch viel mehr: die Altstadt, das Bachhaus, das Wartburgmuseum, um nur ein paar der Sehenswürdigkeiten zu nennen, die wir verpasst haben.

Einen kompletten Schwimmbadtag hat sich wohl die ganze Gesundheitstruppe »als Belohnung« verdient, weil wir gestern dann bei schönem Wetter doch noch eine Runde draußen walken waren. Jubel. Juhu! Ich kann meine Freude kaum in Worte fassen. Ein ganzer Tag im Schwimmbad! Endlich!

William findet das natürlich super, denn er hat mittlerweile einen Freund gefunden und versteht gar nicht, dass ich nicht auch immer hier sein will. Nun, das Tabbs hat auch einen kleinen Freibadbereich, für den man sich eine Liege ausleihen kann. Die Sonne scheint. Ich habe ein Buch dabei. Mein Sohn ist glücklich. Sagt ja auch keiner, dass ich ins Wasser muss. Ich werde es ja wohl einen kompletten Tag auf den Grünflächen eines Schwimmbades aushalten? Das Beste aber ist: Man kann hier unglaublich gut Menschen gucken, ja, wenn man näher dran käme, könnte man sie regelrecht lesen! Ich hätte mir gar kein Buch mitnehmen müssen! Wer auch immer Tattootinte nach Thüringen verkauft, ist ein reicher Mann.

Männer, Frauen – alle sind von Kopf bis Fuß mit den unglaublichsten Bildern bemalt (»geschmückt« trifft es nicht immer perfekt). Ganzkörpertattoos oder Gesichtsbemalungen? Alles dabei. Und es ist wirklich unfassbar, durch was man alles Metallstäbe bohren, wo man silberne Knubbel oder sonstige glitzernde Metallgegenstände haben kann. Nicht zu vergessen die tellergroßen Löcher in den Ohrläppchen. Ein Traum!

Ich liege nicht mal eine halbe Stunde, da grollt der Donner in der Ferne und es blitzt. Gut, es ist weit weg. Aber ausnahmsweise packe ich doch schnell zusammen und wage mich in die feuchte Schwüle nach drinnen. Obwohl: Bei all den Metallgegenständen in meiner unmittelbaren Nähe bin ich vermutlich mehr als sicher.

* Erlebnisbad Tabbs, Tabarz: www.tabbs.de
* Inselsberg Funpark, Brotterode
* Baumkronenpfad, Bad Langensalza
* Wartburg, UNESCO-Welterbe, Eisenach: www.wartburg.de
* Dom und St. Severi, Krämerbrücke, Erfurt: www.erfurt.de

Allgäu – Skifahren zu dritt

Das einzig Gute an der Stornierung unseres Venedig-Trips neulich an Ostern innerhalb von 24 Stunden ist, dass mir Airbnb die vollen Reisekosten erstattet. Gut, man muss natürlich die minimale Bearbeitungsgebühr von 78 Euro einrechnen, die sie verlangt haben, aber sonst war es doch wirklich eine günstige Reise, die uns *nicht* nach Venedig geführt hat, oder? Schnäppchen! 78 Euro für ein wenig Romantik, die ich kurz in meinem Herzen bewegt habe. Nicht viel Geld dafür, dass ich mich schon beinahe flanieren, Händchen halten und verliebt lächeln gesehen habe. Pasta, Pizza und Rotwein gar nicht erst zu erwähnen. Jedenfalls. Als ich traurig auch den Bauernhof storniere, den ich auf einer anderen Plattform gebucht habe (ich hatte ja Zeit und habe mich ein paar Tage mit dieser Reise beschäftigt und dementsprechend Angebote verglichen und das *beste* und *schönste* für meine undankbare Familie herausgesucht, aber ich bin ja nur Mutter und Hausfrau, ich habe ja massenhaft Zeit *übrig*, da weiß man ja eh nicht, was man den ganzen Tag machen soll), fragt mich das Internet, ob ich nicht Lust habe, Ski fahren zu gehen. Hm.

Ich habe immer Lust. Berge finde ich toll. Und wenn Zu-Hause-Bleiben die Alternative ist, ist Skifahren doch prima. Vor allem im Allgäu, denn das ist nicht so weit und nicht so anspruchsvoll und außerdem war ich dort jedes Jahr mit meinen Eltern an Weihachten.

Maria und Lilli finden die Idee gut. Im Grunde finden sie alles gut, Hauptsache, wir gehen. Meine Kinder kommen nämlich prima allein zurecht. Sie brauchen uns nicht. Sie können alles

und wissen alles und überhaupt, was uns einfalle, ihre Selbstbe-
treuungsfähigkeiten infrage zu stellen. Tsss. Ach, ich freue mich.
Die Tatsache, dass die Mädels nicht mitkommen, erleichtert unsere Reise ungemein, denn für William gibt es noch eine komplette Ausrüstung in unserem Fundus und wir müssen nichts
kaufen. Nur Holger braucht neue Skistiefel und ich habe uralte
Ski und meine Skihose ist viel zu eng und außerdem aus den
Neunzigern, als man noch Neonjacken trug. Äh, und keine Hel-
me. Wie gesagt, kleiner Aufwand. Ich atme schon wieder flach
in die Seite, weil Holger und ich andere Auffassungen davon haben, was ein stressfreier Kurztrip ist, aber schließlich können
wir uns darauf einigen, dass man ja vermutlich vor Ort auch
ein Skigeschäft findet, das Klamotten verkauft, Ski einstellt und
wachst, und überhaupt alles kein Problem ist. Wir sind ja nur
drei Tage weg. Das Hotel, das ich gefunden habe, liegt direkt an
der Piste und hat einen schönen Saunabereich und ein Restaurant, das sehr gelobt wird. Es kann also beinahe nichts schiefgehen. Es würde auch sicher nichts schiefgehen, wenn andere
Menschen diesen Trip gebucht hätten. Andere Menschen haben
auch immer Neuschnee und Sonnenschein, gute Laune und
beste Skikenntnisse. Ich hätte ja wenigstens ein bisschen stutzig
werden können, weil es noch so viele Zimmer in diesem Hotel gab und außerdem einen Preisnachlass von 56 Prozent. Ich
bin aber nicht für Misstrauen gemacht. Eher für Erfahrungen.
Ja, auch gern mal überflüssige. In meiner Erinnerung liegt im
Kleinwalsertal immer so hoch Schnee, dass man nur die oberen
Spitzen der Markierungsstöcke aus den Schneebergen links und
rechts der Straße erahnen kann. In meiner Kindheit musste man
sogar Schneeketten anlegen. Wirklich. Und außerdem musste
man seinen Pass an der Grenze zeigen. Ich war immer ein wenig

aufgeregt, denn man wusste ja nie, ob meine Eltern die Pässe dabeihatten und ob sie uns mit der Schrottkarre überhaupt reinlassen wollten. Heute: verlassenes, mit Graffiti besprühtes Grenzhäuschen. Drum herum: Gras. Nichts mit Schneebergen, Grenzbeamten, wohliger Aufregung. Dafür ist im Skigeschäft wenig los. Die Skistiefel sind sehr günstig und der Skischuh-fachverkäufer holt sie uns gern aus dem Keller. Und er grinst. Vermutlich weil er im Gegensatz zu uns eben schon weiß, wie wenig Schnee es wirklich noch hat. William befragt ihn auch sogleich, ob man hier angeln kann, und ich höre schon unse-re Diskussionen darüber, dass er, wenn er sich schon diese be-scheuerten Ski anzieht und diesen Helm, doch bitte auch seine Angel auf den Rücken schnallen möchte, weil man ja nie weiß, wann die Gelegenheit zur Jagd kommt.

Ich hatte vorher in unserem Hotel angefragt, ob die Mög-lichkeit besteht, vegetarisch zu essen, und man bejahte dies. Es gäbe immer ein Menü mit Fleisch und eines ohne. Wie schön. Ich freue mich also auf ein fremdgekochtes und schön serviertes Essen. Der Wellnessbereich ist wirklich super und hinter dem Hotel höre ich den Sessellift rumpeln, es scheint also doch aus-reichend Schnee zu geben und ich entspanne mich so langsam. Alles ist gut.

Und ich habe Hunger. Was die sich wohl Tolles ausgedacht haben? Es gibt ja die unglaublichsten Gemüserezepte, sehr krea-tive Köche und ... heute hier Fondue. Fleischfondue.

Nun, *wie* kreativ der Koch ist, erfahre ich sogleich. Er kommt nämlich extra aus seiner Küche, um sich den Menschen persön-lich anzusehen, der sein Fleischfondue ablehnt.

»Ach, Sie essen vegetarisch?«, fragt er mich und ist sehr froh, denn er hat ja eine Alternative zum Fleisch. Er lächelt freundlich und sagt stolz: »Für die Vegetarier hätten wir heute ein Schnitzel!«

Sie hatten dann auch noch eine Portion Käsespätzle, die die Mutter des Kochs zwar eigentlich selbst essen wollte, mir aber großzügig überlässt. Außerdem gibt es einen recht guten Weißwein. Was will man mehr? Erschöpft und müde vom ersten Urlaubstag, ganz ohne Skifahren, falle ich gegen sieben auf die ausgezogene Couch, weil William und Holger noch ein wenig bescheuerte DMAX-Männerserien *Überleben in der Wildnis* schauen wollen, von denen ich Albträume bekomme. Deshalb liegt nämlich mein Sohn neben meinem Mann im Ehebett und hat sogar das Schokoherz auf meinem Kissen für sich beansprucht. Aber ach, ich habe Urlaub und ich teile alles. Maria und Lilli gehen nicht ans Telefon, als ich Gute Nacht sagen will, was ich für ein gutes Zeichen halte. Äh, halten will. Und ich glaube ganz fest daran, dass sie die Katze gefüttert, die Tür abgeschlossen und keine Dummheiten im Kopf haben. Meine Kinder sind nämlich verantwortungsbewusst, ordentlich und fromm. O stopp. Ich muss eingenickt sein. Ich träume ja schon.

Geweckt werde ich nachts gegen drei, als mein Telefon klingelt. »Mama«, piepst es kläglich aus dem Hörer und mein Mutterinstinkt tastet schon mal nach der Jeans. »Ich bin ganz grün im Gesicht. Und mir ist so schlecht! Ich habe schon viermal gespuckt!« O Mann. Okay. Wie lange bin ich schon weg? Können es schon zwölf Stunden sein? Wie lange noch? Wieso überhaupt? Und was soll ich denn jetzt machen?

»Soll ich heimfahren, Maria?« Nun taste ich auch noch nach den Autoschlüsseln. Ich könnte in zwei Stunden zu Hause sein, meine Skiausrüstung ist sowieso total peinlich, weil es nichts mehr in meiner Größe gab, von wegen, vor Ort ist das Sortiment viel besser sortiert – und das Allerbeste ist, ich habe die weise Entscheidung getroffen, ein Hotel mit Pistenbeginn direkt daneben zu buchen. Auch wenn ich bisher zwar den Lift, nicht aber Schnee gesehen habe. Holger braucht also kein Auto. Außerdem: Dies ist ein Notfall und mir egal und zur Not sollen sie halt angeln. Genug Survival-Erfahrung haben sie ja jetzt dank DMAX auch. Hier geht es um mein Kind, mein eigen Fleisch und Blut, es leidet und ich Rabenmutter bin nicht an seiner Seite. Wie konnte ich überhaupt losfahren?

»Ach nein. Bleib nur«, unterbricht Maria mit schwacher Stimme meine Überlegungen. »Lilli hat mir Tee gekocht und 'ne Wärmflasche gebracht. Und die Salatschüssel steht neben mir, damit ich ...«

Ah, schon gut, schon gut. Keine weiteren Informationen, bitte. Ich bin ersetzbar. Das ist schrecklich. Schlimm. Und vermutlich ganz normal, auch wenn es mir schwerfällt, genau jetzt und hier mitten in der Nacht mit einem Bein in der Jeans und dem Autoschlüssel in der Hand die allerschwerste Mutterprüfung abzulegen: Ich muss loslassen. Autsch.

Ich lege mich zurück auf meine Couch und starre an die Decke. Immer, wenn ich kurz vor dem Einschlafen bin, bilde ich mir ein, das Telefonklingeln überhört zu haben, und erschrecke. Mütter. Echt. Glücklicherweise haben meine Männer von alledem nichts mitbekommen, was daran liegen könnte, dass sie von Männerabenteuern träumen, weil sie die halbe Nacht anderen Männern dabei zugesehen haben, wie sie mit Baggern Erde ausgehoben haben auf der erfolglosen Suche nach winzigen Goldklümpchen.

Und ebenso glücklicherweise geht es Maria morgens schon wieder besser. So gut, dass ich mich ganz aufs Skifahren konzentrieren kann. Und auch muss. Denn meine Skifahrkünste sind in meiner Erinnerung ein wenig spektakulärer als in echt und ich finde es frustrierend, wenn ich höre, wie William im Lift vor mir zu Holger sagt: »Gut, dass wir beide zusammen liften. Dann kommen wir wenigstens sicher oben an.« Zeigt auf mich und grinst. Na warte. Ich helfe ihm nicht, wenn er mit dem Gesicht nach unten auf der Piste liegt, weil er wieder über diese Schanze gesprungen ist, nachdem ihm sein Vater das vorgemacht hat! Gut, er fällt nicht und ich wäre auch nicht rechtzeitig da gewesen, denn ich bin schön langsam außen herum gefahren, aber ich hätte ihm nicht geholfen. Und er braucht auch gar nicht kommen und von mir seine Finger gewärmt haben wollen, weil seine kalt sind. Und das tut er auch nicht, weil die Sonne scheint und wir im T-Shirt fahren. Nix klappt.

Oder doch: alles. Die Jungs haben Spaß und fahren wie die Berserker, von denen ich nicht weiß, ob die wiederum Ski fahren oder wer »die Berserker« überhaupt sind, aber das tut auch nichts zur Sache. Denn auch ich habe es wunderschön. Ich fahre entspannt die sanften Hänge hinab, lifte mit einer anderen Frau, die auch »allein« im Urlaub ist, und schwelge sentimental in Erinnerungen an all die vielen Weihnachten hier, den Schnee, meine Kindheit, meine Eltern und zucke bei jedem Skilehrer zusammen, der an mir vorübergleitet. Es könnte ja der Toni/Hans/Paul von damals sein. Er hätte sich bestimmt an mich erinnert. Wie hübsch und klug und sportlich ich damals war. So viel zur Bestätigung meiner Erinnerungsfähigkeit. Ich kann immer noch nicht Ski fahren. Ich befürchte, das stellt auch den Rest infrage.

Abends ist Maria wieder fit und Lilli immer noch. Wie schön. Ich kann also endlich entspannt schlafen und mich auf den zweiten und vorletzten Tag auf der Piste freuen. Oder Moment: Was hat Lilli gerade gefragt? Ob wir eigentlich eine Versicherung haben? Holger? Haben wir eine Versicherung?

Mit leicht panischem Glanz in den Augen löst er sich vom Goldgräberprogramm. Hausrat? Brandschutz? Diebstahl?

Nun ist er derjenige, der nach dem Autoschlüssel tastet.

Nein, nein, beruhigen ihn unsere Kinder. Eine, mit der man das Licht im Haus wieder anmachen kann, nachdem man den elektrischen Milchschäumer in der Spülmaschine spülen wollte. Ah ja. *Diese* Versicherung. Die zum selber Rein- und Herausdrehen. Holger atmet auf und lotst Lilli per Telefon zum Sicherungskasten.

Das Licht geht an. Die Spülmaschine läuft. Einzig die Tiefkühltruhe hätte separat wieder eingeschaltet werden müssen.

Aber ich sage mal so: Wir waren 72 Stunden unterwegs. Es gibt keine größeren Verluste zu beklagen. Wenn man die Stornierungsgebühr von Venedig, die neuen Skistiefel von Holger, den Milchschäumer und die Gefriertruhe für einen Sechspersonenhaushalt samt Inhalt nicht dazuzählt oder gar die Zeit, die ich gebraucht habe, um die Sauerei wieder in Ordnung zu bringen.

Skifahren, ganz in der Nähe – also jedenfalls wenn man in Stuttgart wohnt:

* www.kleinwalsertal.com
* www.badhindelang.de
* www.bregenzerwald.at/w/de/skigebiete/

Hausbootfahren in Zeuthen – Familie Hutzenlaubs Anziehungskraft auf Naturkatastrophen

Es gibt auch Urlaube, in denen man so gar keine Zeit zum Lesen hat. Ja, in denen man noch nicht einmal an Bücher *denkt*. Urlaube, die ihren Erholungswert vor allem daraus ziehen, dass man den festen Boden unter den Füßen, das eigene Bett und eine gewisse Vorhersehbarkeit wieder zu schätzen lernt.

Besonders geeignet für Urlaube dieser Art sind Bootstouren. Sicherlich funktioniert das mit der Sehnsucht nach festem Untergrund auch bei Kreuzfahrten, aber das können wir nicht beurteilen. Wir haben noch nie eine gemacht. Eine Tour mit dem Hausboot hingegen ... Aber lesen Sie selbst:

Eigentlich wollten wir in den Sommerferien nur zehn Tage nach Griechenland reisen, aber kaum hatten wir diese Ferien gebucht, kam meine Freundin Katharina auf die Idee, doch noch etwas gemeinsam zu unternehmen. Ein bisschen übertrieben sind zwei Urlaube hintereinander natürlich schon, aber andererseits haben wir uns so lange nicht gesehen und was wir denn von einer Hausboottour halten würden, fragte mich Katharina am Telefon, nannte Preis, Kontakte und Internetseiten und hatte auch schon den optimalen Treffpunkt parat. Es war so gut geplant, dass ich nicht Nein sagen konnte. Noch nicht einmal Holger, der eigentlich endlich mal den Garten richten wollte und das Haus und ... nichts da. Es war Sommer, das Wetter toll und die Hausboote erschwinglich, wir hatten Sehnsucht nach Wasser und Freizeit, aber vor allem auch nach Katharina und ihrer Familie. Außerdem hatte ich längst zugesagt. Ähem.

Zeuthen liegt in der Nähe von Berlin und zwar direkt an der Dahme und dem Zeuthener See. Dort gibt es einen Hafen, an dem viele Hausboote ankern und auf Reisende wie uns geradezu sehnsüchtig warten. Wir Hutzenlaubs sind also zu siebt, da wir meinen Patensohn Emil noch dabei haben. Auf Katharinas Boot befinden sich ihre vier Kinder Lissy, Mia, Sara und Felix und auf Boot drei haben sich Stefan und Susanne, weitere gemeinsame Freunde, eingerichtet – ebenfalls mit vier Kindern plus Hund. Drei Boote, 13 Kinder (und Jugendliche – schon gut!) und sechs Erwachsene. Hört sich nach Spaß an. Ist es auch. Meistens.

Am Hafen nimmt William erst einmal mit großem Schwung den direkten Weg *zwischen* zwei ankernde Boote und ich frage mich zum wiederholten Mal, warum nur meine Kinder Dinge wie »Vorsicht, da geht es nicht mehr weiter!«, »Achtung, Wasser!« und »*Stoooppp!*« so gründlich überhören und ob es wohl sinnvoll wäre, ihr Hörvermögen dahingehend medizinisch abklären zu lassen. Andererseits können sie das Rascheln von Süßigkeitenpapier über Stockwerke hinweg identifizieren und hören ihre Freunde schon, bevor die überhaupt geklingelt haben. Und selektive Wahrnehmung ist nichts, was ein Ohrenarzt ändern kann, oder?

William paddelt also zwischen Ankerketten, Unrat und Glibber – mit Klamotten und Schuhen versteht sich – und Emil zieht ihn geistesgegenwärtig wieder raus, bevor ich auch nur reagieren kann. Ich bin ehrlich gesagt sehr froh, dass wenigstens Emil Schuhe und Shirt ausgezogen hat und beide nicht allzu viel Entengrütze und toten Fisch im Haar behalten, denn eine Dusche habe ich auf dem Boot bisher nicht entdeckt. Wichtiger als eine Dusche wären mir auch Gläser, denn dank Williams Schwimmversuchen (und wieder mal seinem Geruch) bin ich bereits sehr empfänglich für den ersten Drink – oder eine Tafel Vollnuss, aber die habe ich schon auf der Fahrt gegessen.

Das mit der Dusche wäre auch nicht weiter schlimm gewesen. Wasser gibt es hier schließlich definitiv genug. Und vielleicht weiter draußen auch welches mit weniger stinkigem Inhalt.

So ein Hausboot ist eine feine Sache, wenn das Wetter schön ist und man Plumpsklos mag. Ansonsten wirkt es ähnlich wie ein Vergrößerungsglas leicht fokussierend auf familiäre Ungereimtheiten. Will heißen: Wenn mir das pubertäre Verhalten meiner Kinder schon zu Hause auf den Keks ging, dann, nun ja, habe ich hier die allerbeste Chance, meine Fähigkeit zu perfektionieren, einen gewissen Ausgleich für spontan entwickelte negative Energien zu finden. Am besten, stelle ich sehr schnell fest, springt man dann ins Wasser. Das ist übrigens auch empfehlenswert, wenn das Wetter schön, aber die Plumpsklo-Begeisterung nicht ganz so ausgeprägt ist. Die Stimmung ist meistens gut, die Schleusen sind meistens leer und wenn nicht, liegt direkt daneben irgendwo ein Supermarkt, in dem man wahlweise Schokolade oder Weißwein kaufen kann. Das haben die sich prima ausgedacht da in Zeuthen. Manchmal gibt es sogar Cappuccino und die Sonne scheint tatsächlich.

Daran könnte man sich gewöhnen. Theoretisch. Praktisch sucht uns dafür in der zweiten Nacht ein Gewitter heim. So richtig mit Sturmwarnung und so. Das ist nicht weiter schlimm, wenn man irgendwo im sicheren Hafen liegt und die Frage ausblenden kann, ob auf einem außen und innen ziemlich nassen Schiff die Wirkweise des Faraday'schen Käfigs nach wie vor komplett gewährleistet ist. Wir können das nicht. Und wir sind definitiv in keinem Hafen und können uns auch nicht daran erinnern, wo wir den letzten gesehen haben. Aber immerhin ankern wir gemeinsam mitten auf einem See und lagen bis vor Kurzem auch ruhig und friedlich nebeneinander. Sowohl die Boote als auch die Menschen. Nun, die Situation hat sich maßgeblich geändert. Wie genau, können wir nicht so richtig erkennen, denn wir haben keinerlei Außenlicht, wenn man die Blitze, die im Millisekundentakt auf uns darniederschießen, nicht mitzählt. Schluss mit gemütlich. Es schaukelt mittlerweile heftig. Im Sinne von bedrohlich. Es hagelt außerdem Golfbälle und irgendwie hat Holger ein ungutes Gefühl. Holger hat das selten, aber wenn, dann ist meistens was dran. Deshalb geht er auch trotz Hagel an Deck. Mein Mann! Ein Held, der noch seinen Gefühlen folgt! Ich möchte andächtig zu seinen Füßen niedersinken, aber dafür ist jetzt keine Zeit. Doch es tut auch ihm gut, gelobt und bewundert zu werden, und deshalb gebührt meine ganze Anerkennung in diesem Moment ihm, als er durch die Bootstüre schreit: »Scheiße! Katharina ist weg! Und die anderen sind im Schilf aufgelaufen!«

Also, ich glaube, dass der Faraday'sche Käfig auf Schiffen auf gar keinen Fall funktioniert, schon gleich gar nicht bei Hagel. Einer von uns sollte überleben, deshalb wird es wohl reichen, wenn Holger weiß, dass ich theoretisch grundsätzlich zu seiner Verfügung stehe. Praktisch kann man das auch von drinnen, oder? Schließlich habe jetzt zur Abwechslung mal ich ein ungutes Gefühl.

Unser Boot scheint noch schilffrei zu sein, dafür ist von Katharinas Boot weit und breit nichts mehr zu sehen, ganz im Gegensatz zu Stefan und Susanne auf Boot Nummer drei, die verzweifelt mit allem, was sie finden, auf dem Grund herumstochern. Leider kommen sie trotzdem nicht voran.

Kommunikation durch Gebrüll bei Sturm ist nicht möglich, also bin ich zur Abwechslung mal froh über mein Handy und darüber, dass das Gewitter wenigstens das Telefonnetz verschont hat.

Ich erfahre von Katharina, dass sie gar nichts mitgekriegt haben und immer noch in tiefer Dunkelheit irgendwo in der Mitte des Sees liegen. Welches Sees auch immer. Das ist gut für Katharina, aber schlecht für uns, denn das dritte Boot rauszuziehen, ist allein kaum zu schaffen, vor allem ohne Licht. Hochdramatisch. Aber wir haben Emil, der sich alles traut, Seile wirft, hin- und herklettert, brauchbare Knoten kann und versteht, welches Links mein Mann meint, wenn er Anweisungen gibt. Hinterher habe ich ein schlechtes Gewissen, weil es ja noch nicht mal mein eigenes Kind ist, das ich da auf Gedeih und Verderb nach draußen geschickt habe. Aber Emil findet das alles cool. Und ich ihn erst.

Mit viel Grundaufwirbeln, Rumschreien, Seilewerfen und noch mehr Rumschreien kriegen wir das Boot frei und fahren zumindest mal vom Ufer weg. Und trotz minimaler Sicht finden wir sogar Katharina wieder und machen uns auf die Suche nach einem sicheren Ankerplatz für die Nacht. Leider will uns keiner haben.

Und wir lernen etwas dabei:

1. Uferlicht ist nicht gleich Hafenlicht.
2. Ein Badehaus ist kein Hafen.
3. Ein Yachthafen ist vielleicht groß genug für Hausboote, aber deren Anlieger wollen nicht mit uns, dem Motorbootgesindel, in Verbindung gebracht werden, deshalb kann dort auf gar keinen Fall geankert werden, und
4. manche Menschen sind einfach unglaublich unfreundlich.

Zu allem Überfluss rutscht Holger an Deck auch noch barfuß in einen umgedrehten Plastiktisch und skalpierte sich einen Teil der Fußsohle. Das ist vor allem im Hinblick auf unseren Strandurlaub ziemlich doof. Nach unserer Ankunft im Hafen fahren wir also erst einmal in ein Krankenhaus, weil sich der Fuß auch noch entzündet hat und wir außerdem keine zwei Wochen am

Stück aushalten können, ohne wenigstens einmal kurz in irgendeiner Notaufnahme gelandet zu sein. Da fehlt uns einfach was.

Ich finde, wir können trotzdem stolz auf uns sein: vier Tage, 19 Menschen, drei Boote – und dennoch eine relativ kurze Verlustliste: eine Sonnenbrille, drei Geschirrtücher, ein Badetuch, zwei Gabeln, drei Socken (Au Mann! *Drei!*), ein Bikini-Unterteil, eine halbe Fußsohle, kein Kind! Guter Schnitt, was?

Ich liebe das Wasser, Boote und all diese Menschen. Trotzdem: Vier Tage Hausboot unter diesen Umständen sind absolut ausreichend. Obwohl: Man hätte auch über all die Kanäle direkt nach Berlin fahren können und weiter nach oben! Oder mehr nach links. Hmm. Vielleicht müssen wir das doch noch einmal machen. Soweit ich weiß, gibt es Hausboote auch in Holland, Frankreich und in Irland. Wenn man nur die Wettervorhersage vorher kennen würde ... Also, ich wäre dabei!

Wer auch gern mal mit dem Hausboot reisen möchte:

* www.kuhnle-tours.de
* www.hausbootirland.de
* www.leboat.de
* www.bootsurlaub-online.de
* www.bunbo.de/hausboote/

Und ganz wichtig:

* www.wetter.com

Über Deutschland hinaus

Griechenland und Telefonate, die keiner braucht

Der Abschied ist wieder mal die größte Herausforderung. Wir sind schon so lange befreundet, haben so viel zusammen erlebt, sind gerade gemeinsam dem nahen Hausbootuntergang entronnen und sehen uns ganz sicher erst wieder in einem Jahr. Die Boote sind viel zu schnell ausgeräumt und ganz plötzlich sind wir wieder nur noch zu siebt und auf dem Weg nach Berlin. Ein letztes Winken, eine klitzekleine Abschiedsträne und sie sind weg. Ein bisschen wehmütig schaue ich noch den anderen hinterher, als es mich plötzlich erwischt: Berlin! Es kribbelt die Vorfreude in meinem Bauch und ick freu mir! Mein bisheriges Berlin besteht aus Erinnerungen, die ich mit elf Jahren während der Funkausstellung gesammelt habe, auf der mein Vater beruflich zu tun hatte. Also aus Bildern von Funkausstellungsräumen, wichtigen Fernsehmenschen und dem Zoo, in den meine Mutter mit mir ging, um zwischendurch etwas anderes zu sehen als merkwürdige Kulissen und Menschen in schwarzen Rollkragenpullovern. Ewig her. Alles schwarz-weiß, grobkörnig und nicht ganz umfassend.

Aber jetzt bin ich hier. Berlin! Berlin! Berlin! Was für eine Stadt! Und ich frage mich, wo ich nur so lange war, warum wir nicht ein bisschen mehr Zeit eingeplant haben und wie es kommt, dass man sich immer überall gleich so wohl fühlt. Hach, wir könnten auf einem Touristenboot durch die Kanäle fahren und uns die Fassaden der altehrwürdigen Häuser anschauen, wir könnten unter alten Kastanien- und Lindenbäumen frühstücken, in coolen Bars sitzen und stundenlang diesem Dialekt zuhören, wir könnten alle Currywürste der Stadt durchprobieren (nein, könnten wir nicht), abends ausgehen, mit den Kindern in den Zoo ... Aber ach, es reicht gerade für eine einzige Currywurst, das Brandenburger Tor, ein Stück Mauer und die Fahrt zum Flughafen. Mist. Das ist nicht genug! Nie im Leben. Wir müssen wiederkommen. Länger bleiben. Ich möchte hier Freunde haben und Lieblingsplätze! So geht das nicht.

Aber wir haben ja noch so viel vor und jetzt kommt ja erst der eigentlich gebuchte Urlaub. Unglaublich. Dabei sind wir ja noch nicht mal richtig vom Hausboot runter!

Emil und Paulina fliegen leider schon am selben Abend nach Stuttgart zurück. Emil wird von seinen Eltern zum Familienurlaub erwartet. Und Paulina ist ein paar Tage allein zu Hause, bevor sie in der letzten Ferienwoche mit einer Jugendgruppe nach Kroatien fährt. Man kann ja auch nicht immer mit den Eltern Urlaub machen. Ein bisschen mulmig ist mir zwar dabei, denn eine knappe Woche allein ist immerhin ganz schön lange, auch wenn die Oma in der Nähe ist und meine Freundin Dagmar gleich um die Ecke wohnt und Paulina versprochen hat, dort einmal am Tag vorbeizuschauen. Allerdings ist sie super zuverlässig und ich verstehe, dass ohne uns zu Hause sein auch mal ein verführerisches Abenteuer ist. Trotzdem fehlt sie mir schon jetzt. Und zu fünft sind wir einfach nicht komplett. Und ob alles gut geht? Und ...

»Willst du einen Schnaps?«, fragt Holger und wühlt in der Minibar des unglaublichsten Hotelzimmers, in dem ich je war.

Aus dessen Fenster zählt William die gut sichtbaren Schrauben an den Böden der über uns hinwegfliegenden Flugzeuge.

»Nein«, sage ich und bin mir nicht ganz sicher. Aber Schlaf vor Urlauben wird sowieso völlig überbewertet. Ist aber auch nicht so schlimm, weil wir schon um fünf wieder an der Rezeption stehen müssen für unseren Flughafen-Shuttle. Was für eine bescheuerte Zeit! Wer hat das gebucht, bitte schön?

Die Koffer trage, dank Holgers verbundenem Fuß, ich. Die Kinder laufen selbst. Und mein Mann beinahe auch. Der Verband um seinen Fuß ist so dick, dass kein Schuh drüber passt, und ich hoffe für ihn, dass wir ein Hotel weit weg von Sand und Meer haben. Oder eine gute Bibliothek und sehr schnelles WLAN. Der Arme!

Am Flughafen entdecken meine Kinder Eric. Wer auch immer das ist, um fünf Uhr genüge ich mir völlig. Ich brauche ihn nicht. Ja, um genau zu sein, kann ich um diese Uhrzeit noch nicht einmal viel mit mir selbst anfangen und ein Eric ist mir in dieser Sekunde mehr als gleichgültig. Meinen Kindern aber nicht.

»Waaas, Mama, den kennst du nicht? Das ist doch der, der süße YouTuber mit den witzigen Posts!« Sie schauen schockiert. Ich habe weder eine Ahnung, wer das ist, noch was sie meinen. Maria und Lilli stürzen hyperventilierend auf einen jungen Mann mit Hut zu, der ähnlich verschlafen aussieht wie ich. Armer Kerl.

Ich wette, er wünscht sich gerade, er wäre in seinem Bett oder wenigstens wo ganz anders. Immerhin lassen sie nach einem gemeinsamen Foto von ihm ab, während ich die nächsten Stunden ertragen muss, dass Lilli und Maria kein anderes Thema kennen. Ich brauche Urlaub. Jetzt. Dringend. Und diese Kopfhörer. Die Antigeräuschdinger. Was auch immer sie kosten.

Unser Hotel ist toll, riesig und glücklicherweise (sorry, Holger) direkt am Strand. Außerdem ist es ein All-inclusive-Club. »Das halt ich keinen Tag aus«, sagt mein Mann. Genial, denke dagegen ich. Ich muss nicht putzen, nicht waschen, nicht überlegen, was ich koche, keine Getränke schleppen oder Salat waschen, den nachher sowieso keines der Kinder essen möchte. Und ich muss nicht abwaschen und/oder meine Kinder zur Mithilfe zwingen. Dafür kann ich: Lesen. Schlafen. In die Ferne schauen. Schwimmen. Ins Fitnessstudio gehen. Ich kann essen und zwar bei jeder Mahlzeit: Gemüse, Salat und Obst, während sich meine Kinder mit den Sättigungsbeilagen vergnügen. Jeder ist froh. Fast jeder. »Findest du das echt entspannend mit diesen vielen Leuten? Eine Ferienwohnung, *das* ist doch die einzig wahre Erholung, da kann man immer alles machen, wann und wie man es will, ohne dass alle einem dabei zugucken«, fragt mein Mann mit dem Verband um seinen Fuß. Natürlich verstehe ich ihn. Erstens ist er sowieso beleidigt, weil er nicht richtig mitmachen kann. Und zweitens: Wenn Urlaub und Erholung einfach die Abwechslung vom Alltag sind, mag das mit der Ferienwohnung ja für ihn zutreffen. Ich für meinen Teil weiß: Bei einer Ferienwohnung ist zwar der Ort ein anderer – *aber mein Job ist immer noch derselbe!* Selbst wenn Holger »auch mal kochen würde«.

Nein, ich finde es hier perfekt. Und auch wenn ich mir ein bisschen vorkomme wie ein Urlaubslemming, der allen anderen Urlaubslemmingen zum Futtertrog, ans Meer und an den Pool folgt, ich finde es großartig. Nicht immer. Aber manchmal. Und ganz geheim und unter uns: Ich habe tatsächlich heute Morgen, ganz früh, mein Handtuch … am Pool … auf diese eine Liege unter dem schönen Baum mit Blick aufs Meer … da, wo mich meine Kinder immer wiederfinden, weil sie wissen, dass ich dort bin – aber pssst! Bitte nicht weitersagen, ja? Ab und zu muss man so einen Urlaub machen. Machen dürfen. Es ist so unendlich erholsam. Wenn man sich nicht die ganze Zeit dafür rechtfertigt. Und das lasse ich jetzt und hiermit sein. Ich lege mich nämlich auf meine Liege. Und lese ein Buch. Neben mir steht ein Eiskaffee. Mit extra viel Sahne. Sagen Sie nichts. Pssst! *Ich lese!*

So könnte es ewig weitergehen. Aber das tut es natürlich nicht, denn sonst fände ich es vielleicht zu erholsam, ja, möglicherweise geradezu langweilig. Das muss man zu verhindern wissen und meine Kinder wissen und können das. Pure Fürsorge, nehme ich an. Am zweiten Tag bekomme ich deshalb auch schon eine WhatsApp-Nachricht von Paulina. »Mama, ich vermiss euch! Hier ist es voll einsam!« Herzchen. Herzchen. Herzchen.

Ich halte gerade einen Schirmchendrink in der einen und schon mein zweites Buch in der anderen Hand. Mein Mitleid hält sich in Grenzen, denn schließlich sehe ich noch die Vorfreude auf ein paar Tage ohne uns in ihrem Gesicht, als sie uns am Flughafen zum Abschied winkte.

»Oh«, schreibe ich also, »das tut mir leid! Lad dir doch 'ne Freundin ein?« Kuss-Smiley mit Herzchen.

»Alle weg!« Trauriges Emoji.

»Du Arme! Dann räum doch dein Zimmer auf und saug mal durchs Wohnzimmer?« Herzchen, Smiley, Herzchen, Augenkneif-Emoji.

Schnaub-Emoji. Schnaub-Emoji.

Ja, man hat es nicht leicht. Als Kind, meine ich. Immer gehen die Eltern in den Urlaub, wenn man sie ein einziges Mal braucht. Oder auch ein zweites …

Denn das Kind, das gar nichts von uns wissen wollte, sperrt sich am nächsten Tag aus dem Haus. Weil aber keiner von uns ständig sein Handy mit sich rumschleppt und wir deshalb auch nicht dauerhaft erreichbar sind, hat sie meine Eltern angerufen, was ja prinzipiell nicht schlecht ist, aber in diesem Fall ungünstig, denn meine Mutter sucht ihr die Nummer vom Schlüsselnotdienst raus und der kommt aus *Pforzheim*. Anfahrt von über einer Stunde. Es ist Dienstagvormittag, der Schlüsseldienst vorn an der Ecke hat zwar ebenfalls geöffnet und auch bei ihm würde es nicht länger als eine Sekunde dauern, unsere Eingangstüre wieder aufzumachen. Wenn man die Fahrtzeit nicht mitrechnet, würde das achtzig Euro kosten. Wenn man allerdings aus *Pforzheim* kommt, dann, ja, dann rechnet man die Fahrt natürlich mit ab. Und dann sind es leider zweihundertdreißig Euro. Erwähnenswert vielleicht, dass wir in der Tat einen Ersatzschlüssel versteckt haben, der aber unauffindbar ist, denn *irgendjemand* hat ihn geholt und dann nicht zurückgelegt. Also sind natürlich wir schuld, denn die Kinder würden so etwas nie machen.

Auch wenn das natürlich lästig und überflüssig war, so konnte man doch wenigstens etwas dabei lernen. Wir, dass wir eine Liste mit Notfalldiensten jeder Art an einer offensichtlichen

Stelle platzieren. Und Paulina, dass es doch ganz schön ist, eine Familie zu haben. Abgesehen von meiner großen Tochter sind wir am Ende des Urlaubs alle knackebraun und sonnensatt. Und wir freuen uns auf unser eigenes Bett, auf die Schule und sogar aufeinander. Letzteres schließt sogar unsere Älteste wieder mit ein. So soll es doch sein, oder?

Pinnwandliste für Daheimgebliebene:

* Feuerwehr und Rettungsdienst: 112
* Polizei: 110

Bitte ergänzen:

* Hausarzt:
* Tierarzt:
* Schlüsseldienst:
* Großeltern:
* Freunde der Eltern, die zu Hause sind:
* PIZZASERVICE:

Irland – Anflug auf Umwegen

Einen Urlaub der ganz anderen Art machen wir dafür im Jahr darauf, als alle drei meiner Töchter ihre eigenen Pläne haben. Tja. So langsam muss ich mich wohl daran gewöhnen, dass wir nicht mehr immer alle zusammen unterwegs sind. Einerseits ist es natürlich schön, dadurch ein bisschen mehr Zeit einfach zu dritt zu haben, aber andererseits: Das ging echt schnell! Und Außerdem reise ich nun als weibliche Minderheit mit zwei Männern und das hat massive Auswirkungen auf Reiseziel und Urlaubsaktivitäten. Vorbei das faule Herumliegen am Strand unter heißer Sonne, adieu, Schirmchendrinks und Entspannung, arrivederci, Bücher. Hallo, Aktivurlaub. Regen. Und so weiter. Meine Gefriertruhe ist randvoll mit Forellen, die William und Holger im Schwarzwald bei zwei Angelbesuchen in einer Fischzucht gefangen haben, wo man auch ohne Angelschein und schon als kleiner Bub Fangerfolge hat. Man kann dort so lange bleiben, wie man mag, man bekommt eine Angel und eine Dose Mais als Köder und dann steht man da und wartet. Und hofft, dass einer anbeißt (mein Sohn) oder auch nicht (ich). Williams Hoffnung ist leider immer begründeter als meine. Glücklicherweise muss ich die Fische allerdings weder töten noch ausnehmen. Das macht Holger. Ich muss sie »nur« zubereiten. Dazu muss ich sie aber auch anfassen und riechen. Nicht gut. Dann kann ich sie nämlich auf gar keinen Fall mehr essen.

Ich würde also sagen, dass wir wirklich genügend Fische haben, die wir essen könnten, aber das beeinflusst den ausgeprägten Angelwunsch meines Sohnes nicht im Geringsten. Wenn wir

ihn fragen, was er in den Ferien machen will, sagt er: »Angeln!«
Wenn wir ihn dazu ermutigen, sich eventuell etwas anderes zu
überlegen, fällt ihm durchaus etwas anderes ein: »Ja, fischen!«
Nun gut. Ich habe es kapiert.

Lilli ist mit einer Sprachreisegruppe in Spanien. Paulina in
Kroatien und Maria leitet eine kleine Gruppe in einem Feriencamp bei uns zu Hause. Wir sind also nur zu dritt und können
uns nach dem einzigen Menschen richten, der einen konkreten
Reisewunsch hat. Holger ist glücklich, wenn wir glücklich sind
(ja, das hat er wirklich so gesagt!), aber ich glaube, er will sich
nur um die Urlaubsplanung drücken. Derjenige, der leiser quen-
gelt, gibt nach. Also ich. Also Angeln.

Aber Moment: Hängt nicht an meiner Pinnwand dieser
Sehnsuchtsbierdeckel aus einem kleinen Pub in Connemara?
Steht da nicht dieser Reisesegen drauf, der ja schon lange eine
Rückkehr in dieses Land verlangt? Habe ich nicht mit Holger,
kurz bevor wir nach Japan umgezogen sind, diese fünf herrli-
chen, romantischen, wunderschönen Tage allein dort verbracht?
Dieser Trip kam damals sehr kurzfristig, sozusagen als Kinderbe-
treuungs-Abschiedsgeschenk meiner Eltern entlang des Weges.
Wir schauten den Ring of Kerry an, fuhren ansonsten planlos,
aber sehr zufrieden immer weiter an der Küste entlang, bewun-
derten das Grün, das Grau und die Klippen und das Meer und
suchten uns jeden Tag ein neues Quartier. Das hat mir allerdings
nicht so gut gefallen. Es kostete Zeit, die ich viel lieber mit wei-
terem planlosen Herumfahren verbracht hätte, außerdem waren
die Bed & Breakfasts nicht unbedingt immer das, was ich mir so
vorgestellt hatte. Meine Begeisterung für saubere Badezimmer
erwähnte ich ja bereits, aber es ist eben nicht ganz einfach, ein

Quartier abzulehnen, wenn man erst einmal bei den potenziellen Gastgebern mit einer Tasse Tee in der Küche sitzt. Und das tut man in Irland sofort, was ja wiederum einer der Gründe ist, warum es uns dort so gut gefällt. Kurz: Seitdem ich das letzte Mal dort war, möchte ich wieder hin. Quartiere kann man vorbuchen. Und dann nimmt man am besten seinen Bierdeckel und alles wird gut.

Möge das Jahr dir glücken,
die Straße dich freundlich geleiten,
Wind dir im Rücken sein,
die Sonne dich erwärmen
und Glück dir leuchten.

Das steht da drauf und: Dublin, wir kommen!

Oder auch nicht. Ach, warum können wir eigentlich nicht wie alle anderen Menschen verreisen? Einen Urlaub planen, buchen, wegfahren, uns erholen, begeistert Postkarten schreiben und fertig? Liegt es an uns? Müssen wir das uns dauerhaft begleitende Chaos persönlich nehmen? Ich kann ja noch nicht mal eine S-Bahn nehmen, ohne dass der Zug hängen bleibt! Ja, ich glaube, es liegt an mir. An Holger kann es nicht liegen, der hat nämlich nie Probleme. Mit nichts. Sagt er. Nur wenn er mit mir unterwegs ist, geht alles schief. Aber das verbitte ich mir: Erstens sind seine Reisen Geschäftsreisen, zweitens werden sie von seiner tollen Sekretärin gebucht und drittens beinhalten sie Lounges, Luxus und Limousinen.

Ich habe oder bin leider keine tolle Sekretärin, sondern hier ja auch nur die Mutter, unsere Reisen beinhalten selten irgendwelchen Luxus (wenn, dann aus Versehen – und überhaupt: Reisen ist ja wohl schon Luxus an sich!). Ich buche unsere Unterkünfte selbst, setze mich mit Flugplänen und Autovermietungen auseinander, versuche, alles aufeinander abzustimmen, und male mit Buntstiften in Landkarten herum, um die beste und interessanteste Route auszutüfteln, die uns allen gerecht wird. Ja, ich verbringe Tage und Wochen mit der Reiseplanung, bin am Ende total erschöpft und habe Sorge, dass etwas schiefgeht, denn dann bin ich schuld.

Lilli haben wir heute schon mitten in der Nacht mit ihrer Freundin an den Flughafen gebracht und sie ist auch schon in Spanien angekommen. Das ist gut. Der Koffer, in den ich dieses Mal meine Regalbrettinhalte schaufele, entpuppt sich beim Schließen als der mit der kaputten Ecke. Nachdem Holger und ich weitere kostbare Minuten damit verschwenden zu erörtern, wer warum dieses Ding nicht schon längst entsorgt hat, sind wir bereits zwanzig Minuten später dran als geplant. Ich muss trotzdem noch mal schnell umpacken, hilft ja nix. Dabei vergesse ich, meine Schuhe einzupacken, und so wird das einzige Paar, das ich in den kommenden zwei Wochen zur Verfügung habe, das sein, das sich an meinen Füßen befindet. Ich habe weder Wanderschuhe noch ein zweites Paar Turnschuhe, falls die einen nass werden. Aber da es in Irland ja auch quasi immer trocken ist, braucht man auch nichts zum Wechseln. Spaß. Genauso wenig wie einen warmen Schlafanzug, Wollsocken oder eine Wärmflasche. Ja, schon gut, ich hätte auch das Klimadiagramm *vor* der Reise anschauen können, dann hätte ich gewusst, dass die Durchschnittstemperatur im August in Irland bei 18,6 Grad liegt, und meine Garderobe anpassen können. Aber auf die Idee bin ich gar nicht erst gekommen. Ich wusste, es könnte regnen. Aber doch nicht die ganze Zeit! Gut, nennt mich naiv. Aber kommt nachher nicht und leiht euch meine Shorts und Flipflops, nur weil doch noch der Sommer ausbricht, ja?

Es ist also genau 15 Uhr (anstatt halb drei), als wir zu meiner Freundin Dagmar, die sich als Flughafenshuttle angeboten hat, ins Auto steigen. Das Radio läuft. Ich habe schon meine Hand nach dem Ausschaltknopf ausgestreckt, weil einen ja Nachrichten immer noch zusätzlich stressen, selbst wenn sie einen nicht betreffen. Da höre ich es:

»... hat der Pilot der Suntravel-Maschine aus Bulgarien die Landebahn des Stuttgarter Flughafens überfahren und konnte erst im Grünstreifen zum Stillstand kommen. Verletzt wurde niemand.«

Meine Güte! Zum Glück ist nichts passiert! Das heißt ...

»... die Aufräumaktionen dauern an. Es muss mit Verzögerungen von mehreren Stunden gerechnet werden.«

Sch...

Ich versuche, den Flughafen anzurufen. Die gute Nachricht ist, ich komme durch. Die nächste gute Nachricht ist, dass alle Flüge mittlerweile wieder starten und landen können. Wir setzen uns also total beruhigt in Bewegung. Muss ja auch nicht immer alles schiefgehen, oder?

Ich bin wirklich stolz auf die Planung dieser Reise. Und immerhin habe ich nach einigem Suchen einen der wenigen Direktflüge von Stuttgart nach Dublin ergattern können. Allerdings ist die Fluggesellschaft so klein, dass sie noch nicht einmal einen eigenen Schalter hat, was sich erst dann als Problem erweist, als wir feststellen, dass unser Flug nun doch einer der wenigen ist, die soeben gestrichen wurden. Von wegen alles kein Problem. Alles wieder gut.

Der Flughafen ist überfüllt, ratlose Menschen laufen überall durch die Gänge, wedeln mit ihren Tickets und bemühen sich zu telefonieren, was schon wegen der unglaublichen Lautstärke nicht möglich wäre, sollte man überhaupt Netz haben. Wer auch immer die Dame am Telefon informiert hat, er muss an einem anderen Flughafen gewesen sein. Dies hier ist alles andere als ein normal funktionierender Flughafenbetrieb, hier sind viel zu viele Menschen und ich habe immer noch keine Ahnung, wo der Schalter ist. An der Information stehen noch mehr Menschen als irgendwo sonst. Schließlich (ungefähr zu unserer Boardingzeit) bekommen wir dort eine Telefonnummer, unter der wir

a) unseren Flug stornieren

b) ihn umbuchen oder/und

c) laut weinen können.

Mit meinem Telefon geht gar nix. Holger kommt durch. Das ist gut, weil er wenigstens nicht heult, und auch wieder schlecht, weil er einen Flug akzeptiert, der vier Stunden später geht. Ab Düsseldorf.

Selbst wenn wir sofort losfahren (mit welchem Auto?), kommen wir knapp (wenn nicht total zu spät) – und haben dann auch noch ein Auto dort, das wir niemals abholen können, weil wir ja hoffentlich wenigstens auf dem Rückweg nach Stuttgart zurückfliegen. Sixt, Avis und Co. verleihen in Ausnahmefällen wie diesen Fahrzeuge, aber niemals Autos »one way«. Nee, macht ja auch wirklich keinen Sinn. Einen Flug nach Düsseldorf können wir nicht buchen, weil das Ende der Schlange vermutlich gleich bis dorthin reicht. Die Eurowings-App ist aufgrund des kollabierten Netzes nicht verfügbar, außerdem habe ich dank William und irgendwelchen Adventure-Games, die er auf mein Handy heruntergeladen hat, sowieso nicht mehr genug Speicher zur Verfügung. Oder beides. Mittlerweile ist es 18 Uhr. Laut meiner ursprünglichen Planung würden wir gerade mit dem Bus vor unserer Unterkunft anhalten und hätten uns im Vorbeifahren schon einen netten Pub ausgesucht, in dem wir alsbald Cider und Fish and Chips zu uns nehmen würden. Irgendwie müssen wir eine Entscheidung treffen. Holger ruft unter Murren noch einmal bei der Fluglinie an, weil er einsieht, dass ich ausnahmsweise recht habe, und ergattert die letzten drei Sitzplätze Düsseldorf–Dublin für morgen früh. Das hat er super gemacht, auch wenn es ihm bestimmt psychophysische Schmerzen bereitet. Ich meine, einen Irrtum zuzugeben. Aber egal – ich finde ihn spitze. Also. Nach Hause und heute Nacht mit dem Schlafwagen um ein Uhr nachts los? Da bin ich mindestens drei Tage zu nichts mehr zu gebrauchen. Oder jetzt gleich weiter? Und wenn ja, wie? Unser Trip beginnt mich zu stressen. Minimal.

»Und? Wie findest du Irland bis jetzt?«, fragt Holger, als wir um halb elf endlich am Bahnhof in Düsseldorf in einem Hotelbett liegen. Ich bin zu müde, um zu weinen.

Doch dann, kaum zu glauben, landen wir doch noch in Dublin. Mehr als 24 Stunden später, erschöpft, genervt und unserem Reiseplan hinterher. Ich habe schon in Deutschland ein Dreitagesticket für Dublin gekauft, das einen an alle Sehenswürdigkeiten bringt und in dem der Flughafenshuttle enthalten ist. Ich fand mich superschlau, weil man sich das Suchen und Anstehen und Herumirren sparen kann. Sehr gut überlegt, Frau Hutzenlaub. Indes: Von den drei Tagen in Dublin sind dank des verpassten Fluges heute nur noch der Nachmittag und morgen die Hälfte übrig, das heißt, wir können eigentlich gar nicht mehr so richtig Sights anschauen und der Shuttle fährt tatsächlich überallhin, nur nicht in den Teil der Stadt, in den wir wollen. Ich würde sagen, die Stimmung ist ein ganz kleines bisschen angespannt, weil trotz meiner mega Planung nix klappt und alle finden, ich sei schuld. Ich habe es gewusst. Noch nicht einmal in Ruhe ärgern kann man sich. Immer soll man sich zusammenreißen. O weh! Und unsere Unterkunft? Das Zimmer ist nicht sehr sauber, das Bad ist im Grunde eine Plastikeinheit, die mitten im Zimmer steht und leider auch ziemlich dreckig ist (ich sag nur *Gulli!*), das ganze Haus ist mit irgendwelchem Kram vollgestellt, die Landlady schmuddelig und das Frühstück besteht aus Knäckebrot, löslichem Kaffee und einer Mandarine. Wenn die nächsten Unterkünfte genauso wenig mit den Fotos und ihrer Beschreibung übereinstimmen, dann bin ich beleidigt. Und wenn der Urlaub so weitergeht, auch. Von wegen: *Glück dir leuchten*. Blöder Bierdeckel.

Zum Glück reicht es uns wenigstens noch für Jeanie Johnston, eins der Schiffe, das während der großen Hungersnot in den Jahren von 1847 bis 1855 16-mal in die USA und zurück gefahren ist und dabei 2500 Emigranten transportiert hat – und zwar ohne ein einziges Menschenleben dabei zu verlieren. Wir schaffen es ein paar Minuten vor Besucherende in die Christchurch

Abbey mit ihren wunderschönen Fenstern. Wir fahren eine kleine Runde mit dem Hop-on/Hop-off-Bus und hören dabei einer etwas überheblichen rumänischen Stadtführerin zu, die so tut, als sei sie irischer als irisch. Und danach – es wird schon dunkel – gehen wir auf ein erstes Guinness in die berühmte Temple Bar und hören Musik. Eigentlich sind wir nach dem Chaos der letzten Tage total müde und überlegen gerade, ob wir nicht einfach Dublin Dublin sein lassen sollen, doch dann packt es uns: Wir kaufen Tickets für das Musical *Once*, an dessen Spielstätte wir vorhin mit dem Bus vorbeigefahren sind. Vor dem Auftritt spielen sich die Darsteller schon auf der Bühne warm, fiedeln, flöten, singen. Und da passiert es: Alles ist gut. Ich bin schlagartig froh, möchte hierbleiben und am liebsten selbst Irin sein. Denn dann könnte ich jetzt auch singen. Und tanzen. Und fiedeln. Hallo, Irland! Hier bin ich wieder!

Wir sind zwar immer noch einen halben Tag meinem Reisezeitplan hinterher, weil wir heute Morgen noch unbedingt ins Guinness-Warehouse mussten, und das Freiguinness, das wir dort zu uns genommen haben, lähmt unsere Glieder ein wenig, weshalb wir quasi schon am Ortsausgang einen Platz für einen Mittagschlaf suchen. Eigentlich wären wir schon beinahe in Belfast, aber wir sind ja im Urlaub und da muss Mittagschlaf drin sein. Deshalb müssen wir auch direkt nach Dublin von der Autobahn abbiegen, fahren noch ein wenig weiter, durch den nächsten und den übernächsten Ort, biegen links ab. Und stehen direkt am Meer. Es ist doch jedes Mal wieder ein Schock. Also ein guter. Wie es riecht, wie es sich anhört, wie es auf der Haut kribbelt – oder nein, Moment, das ist der Sprühregen. Hier an der Wasserkante entscheide ich mich doch für einen Spaziergang und gegen einen kurzen, intensiven Mittagschlaf im Auto, weil mein Sohn das Meer gesehen hat und nicht mehr zu halten ist. Die Angel, die wir gegen meinen Willen mitgenommen und am Übergepäckschalter aufgegeben haben, wird aus dem Kofferraum gerissen, mit einer Mandarine bestückt (ja, wir wissen, die irischen Fische sind auch nicht doof, aber was anderes haben wir nicht) und das Kind grinst wie ein Honigkuchenpferd und hört sofort auf zu jammern, dass es so langweilig ist und alle Akkus von allen Handys leer sind und gar keine Pokémons in der Nähe und die gemeinen Eltern immer nur Guinness trinken und Musik hören und Mittagschlaf machen wollen. Wo doch Irland eine Insel ist und deshalb Meer darum und mit Fischen drin.

Leider haben offensichtlich ausgerechnet wir das Navi erwischt, in dessen Datenbank es Nordirland einfach nicht gibt. Es kennt kein Belfast, kein Cushendell und schon gar kein Londonderry und auch keine weitere Stadt, die wir hier im Norden besuchen wollten. Erstaunlich eigentlich. Sollte nicht gerade ein irisches Navigationsgerät *alle* Städte auf dieser Insel finden, zumal sie ja so riesig auch wieder nicht ist? Wenn eines aus, sagen wir, Afrika oder den USA damit Schwierigkeiten hat, dann kann man das ja vielleicht sogar verstehen, aber bei einem irischen Navi kein Belfast? Merkwürdig. Wie kommen wir jetzt dahin, wo wir hinwollen? Und warum haben wir neunzig Euro für dieses Ding ausgegeben? Nun. Die Antwort ist so unglaublich simpel wie beschämend. Nordirland ist einfach kein Teil von Irland. Es *heißt* nur so. In Wirklichkeit gehört es zu Großbritannien. Ob es den Iren gefällt oder nicht (den meisten gefällt es nicht).

Da in Irland jeder zu jeder Zeit mit jedem über ein ganz bestimmtes Thema spricht, tun wir das auch. Nein, es ist glücklicherweise nicht die Politik. Es ist der Regen!

Das Wetter ist ein dankbarer Gesprächsstoff und bietet für alles eine Erklärung. Es ist hier aber auch wirklich merkwürdig: Selbst wenn die Sonne scheint, überzieht an der Küste eine Nebelschicht meine Haut. Es fühlt sich ein wenig an wie das Bedampfen bei der Kosmetikerin, nur in kalt. Aber selbst wenn die Sonne scheint, lohnt es sich nicht, die Sonnenbrille herauszunehmen, denn in den nächsten Minuten wird es auf irgendeine Weise wieder nass und grau. Oder windig und feucht. Oder nur nass. Oder nur grau. Oder alles auf einmal. Und das nennen die dann Sommer. Für den Regen gibt es übrigens auf Gälisch je nach Erscheinungsform mindestens fünfzig verschiedene Bezeichnungen.

Dank des Regens und der Tatsache, dass Sonntag ist, ist Belfast sehr ruhig. Unsere Unterkunft ist ein bisschen außerhalb und wir sind immer noch einen halben Tag hinterher, das heißt, es ist schon Abend, als wir endlich ankommen. Da hat die Stadt auch keine Chance. Wir brauchen anscheinend ein bisschen menschlichen Kontakt, um uns für einen Ort zu erwärmen, und allein die bekloppten Straßennamen und die Tatsache, dass es hier eine Titanic-Ausstellung gibt, reichen irgendwie nicht, um uns zu begeistern. Zumal die Ausstellung geschlossen ist. Außerdem habe ich ein bisschen mehr U2 erwartet. Geschichte. Architektur, die mir etwas erzählen will. Aber es spricht keiner mit mir.

Ich bin nicht richtig enttäuscht von Belfast (eine Stadt mit so einer Geschichte kann einen gar nicht enttäuschen!), aber wenigstens habe ich nicht schon wieder das Gefühl, etwas verpasst zu haben. Denn die Küste ruft laut und so fahren wir am nächsten Morgen einigermaßen froh gen Norden und dann, endlich in unserem Zeitplan angekommen, die pittoreske Küste entlang auf der Coastal Street. Wir halten, wo es uns gefällt, schauen aufs Meer und landen schließlich in Bushmills, der ältesten Whiskey-Brennerei der Welt, was die Führerin nicht oft genug betonen kann. Ja, ich weiß, Whiskey ist was gaaanz Tolles. Manche Menschen wandern von Destillerie zu Destillerie, sammeln, lagern und zelebrieren dieses Getränk und sehen dabei wahnsinnig distinguiert und intellektuell aus. Ich sehe sicherlich nicht distinguiert aus, sondern durchgefroren, denn das bin ich, seitdem wir in Irland sind, und Whiskey finde ich grässlich. Man könnte mir genauso vorschlagen, ein Schnapsglas Nagellackentferner zu probieren. Aber die Scones und Pies in der Cafeteria sehen echt lecker aus. Ich war ja bis kurz vor dieser Reise Vegetarierin und habe ein wenig auf mein Gewicht geachtet. Ich habe viel Obst und Gemüse gegessen, dafür wenig Süßes, habe kaum Alkohol getrunken und mich täglich bewegt. In Irland esse ich Gulasch unter Blätterteig mit Kartoffelbrei und extra Butter, ich trinke Cider (maximal 4,5 Prozent) und außerdem befinden wir uns in einer Destillerie und in der Führung ist eine Whiskeyprobe enthalten. Ich bewege mich kaum und die Scones müssen probiert werden (natürlich mit *clotted cream* und Marmelade) und so ein Tee schmeckt auch viel besser mit Zucker und Milch. Ich habe mich heute Morgen beim Duschen aus Versehen nackt und von hinten gesehen. Ja, ich bin sehr erschrocken.

Aber auch wenn die Whiskeyprobe umsonst und mit Honig angereichert ist, bin ich immer noch kein Fan. Whiskey schmeckt mir einfach nicht. Es tut mir weh, ihn zu trinken. Und es schüttelt mich ganz undamenhaft, auch wenn der Whiskey zwanzig Jahre alt ist und ich ein Banause bin. Aber macht nichts. Solange Holger probiert, kann ich ja noch mal was essen.

Außerdem ist es ja nicht so, dass wir uns gar nicht bewegen. Wir haben immer die Angel im Kofferraum und steigen ständig aus (zum Glück fangen wir nichts, aber es ist nur eine Frage der Zeit, bis William auf anständige Köder besteht, und dann kann ich für nichts mehr garantieren). Aber zuerst einmal bestimme ich. Und ich will zum Giant's Causeway.

Es ist total schön hier, William klettert über die Basaltsäulen aus Stein, von denen hier mehrere Zehntausend aus dem Wasser ragen, und freut sich. Holger hat auch noch meine kleine Whiskeyprobe ausgetrunken und freut sich dementsprechend sowieso über alles und in mir klingt noch die Geschichte vom Riesen nach, der so wütend über die Steinstraße von hier nach Schottland gestampft ist, dass sie in diese merkwürdigen Steine zerfallen ist. Ich könnte ewig hier sitzen und auf die einsamen Steine schauen.

Da kommt ein Bus den Weg entlang. Ich denke nichts Böses. Ich denke eigentlich überhaupt nichts. Bis der Bus die Türen öffnet. Und dann habe ich keine Möglichkeit mehr zu denken, denn er hat bestimmt drei Millionen Chinesen an Bord. Gnaaah! Ich fühle mich verfolgt! Sie sind überall, machen überall Bilder, halten aufgespannte Regenschirme in mein Gesicht, obwohl es gerade mal ein paar Sekunden nicht regnet, sie reden laut, laufen in mich hinein (ja, ich weiß, man übersieht mich leicht) und werfen Müll auf den Boden. Ein Mann versucht, ein Stück aus einem Felsen zu brechen, obwohl überall genug Steine herumliegen, die man problemlos aufheben und mitnehmen kann. Ich will hier weg. Ich weiß, es ist nicht besonders nett, aber chinesische Touristen stressen mich. Unglaublich. Und ich will nicht da sein, wo sie sind.

Ich will sofort nach Cushendall. Das hört sich so schön gemütlich an, nach Kissen über dem Kopf, nach Ruhe und nach endlich Ankommen. Irgendwie habe ich diese Reise bisher im Kopf nur abgehakt. Vor lauter Sorge, ständig zu spät zu kommen, war ich in meinen Gedanken immer schon ein Reiseziel weiter. Kein Wunder, dass es mir so schwerfällt, den Moment zu genießen.

Aber das wird ab »Kissen über dem Kopf« anders. In unserem Bed & Breakfast liegt überall hochfloriger Teppichboden, weiche Betten mit vielen Kissen rufen laut meinen Namen und direkt vor dem Fenster teilen sich Kühe, Schafe und Ziegen eine Weide. Eine Katze liegt auf meinem Bett. Hier bleibe ich.

Vor allem nach dem Frühstück. Nichtsahnend und vorfreudig bestelle ich »Full Irish«. Muss ja gut sein, wenn die Iren alle immer so gut gelaunt, fröhlich und freundlich sind. Die Landlady grinst und fragt mich, ob ich sonst alles habe, was ich zum Glücklichsein brauche. Hm. Ich finde schon. Alles, bis auf vielleicht ein bisschen Sonne? Sie lacht und geht in die Küche. Als sie wiederkommt, habe ich hoffentlich das Frühstück für die ganze Familie auf dem Teller, denn diese Berge kann niemand allein essen. Niemand. Sie stellt einen riesigen Teller mit Vollkornbrot, Toast, Kartoffelbrot, Pancakes, Würstchen, Spiegelei, gebratenen Tomaten und Pilzen, Speck und Schinken vor mich hin und sagt: »Dear, this is for you! It's sunshine on a plate! Enjoy!« Ja, so sind sie. Selbstredend muss ich das alles essen.

Den ganzen Sonnenschein auf einem Teller. Obwohl mir William hilft (er hatte nur Cornflakes) und Holger Speck und Schinken übernimmt. Am Schluss packt mir unsere Landlady noch ein paar Scheiben Kartoffelbrot ein aus lauter Sorge, dass ich in den nächsten paar Stunden verhungern könnte, und erzählt uns, wo wir noch unbedingt hinmüssen, bevor wir weiterfahren (Der Wasserfall! Die Klippen!). Und dann winkt sie uns mit ihrem Sohn zum Abschied, als wären wir drei Wochen bei ihnen gewesen und nicht nur eine Nacht. Oder besser noch, als wären wir Teil der Familie. Und zwar der beliebteste. Nein, solche Menschen habe ich bisher wirklich noch nie getroffen. Ob sie nun Iren oder Engländer sind: Sie sind einfach toll. Und jetzt sitze ich hier allein auf einer Bank am Strand. Bis auf William und Holger, die nebenan dringend eine Runde angeln gehen müssen, ist niemand zu sehen. Auf meinem Gesicht spüre ich dieses Wind-Wassergemisch, das wir in Deutschland durchaus als Regen bezeichnen würden. William sagt: »Mama, das Nasse in der Luft, das spürt man gar nicht, stimmt's? Es ist eher wie Luft, nur echter, oder?« Er hat es einfach begriffen. Und ich jetzt auch: Ich glaube, ich muss an meiner Einstellung arbeiten. Echte Luft macht viel bessere Laune als Regen.

Unser nächstes Quartier in Derry sah im Internet sehr vielversprechend wie ein Pub aus. In Wirklichkeit ist es ein Einfamilienhaus mit fünf Cockerspaniels und einer Babykatze auf der Wiese davor. William und Holger lassen sich sofort auf die Knie fallen und schrauben ihre Stimmen in ungeahnte Höhen. Ich bin ein wenig irritiert und eifersüchtig. Das haben sie für mich noch nie getan. Und außerdem geht jetzt die Türe auf und ich weiß noch nicht einmal, ob wir hier richtig sind. Aber bevor ich mich für den Anblick der hochgereckten Männerhintern auf der Wiese entschuldigen kann, hat sich Isobel, unsere zukünftige Gastgeberin, schon dazugesellt und wird sofort von der Babykatze angesprungen. Sie denkt, sie sei ebenfalls ein Hund. Also, die Katze. Isobel nicht. Sie hält sich vermutlich für etwas jünger, als sie wirklich ist. So circa vierzig Jahre. Isobel muss mindestens 65 sein. Sie trägt ihre sehr blonden Haare zu einem Fünfzigerjahre-Pferdeschwanz gebunden. Sie ist maximal halb so groß wie ich, allerdings vermutlich doppelt so breit und trägt eine schwarz-türkis gepunktete Strickjacke zu einer umwerfenden Schürze mit Bildern von allen Hunderassen dieser Erde darauf. Jedes zweite Wort ist »Jesus!«, vor allem, als ich frage, wie wir denn nun in das Stadtzentrum von Londonderry kommen. »Jesus!« Oh. Was hab ich getan? Gibt es hier kein Zentrum? »Jesus! Don't ever say that again!« Sagt sie und schaut empört.

Hilfesuchend drehe ich mich zu Holger um. Er zuckt nur die Schultern und grinst. Isobel mag ja nur halb so groß sein wie ich, aber sie sieht stark aus. Außerdem hat sie diese Hunde, die bestimmt für sie durchs Feuer gehen. Die Babykatze nicht zu vergessen. Gut, es sind nur Cockerspaniels und mit der Katze werde ich auch noch fertig, aber ich möchte es trotzdem nicht darauf ankommen lassen. Da lacht sie. Puh. Glück gehabt. Und klärt mich auf.

»Don't ever call it *Londonderry*. Never. Ever. Again. It's Derry. Derry. *Derry!* London is in England. This is *Ireland!*«

Äh ja. Oookay. Man darf es nicht Londonderry nennen? Nur Derry? Weil London in England ist und wir hier in Irland? Wie? Was? Ich wollte nur … Ich wusste ja nicht … und unser Navi … überhaupt: Wie denn nun? England oder Irland?

»I am sorry«, sage ich gleichermaßen verwirrt wie besorgt. Wenn sie hier die Engländer so wenig mögen, was ist dann mit Menschen, die zum Beispiel heißen wie englische Thronfolger? Sagen wir: William?

»Jesus!« Sie lacht. »William is okay. As long as you call him Liam. Then we know he is Catholic. But never ever call him Billy! Billies are Protestants. And British!« Ganz, ganz dünnes Eis hier. Die Engländer nennen ihre Williams also Billy und sind evangelisch. Und die Iren nennen sie Liam und sind katholisch? Und wenn man seinen persönlichen William also Billy nennt, wissen alle Bescheid und alles ist aus? Hab ich das jetzt richtig ...? Muss sie ja nicht wissen, dass wir genau das sind: evangelisch. Vermutlich ist es auch egal, solange wir nicht auch noch englisch sind. Oder britisch. Was ist denn jetzt da wieder der Unterschied? Keine Ahnung, ob in Derry (bei den Hinweisschildern ist das »London« immer übersprayt) der Konflikt besonders groß ist oder nur besonders auffällig. Jedenfalls kommt jeder, mit dem wir uns heute unterhalten, auf dieses Thema zurück. Und jeder Einzelne sagt, er sei Ire. Er hätte einen irischen Pass. (In Nordirland kann man nämlich beide Pässe haben – oder überhaupt gleich zwei.) Und er wolle in der EU bleiben. Sollen doch die Engländer mit ihrem Brexit machen, was sie wollen. Und sollen doch alle mit einem englischen Pass nach England gehen. Dann gibt es wenigstens Platz für die ganzen Iren, die wegen Trump aus den USA nach Irland zurückwollen.

Denn dort leben die meisten, haben wir bei dem Besuch der Jeanny Johnston gelernt. Während der Hungersnot ab 1845 gingen nämlich mehr als eine Million Iren aus Irland in die USA, nach Australien und Kanada. Und dort haben sie sich wie verrückt vermehrt: »Irish don't invade, they populate« hören wir öfter. Also, sie marschieren nicht in ein Land ein, sie vermehren sich einfach dort. Wenn also dank Trump wirklich alle Iren aus den USA wieder zurückkommen, dann wird es eng hier.

Und Isobel erzählt. Dass die Bäume, die einzeln auf den Wiesen und Feldern stehen, Feenbäume sind, die niemand jemals abholzen würde. Das bringt nämlich Unglück. Sie erzählt uns auch alles über die Geschichte von Derry, auch dass an der Flussmündung über achtzig U-Boote liegen. Und zwar deutsche. Abgeschossen von den schlimmen Engländern. Die sie aus den verschiedensten Gründen ablehnt, was wir noch gar nicht bemerkt haben, und die bitte schön hingehen sollen, wo sie herkamen. Schließlich haben sie keine Ahnung und schmücken sich ständig mit fremden Federn. Immerhin war selbst Wellington Ire. Ja, die Engländer haben Irland alles geraubt, was Irland hatte: Wälder, Land, Fische, die Unabhängigkeit und die Sprache. Da kann man sich schon mal weigern, Fähnchen zu schwingen, wenn die Queen kommt, oder? Isobels Katze bellt zustimmend.

Habe ich schon erwähnt, dass es hier gern und viel regnet? Nein? Heute haben wir die horizontale Variante.

Bei der Carrick-a-Rede Rope Bridge, einer Hängebrücke, die in dreißig Metern Höhe über eine Länge von zwanzig Metern auf einen anderen Felsenhügel mitten im Meer führt, unter der die Gischt schäumt und die früher angeblich viel mehr gewackelt hat (was *überhaupt* nicht sei kann), finde ich es besonders unangenehm. Aber wer wollte unbedingt hin? Ja, schon klar, das war ich, die in der Tat sogar ein wenig gequengelt hat, als Holger fand, man müsse ja nicht alles angeschaut haben. Aber da dachte ich, zwanzig Meter seien ja nicht tragisch, auch nicht für jemanden, der Höhenangst hat, und außerdem muss man ja langsam mal mit der Verhaltenstherapie beginnen. Jetzt kann ich mir natürlich keine Blöße geben. Abgesehen davon, dass ich beinahe vor Angst sterbe auf diesem Ding, werden wir quer von links durchnässt. Meine eine Körperhälfte ist triefend nass, die andere muss sich aber nicht beschweren, dass sie so einsam trocken durchs Leben geht. Wir haben ja noch den Rückweg.

Einen Vorteil hat der Regen aber auch: Es macht nichts aus, dass wir doch eine ganze Weile im Auto sitzen. Wir können einfach mal ein bisschen fahren, ohne anzuhalten, auszusteigen und nachzusehen, ob dies nicht nun endlich der perfekte Spot für eine Fünf-Meter-Makrele ist. Wenn die Sonne rauskommt und sei es auch »nur kurz«, müssen wir angeln. Sofort. Ist klar. »Nur kurz« ist eine Zeiteinheit von mindestens einer Dreiviertelstunde. Und William angelt, seitdem wir hier sind, jeden Tag – immer »nur kurz«. Und immer, ohne etwas zu fangen. Und das, obwohl wir durchaus von Mandarinen auf andere Dinge umgestiegen sind. Aber hier angelt ja auch niemand. Ich frage mich ernsthaft, wie es kommt, dass die Fische hier so wählerisch mit unseren Ködern sind. Die sollten doch froh sein, oder? Wir vertrösten William seit Beginn unserer Reise auf die vier Angeltage, die ich extra für ihn eingebaut habe, und verbringen mehrere Stunden im wunderschönen, minikleinen Örtchen Ardara im Südwesten direkt am Wild Atlantic Way. Und dort in einem Tackle-Shop. In einem Köderladen also. Wenn man schon nicht gleich sofort wieder fischen kann (zur Abwechslung stürmt es scheußlich), kann man wenigstens Köder kaufen. Nichts Lebendiges (und auch keine Mandarinen), sondern so richtig schöne Köder, glitzernde Fische, Federn und Dinge, die ein Mädchen gern als Schlüsselanhänger hätte. Solche eben. Leider haben sie Widerhaken. Und wenn ein kleiner Junge sie während der Autofahrt aus der Verpackung nimmt, um sie auf seine Fangfähigkeit zu überprüfen, und dabei nicht aufpasst, kann es durchaus sein, dass sie sich unwiederbringlich in seiner Hose und in seinem Sweater verhaken. Das sollen die ja prinzipiell auch. Nur eben in Fischen. In kleinen Jungs werden sie sonst eher nicht so gern genommen. Leider hat er den nächsten Köder dann gleich auch noch im Anschnallgurt fixiert. Während wir noch darüber nachdenken, wie wir der Autovermietung erklären können, dass sie nun ein Auto mit angeschnallter Sardine zurückbekommen (und wir freundlicherweise davon absehen, sie in Rechnung zu stellen), wird Holger hinterrücks von einer irischen Steinmauer angefallen. Ja, wirklich! Diese Mauern hier sind unglaublich gefährlich! Sie tauchen an Stellen auf, an denen kein Mensch damit rechnet! Sie greifen Autofahrer an! Nun, auch dafür wird die Autovermietung geradestehen müssen, dies ist ein Land, in dem man solch ein Risiko quasi mit abgesichert hat. Feen, Leprechauns, heimtückische Mauern ... alles da. Und dann auch noch die Diskoschafe! Die mit den bunten Hinterteilen! Die rot oder blau oder gelb angesprüht sind, damit ihre Besitzer sie zuordnen können. Wie soll man denn da auf Mauern achten. Jedenfalls sind sie überall. Die Schafe, die Mauern und all die Geister und Feen. Und wenn man sie schon nicht sehen kann, so kann man sie doch spüren.

William hat zu seiner Angelbesessenheit noch ein weiteres Interessengebiet entdeckt. Ich sage nur: *Game of Thrones*. O ja. Dark Edges, Road of Kings, Theon's Return und so. Wir waren da. Bei allen Schauplätzen, die Irland so zu bieten hat. Ich habe zwar keine Ahnung, was es damit auf sich hat, aber ich habe mich brav eingereiht, um ein Foto zu machen. Vermutlich sind wir die Einzigen, die Seriensites besuchen, ohne die Serie zu kennen (ich weiß, das ist unentschuldbar), aber irgendein wohlmeinender Touristeninformationsangestellter hat eben nun mal die *Game-of-Thrones*-Schauplätze erwähnt und William weiß, dass er damit zumindest seine Schwestern beeindrucken kann. Tja. Jetzt suchen wir gute Angelplätze *und* ehemalige Kulissen. Ich finde, unser abendliches Guinness ist mehr als verdient.

Und endlich kommen wir im Anglerparadies an. In Lettermullen haben wir ein Haus ganz für uns allein. Es liegt am südwestlichsten Zipfel Irlands, man spricht ein total unverständliches Gälisch und unser Navi rät uns dringend, bitte sofort zu wenden. Unsere aktuelle Gastgeberin Mary Berry hat uns gesagt, dass ein Guinness mit einem Schuss Johannisbeersirup noch besser schmeckt (angeblich hat ihre Vorliebe für diese süße Mischung nichts mit ihrem Namen zu tun), aber mir ist das zu klebrig. Und so ein einzelnes Guinness ... Ein zweites geht bestimmt. Unser Fernseher geht übrigens nicht. Was nicht weiter tragisch ist, denn ich habe *Harry Potter* dabei (das *Buch!*) und draußen heult der Wind. Wir haben das Feuer angekriegt, was uns selbst sehr wundert, der Wasserkocher funktioniert, es gibt also Tee und Mary Berry hat uns eines dieser köstlichen *brown breads*, der schweren, saftigen Vollkornbrote, gebacken. Superlecker mit leicht gesalzener Butter und Orangenmarmelade. Na ja, oder Honig. Weicheier. Ich brauche jedenfalls keinen Fisch.

Ich lese *Harry Potter* gefühlte hundert Stunden lang. Links von mir lehnt Holger entspannt im Sessel, William kuschelt auf seinem Schoß. Ich glaube, beide sind eingeschlafen. Kein Wunder, was haben wir in den letzten Tagen alles erlebt! Da kann selbst Harry kaum mithalten. Ich höre auf zu lesen und schaue die beiden an. Ich glaube, das ist der entspannteste Urlaubsmoment, den ich bisher hatte. Keiner will was von mir. Wie schön.

»Weiter! Lies weiter, Mama!«

Okay. Eine Urlaubsekunde ist schließlich auch mehr als genug.

William ist außerdem schon sehr aufgeregt, denn morgen darf er endlich mit Angus auf dem Boot raus. Es riecht nach einem Erfolgserlebnis und ich kann mich an seinen leuchtenden Augen kaum sattsehen.

Was ist es nur mit mir und Irland? Ich sitze hier auf einem Steinhaufen vor Lettermullen vor unserem Haus. Die Sonne scheint. (Die Sonne scheint!) Auf den Felsen unten am Wasser liegen Seelöwen. Mary Berry hat mich vor ein paar Minuten zum Tee eingeladen und William und Holger sind rüber zu Angus zum Fischen. Ich verstehe kein Wort Gälisch. Ich trage eine Mütze, weil es selbst im August zu windig und kalt für mich ist (was die Iren allerdings nicht davon abhält, kurze Shirts und Hosen zu tragen, ist ja schließlich Sommer). Nein, es ist definitiv nicht mein Klima. Und doch: Hätte ich auch nur ein wenig Geld übrig, ich würde mir genau hier ein weiß getünchtes Häuschen kaufen, *kein* WLAN installieren, aufs Meer schauen, den Wind, die Wellen und die Möwen beobachten, mittwochs zur Live Music ins Pub gehen und sonntags irgendwann zwischen eins und fünf zu Plunkett zum Dinner, um die beste Meeresfrüchteplatte der Welt zu essen. Ich wäre irisch, entschleunigt und froh. Ich würde mich stundenlang mit Mary Berry unterhalten (ich finde, jeder sollte eine Mary Berry in seinem Leben haben – oder eine Isobel) und viel lachen (denn darin sind die Iren einfach die Allergrößten). Ich würde Ukulele spielen lernen. Und singen. Oder Moment: Ich glaube, beim Singen stößt selbst meine Fantasie an ihre Grenzen.

Aber wenn ich mir schon kein weiß getünchtes Haus kaufen kann, dann komme ich vielleicht einfach wenigstens nächstes Jahr wieder hierher. Und übernächstes. Und ...

Bevor wir zwischenfallfrei nach Deutschland zurückkehren, landen wir noch in Tipperary und auf der »Old Farm« von Alfie und Margret. Dass man die Gastfreundschaft, die wir in den letzten Tagen erlebt haben, noch toppen kann, hätte ich nicht gedacht. Aber man kann.

Die Hunde begrüßen uns fröhlich und nach dem obligatorischen Tee schickt mich Margret in ihr Büro und nennt mir ihr Passwort, um den Computer zu benutzen. Nicht dass ich ihr Vertrauen nicht verdient hätte, aber es erstaunt mich trotzdem. Ich meine, wir kennen uns noch nicht einmal eine Stunde. Währenddessen steckt sie William in ihre eigenen Gummistiefel und schickt ihn los, um die zahmen Hausschweine zu füttern.

Fröhlich singend und eimerschwingend macht sich unser Sohn auf ins niedrige Gehölz, um die vier Schweine zu finden. Er hat keine Angst, schließlich ist er schweineerfahren und hat Romeo und Julia, die kinderkniehohen Chiemseeschweine, schon tausendmal gefüttert. Diese hier verstecken sich anscheinend. Ich beobachte William, wie er im Gehölz verschwindet. Gerade als ich mich wieder meinen Tickets widmen will, sehe ich aus dem Augenwinkel etwas Blondes aus den Bäumen schießen. Es trägt einen Eimer und singt nicht mehr. Ihm auf den Fersen vier schulterhohe, sehr hungrige Schweine. Dass sie keine kleinen Jungs fressen, wissen wir (auch William weiß das), aber es fühlt sich nicht so an. Nachdem er geistesgegenwärtig den Eimer mit dem Fressen fallen lassen hat, erlahmt das Schweineinteresse an ihm aber und ich kann einen ziemlich aufgeregten William in die Arme schließen, der sich erst ganz beruhigt, als ihm Margret einen Tee mit viel Zucker und Sahne in der Küche in die Hände drückt. Dann aber kann er gar nicht genug von seiner Heldentat erzählen.

Auch dies wird wieder ein unglaublicher Abend. Alfie kocht für uns und während wir eigenen Fisch und unglaubliche Mengen selbst gezogenes Gemüse essen (und ein bisschen Wein trinken), erzählen die beiden uns von ihrem Leben als Profitaucher, Lehrer, Biobauern, Farmbesitzer und Menschen. Zum Frühstück gibt es von Alfie selbst gebackenes Brot, Müsli und die besten Eier, die ich je gegessen habe. Wir haben hier keine 24 Stunden verbracht und haben doch das Gefühl, uns schon ein ganzes Leben lang zu kennen. Ob ich mir vielleicht besser hier mein weiß getünchtes Haus suchen soll?

Zum Abschied schenkt mir Alfie einen ganzen Laib Brot zum Mitnehmen. Als wir nur einen Flug später bei Freunden zum Grillen eingeladen sind, bringe ich es mit und erzähle von unserer Reise, von Tipperary und den netten Menschen überall. Das saftige Brot schmeckt noch genauso gut wie am Morgen und wenn ich die Augen zumache, ist es ein bisschen so, als ob Isobel, Mary Berry, Margret und Alfie mit am Tisch sitzen. Und da gehören sie auch hin. Denn Irland ist für uns zu einer Insel voller Freunde geworden.

Und das gilt auch für diesen Typen, der auf der Rolltreppe an mir vorbeifährt. Ich habe das Gefühl, ihn irgendwoher zu kennen, und bin schon im Begriff, ihn anzusprechen. Da lächelt er und zwinkert mir zu und plötzlich weiß ich, wer das ist. Ein Held aus meiner Jugend. Eine Inspiration. Und einfach ein cooler Typ. Der Mann, der mir zugezwinkert hat, ist niemand anderes als Sir Bob Geldof. Ohne Bodyguards. Ohne Schnickschnack. Und er sieht aus wie ein alter Freund. Kein Wunder, schließlich ist er Ire.

Meine persönlichen und wild gemischten Irland-Tipps:

* Direktflüge gibt's mit Aer Lingus.
* Adapter nicht vergessen.
* In Dublin unbedingt das Musical *Once* anschauen!
* In Nordirland wird mit Pfund bezahlt.
* Wild Atlantic Way und Causeway Coastal Route sind der Hammer!
* Und die unendlich langen Strände an der Ostküste erst! Wie in Australien. Na ja. Ein bisschen kälter.
* Unbedingt Brown Bread probieren und natürlich Scones mit Marmelade, Fish and Chips und Banoffee Pie, ein Kuchen aus Banane, Toffee und zerkrümeltem Shortbread. Göttlich. Und eine hochkalorische Katastrophe. Aber dies ist ja auch kein Urlaub, aus dem man braun gebrannt, sportgestählt und superfit nach Hause kommt.

Nein, in Irland macht die Seele Urlaub. Na ja, und die Disziplin. Die hat hier eindeutig auch mal Pause.

* Augen auf für Feenbäume, Leprechauns und Geister – es gibt sie überall. Wirklich.

Soll ich die Adresse von Alfie und Margret wirklich preisgeben? Soll ich? Okay. Ich mach's. Aber nur, wenn Sie sie von mir grüßen und eine dicke Scheibe braunes Brot für mich essen. Mit Salzbutter. Und Marmelade. www.oldfarm.ie

Unsere Reiseroute:

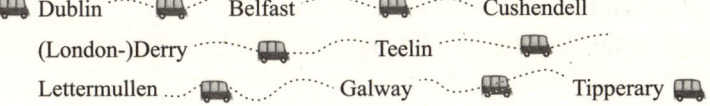

🚐 Dublin ········ 🚐 ···· Belfast ········· 🚐 ······· Cushendell

(London-)Derry ········ 🚐 ········ Teelin ········ 🚐 ······

Lettermullen ····· 🚐 ·· ········ Galway ····· 🚐 ······ Tipperary 🚐

Wenn alle Stricke reißen –
Nützliches für Reisepannen

Das mit dem verlorenen Tag in Düsseldorf war natürlich ärgerlich. Richtig doof obendrein, dass wir die Ausgaben für die Bahn nach Düsseldorf und das Hotel erst einmal vorstrecken mussten. Um das Geld für die Auslagen zurückzubekommen, haben wir laut Internetrecherche alles richtig gemacht: Die Belege sofort bei der Fluggesellschaft eingereicht. Gewartet. Nachgehakt. Wir waren freundlich und geduldig. Ja, wir haben es auf die sanfte Tour probiert. Niemand hat reagiert. Das heißt, das stimmt nicht: Ich habe einmal eine sehr freundliche Mail von einem sehr zerknirschten Liamh von Aer Lingus bekommen, der mir schrieb, wie schrecklich leid es ihm tue, dass sie zurzeit viele Anfragen hätten und er aber gleich und sofort ... Ja klar, Liamh. Das ist jetzt vier Monate her. Dann habe ich die Dame im Reisebüro gefragt. Sie ist auch noch einmal aktiv geworden. Jetzt aber reicht es mir. Sorry Liamh, aber ich bin nicht bereit, auf die vierhundert Euro zu verzichten, die ich extra ausgegeben habe, weil ein Suntravel-Typ die Landebahn nicht getroffen hat. Gut, ich weiß, du kannst auch nix dafür, aber hey, wofür gibt es Versicherungen? Und wenn sich das Unternehmen nicht innerhalb eines Monats (bei Fluggesellschaften sind es zwei) bei den Reisenden zurückmeldet oder sie mit der Antwort nicht zufrieden sind, gibt es – tadaaa – für besonders harte Fälle und für Reisende kostenfrei, ohne Bearbeitungsgebühr oder erfolgsabhängige Honorare:

Die Schlichtungsstelle für den öffentlichen Personenverkehr e.V. (www.soep-online.de)

Sie kümmert sich bei

- Verspätung
- verpasstem Anschluss
- Ausfall eines Zuges oder Annullierung eines Fluges
- Nichtbeförderung
- Überbuchung
- Probleme mit dem Gepäck (Verspätung/Beschädigung/ Verlust)

Das ist genau das, was wir brauchen. Wenn es Ihnen genauso geht: Dort können Sie einen sogenannten Schlichtungsantrag einreichen. Wichtig ist, dass Sie Kopien von Ihren Belegen machen und erst einmal nicht das Original aus der Hand geben. Wenn die Originalbelege nachgefordert werden, kann man das immer noch tun.

Sie haben Ihren Pass vergessen?

Das ist mir jetzt tatsächlich noch nie passiert. Und das will was heißen. Ich bin schon nach Mallorca mit einem abgelaufenen Pass gereist, ja. Ich habe auch schon versucht, das Oktoberfest der deutschen Botschaft in Tokio mit dem Pass meiner Tochter Maria zu besuchen, auch das ist richtig (hat übrigens beides prima geklappt), aber so ganz ohne bin ich noch nie losgezogen. Man reiche mir das Klopfholz. Ich muss das bitte auch nicht erleben. Aber wenn es Ihnen passiert, halb so schlimm: Da hilft die Bundespolizei am Flughafen.

Sie stellen sofort und direkt am Flughafen einen sogenannten »Reiseausweis als Passersatz« aus, mit dem Sie einen Monat lang innerhalb der Europäischen Union reisen können. Und es ist noch nicht einmal teuer! Da wäre man ja vielleicht sogar durchaus bereit, den einen oder anderen Euro dafür auszugeben, aber nein: Acht Euro kostet einen diese Rettung nur!

Ihr Pass kommt Ihnen im Urlaub abhanden?
Auch da müssen Sie nicht verzweifeln. Die deutsche Botschaft des jeweiligen Urlaubslandes hilft Ihnen. Sie stellt Ihnen kurzfristig Reiseausweise oder vorläufige Reisepässe aus, damit Sie wieder nach Hause kommen.

Türkei – Urlaubsbeginn im Krankenhaus

Ich weiß natürlich auch, dass die Türkei als Reiseziel dieser Tage mehr als umstritten ist, und auch wir haben lange überlegt, ob wir wirklich unseren Urlaub dort verbringen wollen. Und ja, wir haben uns dafür entschieden und zwar aus mehreren Gründen. Wenn man nicht weit fliegen will, sehr freundliche Menschen, superleckeres Essen, schöne Strände und ein gutes Preis-Leistungs-Verhältnis mag, ist die Türkei einfach ideal. Und tatsächlich hat sich an den netten Menschen dort überhaupt nichts geändert. Bis auf die Tatsache, dass ihnen durch den fehlenden Tourismus ihre wichtigste Einnahmequelle abhandengekommen ist, was viele an die Existenzgrenze bringt. Das kann ein Argument für eine Reise dorthin sein – muss es aber nicht. Tatsächlich kann das jeder nur für sich selbst entscheiden. Wir sind schon früher mit den Kindern in die Türkei gereist. Das erste Mal, als William noch ein Säugling war. Damals waren sogar meine Eltern dabei.

Der Urlaub war sehr erholsam, bis offensichtlich wurde, dass unser Sohn einen Leistenbruch hatte und sofort in Deutschland operiert werden musste. Ja, aber so etwas passiert einem ja nicht noch mal, dachten wir beim zweiten Urlaub ein Jahr später. Da konnte die Platzwunde an seinem Hinterkopf wenigstens vor Ort zusammengeflickt werden. Beim dritten Türkeiurlaub dann verspeiste William eine Schnecke (mit Haus – sie schäumte unglaublich), aber wegen so etwas gehen manche Menschen in ein Gourmetrestaurant und wir auf keinen Fall zu einem Arzt.

Ab da blieben meine Eltern zu Hause, wenn wir in den Urlaub fuhren. Es war ihnen einfach zu anstrengend, glaube ich, und die nicht ganz so perfekte Kompatibilität von ausgehfreudigen Teenagern mit dahingehend besonders besorgten Großeltern zusätzlich zu offensichtlich, denn es war schon im letzten gemeinsamen Urlaub äußerst mühsam gewesen, mit den Kindern über ihre Freiheiten zu diskutieren, die ihnen angeblich zustanden (Disko bis zwei Uhr Nachts, Jungs, Alkohol), mich bei manchem überreden zu lassen (Disko im Hotel bis 24 Uhr, keine Jungs und schon gar kein Alkohol) und mich gleichzeitig bei meinen Eltern dafür zu rechtfertigen, wie großzügig ich mit meinen Kindern bin.

Seitdem reisen wir ohne Großeltern. Und seitdem William etwas größer ist, auch schon ein paar Jahre ohne Krankenhausbesuch.

Kurz bevor wir dieses Jahr in den Herbstferien in die Türkei fliegen, klingelt die Polizei bei uns und warnt uns vor den vielen Einbrüchen, die zurzeit in unserem Wohngebiet passieren. Ich bin zwar nicht ängstlich, aber unter diesen Umständen sollte ich meinen Laptop vielleicht doch mitnehmen. Andererseits: Ich kann ja auch mal richtig Urlaub machen. Rumliegen. Lesen. Essen. Ohne zu denken. Ich einige mich mit mir selbst also darauf, den Rechner zu Hause zu lassen und ihn gut zu verstecken. Das ist eine prima Idee, finde ich. Nur ... wo genau ich ihn versteckt habe, kann ich nach diesem Urlaub für mehr als 24 Stunden nicht rekonstruieren. Ehrlich gesagt, brauche ich sogar eine Weile, um mich daran zu erinnern, dass ich ihn überhaupt versteckt habe, und bin schon so weit, dass ich beinahe doch von einem Einbruch ausgehe. Schließlich finde ich ihn glücklicherweise doch (unter der Kiste mit den ganzen Belegen und Rechnungen und Quittungen, auf der in sehr großen, angsteinflößenden Lettern »STEUER« steht).

Jedenfalls: Wenn man den Erholungsgrad daran abmessen kann, was einem alles entfällt, während man weg ist, bin ich sehr erholt. Und das, obwohl wir nur eine einzige kurze Woche weggewesen sind. Aber gut, manche können in einer Woche Türkei einfach prima entspannen. Andere, Menschen wie wir zum Beispiel, können in einer Woche so viel erleben, dass es sich anfühlt wie ein halbes Leben.

Als es losgeht, habe ich für Zweifel bezüglich unseres Reiseziels keine Kapazität in meinem Kopf. Unser Flug geht nämlich morgens um kurz vor sechs. Will heißen, mein Wecker klingelt um drei Uhr zwanzig. Wer, bitte schön, hat das gebucht? Gut, wenn ich dann bereits um elf im Meer baden kann, habe ich das alles längst wieder vergessen, aber jetzt und hier und mitten in der Nacht finde ich diese Planung indiskutabel. Besonders weil am Flughafen alle Fast-Food-Ketten, Cafés und Restaurants noch geschlossen haben. Kein Kaffee! Um diese Uhrzeit kann ich ohne Koffein überhaupt nichts. Ich muss vermutlich an meinen Abhängigkeiten arbeiten.

Meine Kinder brauchen keinen Kaffee. Die sind mit oder ohne um diese Zeit nicht wirklich ansprechbar, auch nicht wenn wir in den Urlaub fliegen. Aber aufgeregt sind sie schon. Und Aufregung plus zu früh aufgestanden ergibt Streit, Sticheleien und miese Laune. Als wir im Flieger dann die am wenigsten explosive Sitzplatzverteilung koordiniert haben und keiner mehr mit dem anderen kommunizieren muss, wenn er nicht will, geht es uns schon wieder ein bisschen besser. Nicht viel. Aber ein bisschen. Es ist jetzt auch schon ein klitzekleines bisschen hell draußen und ich kann wieder denken und Pläne schmieden. Für diesen Urlaub nehme ich mir Harmonie vor. Eine Woche lang werde ich mich bemühen, meine Zunge im Zaum zu halten, jedem jede Freiheit gönnen, mangelnde Essmanieren, spätes Ins-Bett-Gehen und patzige Antworten einfach ignorieren. Ich werde Spaß haben, es wird toll werden und ich und alle anderen werden sich fragen, wie man nur so eine tolle Familie haben kann. Ab 14 nicht mehr mit den eigenen Eltern in den Urlaub wollen? Bei uns doch nicht. Wir sind nämlich die besten. Nehme ich mir vor. Ooommm. Dass dies für mich sehr anstrengend werden kann, ist mir klar. Schließlich sind wir ja erst seit dreißig Minuten in der Luft und ich finde alle jetzt schon doof. Aber wenn jeder seinen Teil dazu beiträgt? Während ich mir noch ein Mantra für die nächsten sieben Tage zurechtlege (soll ich »Ich liebe meine Familie, ich liebe meine Familie« nehmen oder »Ich höre/sehe/sage nichts, ich höre/sehe/sage nichts«?), muss Lilli mal und steht auf. Irgendetwas stimmt nicht. Ihr Gesicht ist so seltsam gräulich weiß. Vorsichtshalber folge ich ihr in Richtung Toilette und bitte sie, die Tür offen zu lassen. Mein mütterlicher Instinkt kann gar nicht so schnell Alarm schlagen, wie sie mir schon vor die Füße sinkt. Shit. Mein armes Kind! Ohnmächtig! Im Flugzeug! Der Flugbegleiter hilft mir, sie in diesem Eingangs-/Kombüsen-/Aufenthaltsbereich auf eine Decke zu legen, und wir bemühen uns erfolglos, ihren Kreislauf in Gang zu bekommen. Immer wieder verdreht sie die Augen. Er gibt ihr mit einer Maske Sauerstoff und wir versuchen, ihr eine Cola einzuflößen. Hallo? Dies ist der falsche Film! »Ist ein Arzt an Bord? Wir haben einen medizinischen Notfall!«, dröhnt es aus dem Bordlautsprecher. Lillis Blutdruck ist miserabel. Mittlerweile hat Maria bemerkt, dass etwas nicht stimmt. Ist jetzt zwar nicht der beste Zeitpunkt für eine tränenreiche Versöhnung, aber trotzdem eine gute Idee. Lilli lächelt wenigstens kurz, bevor sie wieder wegkippt. Jedenfalls haben wir wirklich großes

Glück, denn eine Ärztin und eine Intensivschwester bahnen sich ihren Weg zu uns und geben in diesem winzigen Raum alles, um Lilli wieder auf die Beine zu bringen. Bei den beiden Spritzen, die ihr die Ärztin gibt, hält der Flugbegleiter sogar ihre Hand. Aber nichts funktioniert, mein Kind bleibt käsebleich und ist kaum ansprechbar. Warum passiert so etwas eigentlich immer uns? Oder überhaupt irgendjemandem?

Über Bulgarien fragt der Kapitän an, ob eine Zwischenlandung notwendig ist. Das kann doch alles nicht wahr sein! Über was habe ich mir noch mal bisher Gedanken gemacht? Kaffee? Streit? Türkische Pressefreiheit?

Lillis Beine ragen in den Gang, weil andere freundliche Fluggäste sich umgesetzt haben und somit mittlerweile hinten eine Sitzreihe für sie leer ist. Bulgarien bleibt uns erspart, dafür werden wir vom Notarztwagen direkt aus dem Flieger abgeholt und ins Krankenhaus gebracht, nachdem Polizei und Zoll sich erst einmal versichert haben, dass keine Drogen im Spiel sind, während Holger mit Maria und William schon mal ins Hotel fährt. Was für eine ...!

Lilli kommt ins MRT. Ihr wird Blut abgenommen. Und sie bekommt einen Tropf mit Elektrolyten angehängt. Von Minute zu Minute geht es ihr besser. So gut, dass ihr schon wieder langweilig ist. Es ist jetzt elf Uhr am Vormittag. Also die Zeit, zu der wir beide gern am Strand liegen würden. Stattdessen kommt ein junger (sehr gut aussehender) Arzt in Zivil, den ich im ersten Moment nicht als Arzt identifiziert hätte, er spricht (ein bisschen) Deutsch und erklärt uns, dass wir uns keine Sorgen machen sollten, man könne zu diesem Zeitpunkt noch nichts über die Gründe für Lillis Kollaps sagen. Er würde aber auf eine schlichte kreislaufbedingte Ohnmacht tippen, müsse jetzt aber auch gehen und käme leider erst morgen wieder. Dann könne man besprechen, ob es sich um einen epileptischen Anfall oder um eine Synkope gehandelt hätte, aber das würde ja auch morgen noch reichen. Äh. Keine zehn Minuten später wird der Tropf abgenommen und kein neuer angehängt. Lilli ist nämlich wieder richtig fit. Was ich nicht wusste, ist, dass es bei den Auslandskrankenkassen Ärzte gibt, die einen auch am Telefon beraten. Die Ärztin, die ich erreiche, hilft mir, die Entscheidung zu treffen: Ich werde Lilli auf eigene Verantwortung mitnehmen.

Keine zwei Stunden später fahre auch ich endlich mit Lilli in unser Hotel und bin froh, meine Familie wiederzusehen. Das ist schön. Denn heute Morgen (Erst heute Morgen! Fühlt sich an wie Jahre her!) wollte ich schließlich nie wieder mit irgendjemand aus meiner Familie verreisen. Ja. Urlaub. Jetzt beginnt er.

Türkei – endlich Urlaub

Im Herbst in die Türkei zu fliegen, ist eine tolle Idee, weil das Meer noch warm und die Sonne nicht mehr so heiß ist. Die Strände sind leer, die Läden auch und es ist einfach nicht mehr so viel los. Das ist gut, wenn man nicht gerade Teenager dabeihat. Hat man aber. Zwei. Und einen kleinen Jungen noch dazu. Paulina macht eine Ausbildung als Krankenschwester und kann nicht weg, fehlt aber sehr und ihre Anwesenheit wäre nicht nur aus medizinischer Sicht echt schön gewesen. Wir (inklusive Holger und mir) senken den Altersdurchschnitt der Hotelgäste drastisch. Das Hotel ist beinahe voll belegt, abgesehen von uns und noch zwei Familien, die Mädchen in Williams Alter dabeihaben (und aufgrund ihres Geschlechts als Spielgefährten selbstverständlich indiskutabel sind – Mädchen hat er schließlich selbst genug dabei). Das Hotel ist jedenfalls voll. Mit Menschen, die gern drei Monate bleiben, nach Hause fliegen und weitere lange Wochen hierbleiben. Sie haben silbernes Haar und kennen die Kellner schon seit ihrer Kindheit. Maria und Lilli sind dank der emotionalen Familienzusammenführung in Form von Lillis Schwächeanfall so weit gut aufgestellt und verbringen ihre Zeit damit, zu schlafen oder sich gegenseitig zu fotografieren. Am liebsten dabei, wenn sie von der Brücke springen, die über den Pool führt. Das ist verboten. Aber egal, wenn der Pool leer ist, weil für alle über fünfzig zu kalt, und der Bademeister nicht fassen kann, dass das Glück ihm auch im Herbst noch was zu gucken bietet, womit er nicht gerechnet hat. William schnorchelt begeistert und fängt keinen Fisch, findet aber glücklicherweise in dem Surflehrer und Bootsverleiher einen adäquaten Ansprechpartner für Fisch- und Angelthemen. Ich liege im Liegestuhl und lese. Herrlich.

Selbstverständlich kann man auch prima Muscheln sammeln. Nur mitnehmen darf man sie nicht. Das Schöne an Gästen im fortgeschrittenen Alter ist, dass sie Experten für alles sind. Als William mir stolz eine besonders schöne, kleine Muschel zeigt, erklärt ihm ein älterer Herr in ausgeleierter Hose, dass es einige Familienväter gibt, die dafür direkt vom Flughafen in den Knast gewandert sind. Und Kinder auch. Kinder ganz besonders. Angsterfüllt starrt William ihn an. Ob es wohl sein Gebiss ist, das er nur Sekunden später tief im Sand vergraben findet? Wir wissen es nicht. Ob William in den Knast kommt, wenn er das Teil mitnimmt, kann ich ihm auch nicht sagen – nur dass ich keinen gesteigerten Wert darauf lege, es in meine Tasche zu packen, geschweige denn anzufassen. Womöglich beißt es.

Ich habe mir vorgenommen, in diesem Urlaub sehr viel Sport zu treiben und keine Kohlehydrate zu essen. Das nehme ich mir natürlich in und vor jedem Urlaub vor. Direkt vor und nach Weihnachten, vor dem Sommer, nach der beschämenden Bikinisaison und vor irgendwelchen gesellschaftlichen Events. Und ich scheitere jedes Mal zuverlässig. Dieses Mal aber klappt es. Hundertpro. Denn ich kenne das Hotel (wir waren schon mal im Sommer hier) und ich weiß, das Essen ist grandios: viele sehr unterschiedliche Vorspeisen, gegrillter Fisch, Obst – man kann den ganzen Tag essen und nimmt kein Gramm zu. Theoretisch. Die türkische Küche ist einfach der Hammer. Praktisch gibt es aber leider auch noch das Nachspeisenbüfett. Und leider sind auch türkische Nachspeisen unglaublich. Ich sage nur Milchreis, Baklava und … noch mal Baklava. Die einen können es nicht ausstehen und die anderen können nicht genug davon bekommen. Ich gehöre leider und definitiv zu der zweiten Gruppe Menschen. Ja, ich gebe zu, es ist sogar noch schlimmer: Bevor ich mir Salat und Gemüse auf meinen Teller lade, hole ich mir erst einmal Nachtisch. Weil es sonst vielleicht keinen mehr gibt. Man weiß es schließlich nicht. Das ist wirklich peinlich und beschämend, aber ich kann nicht anders.

Zum Ausgleich für meine Freude am Essen kann ich sportliche Aktivitäten im Urlaub überhaupt nicht leiden. Kaum habe ich meinen Koffer ausgepackt, überfällt mich eine gewisse Grundschlaffheit, die sich weder von meinem schlechten Gewissen noch von erhöhter Animationsdichte niederringen lässt. Kurz: Im Urlaub bin ich stinkefaul. Ich kann nicht anders. Zu Hause jogge ich regelmäßig. Nicht oft. Aber regelmäßig. Ich gehe zum Yoga. Manchmal. Und ich bin super darin, mir einzureden, dass Haushalt auch Kalorien verbraucht. Jedenfalls: Dieses Mal wird natürlich alles anders. Ich will! Ich werde! Sport treiben. Aber ach: Ich mag Kohlehydrate einfach zu gern und joggen im Sand zu wenig, um mir damit einen Urlaub zu versauen. Aber wenn ich zu Hause bin, dann mache ich Diät. Ganz sicher. Sind ja auch noch sechs Wochen bis Weihnachten. Da kann man schon noch das eine oder andere Kilo ... Holger findet mich trotzdem schön. Das ist gut. Und immerhin kriegen wir es hin, vor dem Frühstück im Meer zu schwimmen. Da bin ich das erste Mal sehr glücklich über die eher alten Hotelgäste, denn dank ihnen gibt es in diesem Hotel (und wie ich gehört habe, nur in diesem) heiße Duschen am Strand! *Luxus!*

Und wir spielen Tennis. Oder na ja, sagen wir es besser so: Ich kenne das Gestrüpp hinter dem Tennisplatz nun beinahe besser als unser Hotelzimmer, denn ich habe in der Woche, die wir dort verbracht haben, täglich das Gelände nach Bällen abgesucht und mehrfach dem Erfinder der Neonfarbe gedankt, denn ohne ihn wäre ich wahrscheinlich immer noch am Suchen.

Ja, diese Woche Urlaub war schön. Erholsam. Und eindeutig genug. Ich bin froh, dass alle Familienmitglieder am Ende wieder gesund zu Hause sind, der Rückflug unspektakulär blieb und irgendjemand die Waage versteckt hat, als ich nach Hause komme.

Aber nächstes Mal nehme ich Kreislauftropfen mit. Ganz sicher.

Denn wenn ich etwas dabeihabe, brauche ich es nicht. Altes Hutzenlaub'sches Regenschirmgesetz. Vielleicht packe ich aber auch besser gleich eine ganze Reiseapotheke ein. Sicher ist schließlich sicher.

Die Hutzenlaub'sche Reiseapotheke

* Ferrum phosphoricum comp. (Weleda) zur allgemeinen Abwehr
* Schüssler Salz Nr. 7, D6 (Magnesium phosphoricum), »Heiße Sieben« (bei Krämpfen 10 bis 15 Pastillen in heißem Wasser auflösen)
* Arnica D6 (bei Verletzungen jeder Art)
* Nux vomica D6 (bei Erbrechen)
* Okoubaka D6 (bei Durchfall, auch zur Ausleitung von Antibiotika geeignet)
* Perenterol (bei Durchfall)
* Hypericum C30 (bei Verletzungen nervenreichen Gewebes; Steißbeinsturz, Zähne)
* Bachblüten Notfalltropfen
* Combudoron Salbe (bei Verbrennungen)
* Hametum- oder Heilsalbe (bei kleineren Hautverletzungen)

* Traumeel (bei stumpfen Verletzungen wie Verstauchungen und Co. – am besten im Kühlschrank aufbewahren)
* Aconit Schmerzöl (bei Kopfschmerzen oder Verspannung zur Nackenmassage)
* Pfefferminzöl (bei Kopfschmerzen)
* Aspirin
* Nasentropfen
* Fieberthermometer

Was man vor Ort findet:
* Halsschmerzen: einen Löffel Honig
* Herpes: Honig auf die Lippen
* Husten/Erkältung: Ingwerscheiben mit heißem Wasser aufgießen, mit oder ohne Honig trinken
* Bienenstiche: ebenfalls Honig drauf
* Wespenstich: Zwiebel
* Reiseübelkeit: Ingwertee
* Übelkeit: Pfefferminz- oder Kamillentee
* Ohrenschmerzen: Zwiebel auspressen, ein paar Tropfen auf einen Wattebausch
* Augenentzündung: abgekühlte Schwarzteebeutel auflegen
* Sonnenbrand: Quark
* Verletzungen: ICE, also
  I: Eis (kühlen)
  C: Kompression (verbinden)
  E: Elevation (hochlegen)

Ich bin zwar Heilpraktikerin und habe all das Obengenannte an meiner Familie ausprobiert, aber ich kann natürlich nichts garantieren. Dies sind nur Vorschläge. Sollten die Beschwerden nicht schnell abklingen, bitte unbedingt einen Arzt aufsuchen!

Sehnsuchtsziele auf der anderen Seite der Welt

Neuseeland – Sandfliegen, Paua-Muscheln und Aragorn

Mein Vater wird neunzig und hat beschlossen, dass es jetzt langsam mal Zeit für die Erfüllung seines Lebenstraumes wird. Und ich finde, da hat er recht. Sein Lebenstraum heißt nämlich Neuseeland. Zwei Inseln, auf denen die Natur ganz schön angibt: Gletscher, Dschungel, Strände, Berge, Wiesen, Wüsten, Weite. Plus angeblich 31,3 Millionen Schafe und die nettesten Menschen der Welt. Er wird also mit meiner Mutter drei Monate in einem Wohnmobil seinen Lebenstraum bereisen und wir werden ihn dort treffen. Er meint, dass es wenig Sinn macht, ein Fest an seinem Geburtstag zu feiern, schließlich gibt es ja immer weniger Gäste. Dank seines fortgeschrittenen Alters waren sie beim letzten Klassentreffen nur noch zu zweit und das findet er eher deprimierend. Für den Hundertsten lässt er aber mit sich reden, hat er versprochen. Da ist meine Mutter sehr froh. Es graut ihr nämlich schon davor, wie er in Neuseeland auf der linken Straßenseite fährt. Mit einem Wohnmobil. Hier in Deutschland hat er einen Smart und das ist schon kaum auszuhalten.

Drei Monate haben wir leider für unsere Reise nicht zur Verfügung, aber immerhin drei Wochen, wovon wir die letzte gemeinsam mit meinen Eltern verbringen werden. Die zwei davor sind wir allein. Das ließ sich aufgrund unserer Schulferien nicht anders planen und das ist auch gut so. Ich liebe meine Eltern. Drei Wochen am Stück in zwei Wohnmobilen mit unterschiedlichem Tempo und Vorstellungen würde diese Beziehung vermutlich ein wenig zu sehr auf die Probe stellen. Paulina wollte lieber zu Hause bei den anderen Großeltern bleiben und für ihr Abi lernen. Langstreckenflüge findet sie schrecklich und das kann ich nachfühlen. Aber deshalb auf Neuseeland zu verzichten? Ich? Niemals!

Den Start eines Flugzeuges verbringe ich grundsätzlich immer an der Hand eines sich mir erbarmenden Familienmitgliedes. Wenn meine Lieben nicht dabei sind, nehme ich die meines Sitznachbarn, egal, ob ich ihn kenne oder nicht. Ich habe da schon sehr nette Bekanntschaften geschlossen.

Ich muss mich außerdem sehr auf meine Ein- und Ausatmung konzentrieren und wundere mich jedes Mal, dass ausgerechnet ich Angst vor dem Fliegen habe. Wie lächerlich! Und wie unpraktisch! Ja, ich finde Fliegen schrecklich. Jedes Mal, wenn ich wieder im Flugzeug sitze, beschließe ich, das nie wieder zu tun! Wie man sieht und mittlerweile dank anderer Urlaubserlebnisse weiß, habe ich, abgesehen von Flugangst, auch noch ein sehr schlechtes Gedächtnis.

Ich möchte vor dem Start grundsätzlich lieber aussteigen, denn was, wenn wir abstürzen? Abgesehen davon, dass ich mir das leider sehr lebhaft vorstellen kann, dann wäre ja Paulina für immer allein? Noch schlimmer – wir wären für immer tot! Anhalten! Ich will sofort aussteigen! *Aussteigen! Ich wollte noch nie nach Neuseeland! Das alles ist ein Irrtum!*

Aber nein, das macht natürlich kein Mensch, schon gar nicht ich. Wie sähe das denn aus? Also bleibe ich sitzen und ergebe mich meinem Schicksal.

Nach einer Viertelstunde allerdings kommt eine Durchsage und ich bereue es erneut. »Bitte kehren Sie sofort auf Ihre Sitzplätze zurück und legen Sie die Anschnallgurte an. Uns steht ein äußerst unruhiger Flug bevor, wir stellen jeden Service bis auf Weiteres ein«, sagt die nette Dame aus dem Lautsprecher und ich glaube ihr sofort. Schwierigkeiten glaube ich immer.

Die Turbulenzen sind so stark, dass sich die Hälfte der Passagiere übergeben muss. Holger, Lilli und ich bleiben verschont, aber William leider nicht. Er sitzt zu allem Überfluss neben Maria in einer Zweierreihe, also ohne einen Erwachsenen, der helfen könnte, dafür neben einer Schwester, die beim Anblick ihres kotzenden Bruders ebenfalls anfängt zu würgen. Notiz an mich selbst: Immer ein Erwachsener neben einem Kind. Auch wenn sie Erwachsenenaufsicht noch so sehr ablehnen, weil man dann nicht so viele coole Filme gucken und viel weniger Cola trinken kann. Holger versucht, aufzustehen und zu helfen, wird aber von der Stewardess auf seinen Platz zurückgebrüllt. Brötchen, Kissen und Becher fliegen durch den Passagierraum.

Um es kurz zu machen: Wir überleben. Mehr lässt sich über diesen Flug kaum sagen, denn wir sind mit Dankbarsein beschäftigt. Und ich noch zusätzlich damit, mir eine Reiseroute zurück nach Deutschland zu überlegen, die auf gar keinen Fall ein Flugzeug beinhaltet. *Ich steige nämlich nie wieder in einen Flieger. Nie wieder!*

Etwas wackelig auf den Beinen verlassen wir den Terminal. Zum Glück ist unsere Reise super organisiert und vorbereitet.

Hab ja auch ich gemacht. Wir brauchen laut meinem Plan nur den Camper in Empfang zu nehmen und loszufahren. Alles Wichtige steht im Reiseführer. Die Reiseroute habe ich aufgeschrieben und hinten in den Reiseführer gesteckt, damit auch immer alles zusammen ist. Das ist im Prinzip eine super Idee, es sei denn, man hat einen Mann, der eben diesen Reiseführer im Flieger liegen lässt.

Irgendwo dort befindet sich sicher auch meine einzige und heiß geliebte Wind/Wetter/Regen-aber-trotzdem-schön-genug-für-einen-Restaurantbesuch-Jacke, aber in Neuseeland regnet es ja nie. Nie!

Kurzum: Wir stehen am Flughafen und haben *nichts*. Und es tröpfelt. *Nichts* schließt übrigens auch ein, dass niemand da ist, der uns abholen will, wovon ich eigentlich ausgegangen war, schließlich hatte ich den Campingbus-Leuten unsere Ankunftszeit mitgeteilt. Zum Glück sind die Neuseeländer ja sehr freundlich, offen und hilfsbereit. Und sie sprechen Englisch. Zumindest dachten wir das, bevor wir einen Kommunikationsversuch starten. Die freundliche Dame an der Information möchte uns offensichtlich sehr gern helfen. Auf unsere Frage, ob sie uns bei der Kontaktaufnahme mit unserem Busvermieter unterstützen könne, sagt sie etwas, in dem zwar von einem »Keeemperweein« die Rede ist, aber viel mehr ist für uns Nicht-Neuseeländer nicht zu entschlüsseln. Vorsichtshalber reiche ich ihr einen Zettel mit dem Namen des Vermieters rüber und was auch immer sie tut, es funktioniert. Der Abholdienst taucht auf und innerhalb kürzester Zeit stehen wir vor unserem Wohnmobil. Die letzten Jahre habe ich immer einen großen Bogen ums Campen gemacht, auch wenn das sicher eine sehr gute Reisemöglichkeit mit kleinen Kindern ist, aber ich kann mich irgendwie nicht so richtig damit anfreunden. Ich bin dank meiner Jugend hochgradig pfadfindergeschädigt, finde gemeinschaftliches Duschen mit Geldeinwurf, undefinierbare Dinge in Waschbecken und Großraumgemeinschaftsküchen schrecklich, ekle mich vor tausend Sachen und finde meine Familie großartig, vor allem wenn wir nicht dauerhaft im selben Raum sind. Autofahren mit meinem Mann führt grundsätzlich zu Scheidungsandrohungen. Und – gerade um der Wettervorhersage zu trotzen – es regnet ja immer bei solchen Aktionen. So auch jetzt. Meine Jacke ist im Flieger. Mein Sohn riecht streng und ich nehme nicht an, dass dieser spezielle Keeemperweein (Merkmale: Alles oll und geschätztes Baujahr 1980) über eine Waschmaschine verfügt. Er verfügt noch nicht einmal über einen Griff, mit dem man die Türe öffnen kann. Das heißt, einen Griff hat er schon, den habe ich allerdings ganz ohne Türe dran in meiner Hand. Ich will duschen und weinen. Aber auf gar keinen Fall möchte ich irgendetwas berühren. Mein Pfadfindertrauma holt mich ein. Ich hasse Campen. *Wer hat diesen Urlaub gebaucht?* Und warum bin ich nicht einfach zu Hause geblieben?

So sehr ich mir eine Reise nach Neuseeland gewünscht habe, ich fremdele. Meine Erwartungen waren so unendlich hoch, dass ich jedes Hindernis persönlich nehme. Ich weiß das. Ändern kann ich es nicht.

Holger ist froh, dass er etwas Anständiges gelernt hat und endlich mal wieder rumschrauben kann. Wir haben keine Ahnung, wohin wir wollen. Denn nicht nur ist der Reiseführer samt Route weg, leider hat sich auch der neue Routenplanungsbeauftragte – nämlich mein Mann und zwar zur Strafe, schließlich hat er ja alles im Flieger gelassen – nicht im Geringsten mit Neuseeland beschäftigt. Das Einzige, was wir wissen, ist, dass wir auf der Südinsel sind, wo es verwirrenderweise kälter als auf der Nordinsel ist. Ist ja schon mal was. Nicht dass uns das gefällt, aber gut.

Wir stehen immer noch auf dem Parkplatz des Vermieters. Er war auch schon zweimal bei uns, um zu fragen, ob unser Keeemperweein nicht anspringt, was ich durchaus für eine berechtigte Frage halte. Aber nein. Wir müssen nur nachdenken. Und schließlich, es können nicht mehr als weitere anderthalb Stunden sein, wird uns klar: Es gibt nur zwei Optionen. Es gibt »Links« und es gibt »Rechts«. Vom Betrachter aus gesehen. Oder anders herum. Nachdem es so aussieht, als ob es rechts in der Ferne etwas weniger regnet, entscheiden wir uns dafür. Was sind wir doch spontan! Wenigstens haben wir auf Anhieb die richtige Fahrbahnseite erwischt. Ja, man muss sich besonders bei schlechtem Wetter an den kleinen Dingen freuen. Und jetzt gehen wir einkaufen. Raumspray, Schokolade, Alkohol, ganz egal – Hauptsache, es wirkt.

Die größte neuseeländische Supermarktkette heißt New World. Und New World ist tatsächlich ein Schlaraffenland. Beim Campen, im Regen und in anstrengenden Lebensphasen muss man auf jeden Fall genug Dinge zu essen haben, deren Verzehr man später bereut. Noch Fragen? Ich liebe Campen.

Meine Kinder lieben Campen auch. Die allerdings tatsächlich. Und ich bin zynisch. Ja, Maria, Lilli und William finden es spitze, über dem Fahrerhaus zu schlafen und im Bett zu fahren, sie lieben es, dass alles immer dabei ist und man sich bei jeder Gelegenheit ein Brot streichen kann. Der Regen und der Bus machen ihnen überhaupt nichts aus, sie sind einfach nur supergut gelaunt. Ich schäme mich. Wann bin ich eigentlich zu dieser seltsamen komplizierten und unflexiblen Person geworden?

Wir schreiben den 17. Dezember und verlassen Christchurch nach rechts (wohin auch immer das führt), weil wir glauben, da sei das Wetter schöner. Wir fahren bestenfalls dreißig Minuten, dann fallen Holger die Augen zu und wir suchen nach einem Schlafplatz. Campingplätze gibt es direkt in Christchurch viele, aber sobald man die Stadt verlassen hat, muss man wild campen. Ich habe gelesen, dass das nicht erlaubt ist. Am Steuer einzuschlafen, ist sicher auch verboten. Aber keiner von uns kann weiterfahren. Ich sowieso nicht. Dieser Keeemperweein ist monströs groß und ich hätte vorher Krafttraining machen müssen, um die Gangschaltung betätigen zu können. Hab ich aber nicht.

Wir entscheiden uns also für einen Platz an einem Fluss in Kaiapoi und ignorieren die Schranke, die wir dabei passieren. Das darf man bestimmt nicht, sage ich. Campen dort. Und Schranke ignorieren. Stell dich nicht so an, sagt mein Mann. Es regnet nach wie vor. Ich bin zum Glück so müde, dass ich nichts mehr in diesem Camper genau anschauen muss. Allerdings nicht müde genug, um zu verhindern, dass ich mir vorstelle, wie eine Truppe aufgebrachter Polizisten nachts an unsere Türe hämmert und uns alle verhaftet. Aber alles gut. Keine Polizei. Nicht diese Nacht. Der nächste Morgen überrascht uns erstaunlicherweise außerdem mit Sonnenschein und einer wunderschönen Umgebung, das unkomplizierte Frühstück mit Marmeladenbrot und Kaffee am Ufer versöhnt sogar mich. Da hatte er ja doch recht, der Mann. Sollte ich mich etwa ... für meine schlechte Laune ... womöglich ... ähem. Entschuldigen? Ach, man soll nichts überstürzen, man weiß ja nie, wohin das führt.

Nach dem Frühstück fahren wir weiter Richtung »rechts« – offensichtlich eine gute Wahl. Nach sanften Hügeln und unendlichen grünen Weiten gelangen wir an die Küste und der Blick auf das Meer und die Sonne und die Seehunde auf den Felsen am Strand überwältigen uns beinahe. Jedenfalls die Erwachsenen. Die Kinder essen lieber was. Keiner von uns kann glauben, dass es so viel gleichzeitig zu bewundern gibt, und sogar die Mädels streiten für eine Weile nicht. Fünf Sekunden Frieden breiten sich aus. Hab ich gesagt, Campen sei doof? Sollte diese Reise doch wider Erwarten ein Erfolg sein, dann hat meine Familie das allein mir zu verdanken. Mir, die ich diesen tollen Urlaub organisiert habe! Jawohl!

Unser heutiges Ziel heißt Kaikoura – berühmt für Whale-watching und Dolphinswimming – und mit einem Campingplatz mit Waschmaschine, was Williams Flugklamotten und unseren Nasen sehr zugutekommt.

Holger und Maria melden sich für den nächsten Morgen zum Delfinschwimmen an und bei unserem Spaziergang am Strand entdecken wir ein paar Fischer, die gerade ihren Fang begutachten. Sie haben, abgesehen von ein paar Fischen, auch vier Paua-Muscheln zum Grillen mitgebracht, deren Muschelfleisch so groß ist wie ein kleines Schnitzel. Auf das Flehen seiner Töchter hin kauft Holger den Fischern zwei der leeren Muscheln ab und wir lassen sie nebenan polieren. Diese Paua-Muscheln sind ungefähr zwanzig Zentimeter lang und schillern perlmuttgrün-blau. Wunderschön.

Vor lauter Begeisterung über ihre Schätze können die Kinder kaum einschlafen und dementsprechend schwer fällt das frühe Aufstehen für das Delfinschwimmen.

Das Boot, das uns zu den Delfin-Spielplätzen bringt, ist klein, der Seegang na ja. Das Wasser ist selbst mit Taucheranzügen saukalt. Holger und Maria sind in Gesellschaft von 13 anderen Delfin-Schwimmern, die alle mit Flossen, Brille und Schnorchel auf das Signal zum Wassern warten. Sofort stürzen sie sich in die Fluten, machen Fiepsgeräusche und drehen sich im Kreis. Angeblich lockt das die Delfine an. Sieht fragwürdig aus, klappt aber. Ziemlich schnell begleitet ein ganzer Delfinschwarm die staunende Truppe. Einige der Delfine kommen so nah, dass man sie berühren könnte – wäre man schnell genug. Wir sehen auch vom Boot aus, wie sie springen und tauchen; die Delfine »spielen« richtig mit den Menschen. Das ist wirklich eine sehr berührende Erfahrung, selbst für uns auf dem Boot.

Ich persönlich hätte allerdings auch schon ein bisschen Geld ausgegeben, nur um den fiependen, sich im Kreis drehenden Menschen zuzuschauen ...

Doch dann überrascht uns der Regen wieder. Diesmal so stark, dass wir manchmal die Straße nicht sehen können, und ich kehre zu meinem alten Mantra zurück: Campen ist doof. Campen ist doof. Campen ist ... Es tropft durchs Dach. Alles ist feucht. An manchen Stellen entdecke ich Schimmel. Holger und ich schließen das stille Übereinkommen, so lange »rechts« zu fahren, bis es wieder besser wird. Irgendwo muss die Sonne ja sein, oder?

Der Regen hat noch weitere Nachteile: Das, was man trotz der Wassermassen sehen kann, ist beängstigend: Auf der einen Seite geht es steil den Abhang hinunter, auf der anderen geht es genauso steil hinauf. Von dort kommen auch gern mal umfangreiche Schlammlawinen herabgebrettert. Da ist man als breitschultriger Keeemperwein echt froh, wenn es keinen Gegenverkehr gibt und man ausweichen kann. Alle anderen Menschen sind vermutlich irgendwo, wo es sehr gemütlich und vor allem trocken ist, und schauen von drinnen nach draußen. Wir schauen auch von drinnen nach draußen. Gemütlich und trocken ist es allerdings absolut nicht. Egal. Wir fahren so lange, bis die Sonne wieder scheinen wird. Und, wie wir im Nachhinein hören, natürlich auch an wesentlichen und unbedingt zu besichtigenden Plätzen vorbei. Nach gefühlten 36 Stunden einsamer Fahrt durch Dauerregen gelangen wir wieder in die Zivilisation. Der erste (und einzige) Mensch, der uns begegnet, ist ein Briefträger auf einem Fahrrad und er ist nicht besonders *amused*, dass wir ihn anhalten. Ich nehme an, Briefe bei Regen auszutragen, ist sogar noch ein wenig unangenehmer als Campen. Aber er ist ein Mensch! Wir sehen einen Menschen! Wir sind jedenfalls begeistert. Er ... wie gesagt, nicht so. Trotzdem klärt er uns darüber auf, wo wir sind (in Nelson nämlich), und er erklärt uns auch, dass es hier die meisten Sonnenstunden auf der ganzen Südinsel gibt. Das ist gut zu wissen und schwer zu glauben. Am Nachmittag, so behauptet er, würde die Sonne scheinen. No worries. Keine Sorge. Es ist 14 Uhr. Der Himmel ist nicht zu erkennen. Die Gullis laufen über. *Ab wann* ist in Neuseeland bitte schön Nachmittag?

Wir beschließen in Ermangelung einer besseren Idee, in Nelson zu bleiben. Bis wir einen Campingplatz gefunden haben und installiert sind, ist es halb vier.

Und da, ganz plötzlich! Tadaa: Der Himmel reißt auf. Die Sonne scheint. So als ob nichts gewesen wäre. Nelson ist toll. Neuseeland ist toll. Campen ist ... öhm.

Endlich können wir wieder mal raus aus unserem Gefährt. Wir laufen, nein, wir rennen, hüpfen, springen übermütig zur angeblichen Mitte Neuseelands. Da steht ein Denkmal auf einem Berg und man hat einen enormen Blick. Selbst die Kinder finden es spektakulär. Wir machen tausend Fotos und wissen selbst nicht warum, denn eigentlich ist hier gar nichts Besonderes. Aber immerhin scheint die Sonne und das muss dokumentiert werden.

Man sagt uns, noch ein bisschen weiter oben gäbe es sogar einen richtigen Strand und tolle Bademöglichkeiten. Mittlerweile glauben wir einfach alles und verlassen Nelson am nächsten Tag. In Richtung »oben« selbstverständlich. Immerhin eine Alternative zu »rechts«. Wie wir sehen können, funktionieren meine Richtungsangaben auch in Neuseeland nicht besser als zu Hause. Mein Mann, der Fahrer, will auch gar keine Himmelsrichtungen wissen. Er will nur eine klare Ansage. Und zwar links, rechts oder geradeaus. Wenn ich dem jetzt plötzlich mit Nordosten kommen würde, dann bliebe er vermutlich für immer im Kreisverkehr.

»Oben« ist übrigens ein Ort namens Kaiteriteri. Und der liegt im Abel Tasman National Park. Die Sonne scheint. Sehr sogar. Am Strand steht ein einsamer Pinguin. Bei 32 Grad, auch außerhalb des Wohnmobils (drinnen sind es ungefähr siebzig). Er ist echt. Und ganz allein. Ich finde das einerseits äußerst merkwürdig. Auf der anderen Seite wundert mich in Neuseeland eigentlich gar nichts mehr.

Um unserem Camper und der damit verbundenen Reiseidee gerecht zu werden, müssen wir trotzdem irgendwann weiter. Und so fahren wir nach drei wunderschönen Strandtagen in Kaiteriteri mit Pinguin weiter Richtung Westküste. Nach links. Kein gutes Zeichen. Dort, so hat man uns bereits vorgewarnt, würde es ziemlich viel regnen. Und Wind gäbe es auch. Hmm. Das hört sich in meinen Ohren überhaupt nicht gut an. Die Westküste und ich – wir werden wohl dann eher keine Freunde ... Aber immerhin kennen wir ja den Weg zurück.

Es stürmt schon, als wir einmal quer über die Insel fahren. Ach, wären wir doch nur in Kaiteriteri geblieben!

Mittlerweile schreiben wir den 24. Dezember. Wir versuchen, uns weihnachtlich zu fühlen. Ich persönlich fühle mich allenfalls ein wenig ungewaschen, aber das ist nicht übermäßig unangenehm und schließlich den Umständen angemessen. Man gewöhnt sich an fast alles. Als die ersten Regentropfen fallen, behauptet William, es wäre Schnee. Wir versuchen sofort ein halbherziges *Schneeflöckchen, Weißröckchen*. Soll keiner sagen, wir hätten uns nicht bemüht!

Unsere Schlafplatzsuche gestaltet sich schwierig. Die Campingplätze sind alle geschlossen und überall sonst ist Campen verboten. Ich komme mir vor wie Maria auf Herbergssuche. Wenigstens bin ich nicht auch noch schwanger – das hätte mir gerade noch gefehlt.

Schließlich halten wir auf einem Parkplatz an einem einsamen Strand. Der Wind rüttelt an unserem Wohnmobil und wir sitzen auf dem Bett und schauen *Herr der Ringe*. Holger schenkt mir eine kleine Flasche Baileys und zwei Strohhalme zu Weihnachten. Die Kinder haben jeweils einen Mini-iPod mit unterschiedlichen Hörbüchern darauf bekommen und ich schenke allen am nächsten Morgen einen wunderschönen Regenbogen über der Bucht. Gut, ich habe ihn nicht selbst gemacht, sondern nur beim Pinkeln entdeckt, aber der liebe Gott war heute besonders großzügig mit seinen Farben, das kann man locker als Weihnachtsgeschenk durchgehen lassen. In der Zwischenzeit hatte ich außerdem viel Zeit, alle Neuseelandbroschüren zu lesen, die wir mittlerweile unterwegs eingesammelt haben, und weiß nun endlich auch, an wie vielen Sights wir in den letzten Tagen grußlos vorbeigefahren sind. Ja, Reisen ist toll. Es bildet ungemein. Und dafür, dass das ab jetzt wieder so ist, habe ich einen Plan und der wird befolgt. Ich bin der Chef. Und wir fahren ab da vorn wieder rechts.

Die uns von Freunden empfohlenen Pfannkuchenfelsen in Punakaiki finden wir, dank meiner viel zu selten erwähnten, unglaublich ausgereiften Fähigkeiten als Broschürenleserin, Reiseleiterin, Koordinatorin und Streckentüftlerin, auf Anhieb. Was Neuseeland-Laien erstaunen mag und übrigens auch uns am Anfang ordentlich verwirrt hat, ist die Tatsache, dass eigentlich immer alles Sehenswürdige direkt an der Hauptstraße liegt. So kann man auch ohne ausführliche Reiseführerstudien vieles finden. Siehste, sagt mein Mann, so als ob es fast schon überflüssig gewesen ist, überhaupt einen Reiseführer zu kaufen. Oder den aus dem Flugzeug mitzunehmen. Oder auf mich zu hören. Oder ... Ich sag nix. Aber ich denke wieder einmal, was er für ein Glück hat, dass er fährt. Menschen, die an Wohnmobil-Lenkrädern sitzen, tritt man einfach nicht ans Schienbein. Auch wenn man sehr gern möchte.

Die Straßennähe kommt uns sehr entgegen, denn nach all den Regentagen im Camper sind die Gehmuskeln unserer Kinder leider verkümmert und deshalb können sie auf keinen Fall weiter als fünfhundert Meter laufen. Für die Pfannkuchenfelsen allerdings nehmen sie doch einiges in Kauf und sind von ihnen auch sehr angetan, weil sie so aussehen, als ob tatsächlich irgendjemand überdimensionale Pfannkuchen zu riesigen Stapeln übereinandergelegt und an der Küste aufgereiht hätte.

Auf dem Parkplatz begegnet uns auch unser erster Kiwi – das Nationaltier der Neuseeländer. Ein Vogel, der nicht fliegen kann und tatsächlich ein bisschen aussieht wie die gleichnamige Frucht. Braun und haarig. Nur mit Schnabel eben. Und mit Beinen. Dieser Kiwi hier ist ausgesprochen zutraulich. Er lässt sich füttern und wagt sogar einen Blick in unser Auto. Soll noch einer sagen, die Kiwis seien scheu und auch nur nachts zu sehen. Totaler Irrtum. Wenn wir kommen, sind die Kiwis überhaupt nicht zimperlich. Wir sind begeistert. Unsere Freude hält so lange vor, bis ein junger – deutscher – Mann uns darüber aufklärt, dass es sich bei diesem Vogel nicht um einen Kiwi handelt. Skandal! Dieser vermeintliche Kiwi ist ein gemeiner Wicker! In jeder Hinsicht! Er hat sich unsere Zuneigung und unseren Proviant durch Vortäuschung einer anderen Identität erschlichen! Kein Wunder hört sich sein Name beinahe wie ein schlimmes, schlimmes Schimpfwort an! Die Fütterung und Aufmerksamkeit werden sofort eingestellt. Wir fahren! Was für Spielverderber. Der Wicker. Der Mann aber auch ein kleines bisschen.

Unser nächstes Ziel ist der Franz-Josef-Gletscher. Er wandert angeblich jeden Tag drei ganze Meter. Das muss man sich mal vorstellen! Da kann man ja fast zugucken! Ich persönlich nehme an, er geht nach rechts in Richtung Sonne. Das kann ihm bei diesem ewigen Regen auch keiner verdenken, aber es ist trotzdem sehr schade, denn anscheinend schrumpft Franz Josef rapide. Leider ist es bei unsrer Ankunft so nebelig, dass wir ihn auch erst sehen, als wir quasi direkt davorstehen. Ähnlich geht es Holger beim Ausparken mit einem anderen Wohnmobil. Heute ist vermutlich der meteorologische Tiefpunkt unserer Reise. Emotional auch. Aber wir sind glücklicherweise wenigstens gut versichert ...

Nachdem die Natur uns so zusetzt, probieren wir es ausnahmsweise mal mit einer Stadt. Queenstown habe ich auf einer dieser Touristenkarten entdeckt, auf der viele Drehplätze von *Herr der Ringe* eingezeichnet sind. Da *müssen* wir hin! Maria überlegt sich schon mal, was sie sagt, wenn sie Aragorn trifft. Ich bin auch ein bisschen aufgeregt. Mittelerde! Wahre Helden! Zuerst einmal landen wir aber in Arrowtown, einem alten Goldgräberstädtchen mit viel Flair. Oder jedenfalls einem Café in einem Saloon-ähnlichen Holzhaus. Wir leihen Goldpfannen im Museum und geben uns professionell und ganz goldgräbermäßig. Fachsimpeln über Nuggets in Straußeneigröße und überlegen schon mal, was wir mit unserem zukünftigen Reichtum anstellen. Wenn einer in solchen Fällen Glück hat, dann normalerweise Holger. Gut, er könnte das Gold gerade auch besonders gut brauchen, ich sag ja nur, die Macke an unserem Wohnw... Ah! Brrr! Das Wasser ist wirklich kalt!

Aber irgendwie tut sich erfolgsmäßig nichts. Das Einzige, was wir entdecken, ist eine Touristengruppe, die in einem Jeep mit dem Nummernschild »Mittelerde 1« mitten durch den Fluss fährt und offensichtlich Drehorte besichtigt. Marias Augen leuchten. Meine Augen leuchten. Das wollen wir auch! Aragorn. Seufz. Bitte sofort.

Tony, unser Guide, fährt durch allerlei Flussbetten und an die Ränder von Schluchten heran und erzählt alles Mögliche über unseren Helden und den Film. Etwas traurig zu wissen, dass der Held unserer schlaflosen Nächte, anstatt von einer Klippe zu stürzen, nur über eine ein Meter hohe Kante auf eine Turnmatte gehopst ist und aufpassen musste, dass er nicht wieder ins Bild zurückfedert. Jaaa, das haben wir gewusst, prinzipiell. Bei allen anderen mag das ja auch stimmen, aber bei *ihm?* Viggo Mortensen alias Aragorn? Maria und ich trauern still. *Herr der Ringe* wird nie wieder derselbe Film sein. So viel ist gewiss. Was ist bloß aus all den Helden geworden?

Tony übrigens gehört zu der Menschengruppe, von der wir eine ganze Menge kennengelernt haben: Einwanderer in mittleren Jahren. Er erzählt mit Begeisterung, wie er in England alles hinter sich gelassen und seinen erfolgreichen Job als IT-Experte aufgegeben hat und jetzt hier Touren fährt.

Hmm. Wenn man nicht im Camper leben muss, ist Neuseeland natürlich großartig. Vor meinem inneren Auge erscheint das Café, das ich immer schon einmal haben wollte. Die Schafe, die Holger immer schon hüten wollte. Die Kinder, die glücklich über grüne Hügel rennen. Gut, bis wir so weit wären, sind drei von vier Kindern aus dem Haus und wir können ihnen leider keine Ausbildung jenseits der Schafzucht bieten, aber man wird ja wohl noch träumen dürfen, oder? Und vielleicht finden wir ja doch noch rechtzeitig das eine oder andere Nugget? Am besten sofort?

So langsam müssen wir allerdings auch ein wenig den Kalender im Auge behalten, denn meine Eltern wollen an Silvester zu uns stoßen. Wenn wir davon ausgehen, dass sie ihre vorgebuchten Flieger erreicht haben und tatsächlich angekommen sind. Das wiederum weiß man bei meinen Eltern nie. Das heißt, wir müssen am 31. wieder in Christchurch sein und das ist in drei Tagen. Ich übe mich in Vertrauen und Gelassenheit. Eine sehr gute Übung für die vor uns liegenden achthundert Kilometer. Vor allem das mit der Gelassenheit. Wenn ich es vor unserem Ziel kann und dann noch Kilometer übrighabe, kann ich es ja auch noch mit Geduld probieren.

So schön die Natur besonders auf der Südinsel ist, so einsam ist es hier auch an vielen Stellen. Besonders im Landesinneren. Man fährt und fährt und schaut und schaut (wenn man etwas sieht – also dann, wenn schönes Wetter ist) und sagt »ah« und »oh« und »schau mal«, aber ein bisschen nutzt sich das Staunen nach ein paar Stunden dann doch ab. Vor allem bei Regen. Hab ich erwähnt, dass es zur Abwechslung mal wieder schüttet? Aber das macht nicht so wahnsinnig viel, denn hier in dieser Gegend sieht es überall gleich aus: Steppe. Steine. Steine. Steppe. Kann ja auch nicht immer üppig und grün und spektakulär sein.

Einen kurzen Stopp machen wir am Lake Tekapo, da scheint nämlich gerade mal die Sonne. Beim Aussteigen hoppeln uns mehrere Hundert Kaninchen über die Füße. Wir schlafen zu Füßen der Kapelle »of the Good Shepherd«. Der beschützt uns hoffentlich auch vor aufmerksamen Rangern, denn wir campen direkt vor dem »Campen verboten«-Schild. Aber mittlerweile glaube sogar ich, dass uns keiner was tut, und ich habe in den letzten drei Stunden keinen Campingplatz gesehen. Anstelle eines Altarbildes mit tollen Szenen aus der Bibel hat der Erbauer der Kapelle übrigens ein großes Fenster einbauen lassen. Man hat einen unglaublichen Blick auf den türkisfarbenen Tekapo-See und die neuseeländischen Alpen dahinter. Und er hatte so recht. Was gibt es Spektakuläreres, besser zur Untermalung der Großartigkeit der Schöpfung geeignet, als die Natur?

Zusätzlich werden wir hier mit einem Sternenhimmel verwöhnt, der so unglaublich nah scheint, dass man ihn beinahe berühren kann, wenn man die Hand ausstreckt. Nicht umsonst gibt es auf dem Hügel, den wir leider erst am nächsten Morgen entdecken, ein Observatorium. Und im Café dort ein grandioses Frühstück.

Und tatsächlich sind meine Eltern (im Gegensatz zu uns) zur verabredeten Zeit am verabredeten Platz. Sie haben auch nur einen einzigen Flieger verpasst und sind, nachdem sie schon ein paar Stunden auf uns gewartet haben, verständlicherweise total scharf drauf, sofort loszufahren. Ich staune über ihre Energie und könnte eine Pause gut vertragen, aber ich bin noch im Gelassenheitsübungsmodus und wir einigen uns auf den nächsten Morgen.

Wir verbringen die Nacht bei einem Freund meiner Eltern, inklusive eines üppigen Barbecues, einer gründlichen Dusche und eines richtigen Klos! Uh, das ist mir fast schon wieder alles zu viel Zivilisation.

Glücklicherweise fahren wir am nächsten Morgen gleich nach dem Frühstück im Konvoi los. Das Wohnmobil meiner Eltern ist neu. Schön. Sauber. Geräumig. Hell. Unglaublich gut ausgestattet. Kurzum: Ich bin *neidisch!* Und wie! Trotzdem sind es ja meine Eltern und ich versuche, ihnen ihr Glück zu gönnen. Als meine Mutter mit einem lässigen Fingerdruck auf den Schlüssel alle Türen automatisch verriegelt und mich fragt, wann ich endlich komme (ich brauche beide Hände, um den Schlüssel in der Beifahrertür umzudrehen), fällt es mir allerdings schwer. Ja, dazu stehe ich.

Wir haben jetzt noch fünf Tage Zeit, bis wir zurückfliegen, und Maria, Lilli und William wollen unbedingt noch einmal in die Sonne. Meinen Eltern ist alles recht, Hauptsache, wir reisen zusammen. Ich bin ja jetzt megagelassen und Holger weiß nicht, was ihm alles entgehen könnte, denn wir haben ja keinen Reiseführer, und so entscheiden wir uns dafür, noch einmal nach oben, also nach Norden, also rechts – auf jeden Fall Richtung Sonne – zu fahren. Sogar an der Küste ist dieses Mal schönes Wetter und meine Eltern sind gebührend beeindruckt von den Überflutungs- und Erdrutschspuren, die man immer noch überall sehen kann und denen wir auf unserem letzten Trip hier entlang wagemutig und unter extremen Bedingungen getrotzt haben, und wir sind es im Nachhinein auch. Und ein bisschen still. Es war bestimmt auch nicht ganz ungefährlich, aber das war uns währenddessen überhaupt nicht klar.

Wir bleiben in Momorangi, einem Ort am Queen Charlotte Sound, auf einem minikleinen Campingplatz mit einer leckeren Fish-and-Chips-Bude und mit Millionen von Sandfliegen. Gegen die ich allergisch bin, was ich bis dahin nicht wusste. Den nächsten Tag verbringen meine Kinder und mein Mann sonnenbadend und spielend am Strand, während ich im Schatten unseres Wohnmobils sitze und aktiv anschwelle. Ich kann mich nicht bewegen, denn meine Gelenke tun weh. Nachts wache ich auf und alles juckt. Um keinen zu stören, stehe ich auf. Natürlich wecke ich trotzdem alle, weil ich mich so schlecht bewegen kann und auf diverse Gliedmaßen treten muss, um überhaupt die Tür zu erreichen, aber da ich ja bloß die Mutter bin und sich deshalb keiner weiter für mich interessieren muss, schlafen sie auch gleich wieder ein. Draußen treffe ich ein Opossum. Es schaut mich an und bewegt sich nicht. Es steht noch nicht mal einen Meter vor mir entfernt und ich stelle mir die wichtigen Fragen des Lebens: Beißen Opossums? Sind sie gefährlich? Fressen sie zu Ballongröße angeschwollene Menschen? Ich kann mich nicht entscheiden, ob ich in die Knie gehen und »dutzidutzi« sagen oder es lieber ignorieren oder gar verjagen soll. Wir schauen uns ein paar Sekunden tief in die Augen, das Opossum und ich, und ich werde das Gefühl nicht los, dass das Opossum das Gleiche denkt wie ich. Auf Englisch natürlich.

Nach einer knappen Woche trennen sich die Wege von uns und unseren Eltern wieder. Meine Eltern wollen an die Westküste. Bitte sehr, Reisende soll man nicht aufhalten, denke ich. Und ja, man muss mal da gewesen sein, das ist klar, außerdem muss es ja selbst dort auch mal aufhören zu regnen, nicht wahr?

Wir fahren, mit einem kurzen Zwischenstopp bei einer Krankenschwester, die mich mit einem Antiallergikum und vielen tröstenden »No worries« und »Sweethearts« versorgt, nach Christchurch zurück. Die Sonne scheint, als ob es hier überhaupt nie regnen würde, und ich winke meinen Eltern wehmütig hinterher. Nicht dass ich noch einmal an die Westküste oder überhaupt drei weitere Wochen in einem Wohnmobil verbringen möchte, aber es war trotzdem sehr schön, sie wenigstens kurz an meiner Seite zu haben.

Das Wohnmobil auszuräumen, alles einzupacken und an den Flughafen zu fahren, geht schnell und kaum ist der Koffer zu, werde ich schon fast wieder wehmütig. Mann, war dieser Urlaub schön! Spannend und vielseitig. Nicht unkompliziert und auch nicht erholsam, aber wer will das schon? Vielleicht gerade weil wir keine Karte und auch keine vorbereitete Tour hatten, weil wir keine Sehenswürdigkeiten abgeklappert oder Besichtigungen vorgebucht hatten, haben wir unglaublich schöne Plätze entdeckt und mehr als einmal das Gefühl gehabt, bleiben zu können. Sogar für immer. Soweit ich *für immer* überhaupt aushalten kann. Die Kinder haben sich im Verhältnis zur Regendichte gut vertragen. Wir sind nicht verhaftet worden und Holger und ich sind tatsächlich noch verheiratet. Sogar freiwillig. Wenn das mal kein perfektes Urlaubsfazit ist. Jetzt müssen wir nur noch den Flug überleben und alles ist prima.

Unsere Reiseroute:

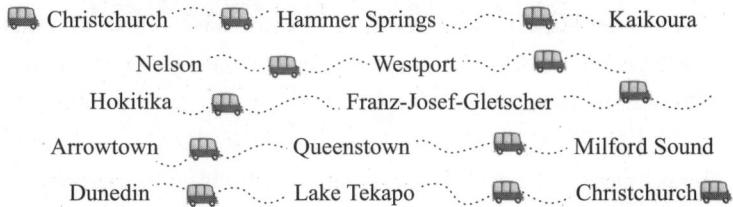

🚐 Christchurch ⋯🚐⋯ Hammer Springs ⋯⋯🚐⋯ Kaikoura

Nelson ⋯🚐⋯ Westport ⋯🚐

Hokitika 🚐 ⋯ Franz-Josef-Gletscher ⋯🚐

Arrowtown 🚐 ⋯ Queenstown ⋯🚐⋯ Milford Sound

Dunedin 🚐 ⋯ Lake Tekapo ⋯🚐⋯ Christchurch🚐

Praktische Links:

* Zum Delfine-Bewundern: www.dolphinencounter.co.nz
* Für Kaikoura: www.encounterkaikoura.co.nz
* Fürs Wetter: www.wetteronline.de/wetter/neuseeland
* Und für alle *Der Herr der Ringe*-Fans:
  www.newzealand.com/de/feature/middle-earth-
  activities-and-tours/

Australien – Eine Abschiedsreise oder Loslassen für Anfänger

Es ist ein komisches Gefühl, wenn die Kinder immer größer und unabhängiger werden. Meine schwierigste Mutterübung seit der Rückbildungsgymnastik ist dementsprechend das »Loslassen«. Da ist erfolgsmäßig noch deutlich Luft nach oben.

Erst gestern hielt ich Paulina zum Beispiel noch in den Armen, gab ihr das Fläschchen, sang sie in den Schlaf und brachte ihr Lesen und Laufen bei. Jaja, schon gut: Das Lesen hat sie in der Schule gelernt und Laufen irgendwie von selbst. Aber irgendwie ging das alles so überraschend schnell und kaum winkt das Abitur verheißungsvoll am Horizont, plant sie schon ihren Auszug! Ich habe mich ja oft gefragt, wie man es verhindert, dass die Kinder bis kurz vor der eigenen Familiengründung noch zu Hause wohnen, aber bevor ich mir über eine Aus-dem-Nest-kick-Strategie so richtig Gedanken machen konnte, teilte mir meine Tochter mit, dass sie mit ihrem Freund zusammenzieht. Nur ein paar Hundert Meter weiter weg, aber ... weg. Darüber, wie man sie noch ein bisschen zu Hause behält, habe ich leider erst recht nie nachgedacht und nun ist es zu spät. Das ist mir jetzt natürlich auch nicht recht. Die anderen sind zwar noch deutlich jünger, aber bestimmt auch bald auf und davon, wenn ich nicht aufpasse. Schon jetzt sind sie schließlich nicht wirklich anwesend, selbst wenn sie da sind.

Die Söhne meiner Freundin Tita Nick, Luis und Emil sind genauso alt wie meine Töchter. Und alle sechs verhalten sich beinahe identisch. Die meiste Zeit beschäftigen sie sich mit aktivem Rumliegen, intensivem Schlafen und dauerhaftem In-ihren-Computer-oder-ihr-Handy-Schauen. Sie wollen nicht sprechen (jedenfalls nicht mit uns), nicht helfen und sich auf gar keinen Fall schneller als in Kriechgeschwindigkeit bewegen. Dann müssen sie wieder dringend schlafen, weil sie so erschöpft vom Rumliegen sind oder von dem, was sie tun, wenn sie nicht zu Hause sind.

Nicht zu Hause tun sie nämlich einiges. Zum Beispiel:

Feiern. Tanzen. Und sogar sprechen.

Von Außenstehenden hört man glücklicherweise immer wieder, dass diese Kinder ihnen gegenüber zugewandt, höflich, freundlich, aufmerksam und fröhlich sind. Das verbreitet Hoffnung. Und die Furcht, dass es sich um eine Verwechslung handeln könnte. Aber ein Gutes hat dieses Verhalten jedenfalls: Sobald der Punkt dann wirklich kommt, an dem eines der Kinder das Nest verlässt, ist man nur halb traurig. Wenn man mal zwischendrin richtig traurig ist, gibt es immer eine Freundin, die einem sagt, dass sie sowieso irgendwann einmal wiederkommen. Und dann stellt man schnell fest, dass sich das auch ein bisschen bedrohlich anhört. Jaja. Müttern kann man es nie recht machen.

Jedenfalls haben wir beschlossen, eine vorerst letzte gemeinsame Familienreise zu machen. Gemeinsame Urlaube stehen zwar nicht mehr so wahnsinnig hoch im Kurs, es sei denn, es handelt sich dabei um Skifahren, Cluburlaube oder Städtereisen nach Amsterdam, London oder New York, aber ich glaube, mit unserer nächsten Reise können wir sie begeistern.

Es wird also eine Abschiedsreise geben. Eine Traumreise, an den Ort, an den ich schon immer wollte. Aber »Ort« ist nicht der richtige Begriff. Es muss eigentlich Kontinent heißen. Denn wir reisen nach Australien.

Wir wollen schon sehr lange dorthin. *Wir* sind in diesem Fall nicht Holger und ich. *Wir* ist das Dreamteam meiner Schulzeit, bestehend aus Tita und mir. Und seit damals planen wir auch eine Australienreise. Genauer gesagt, seitdem Tita und ich während meines Studiums in San Francisco an einer Bushaltestelle einen lustigen Australier kennenlernten. Der Bus kam nicht. Wir holten für jeden von uns ein Bier in einer braunen Papiertüte und unterhielten uns prächtig. Der junge Mann, nennen wir ihn Jack, war allein unterwegs. Und wie das so mit zwanzig ist, waren Jack und wir innerhalb kürzester Zeit allerbeste Freunde. Es war 1992. Ein Handy hatte nur Sonny Crocket aus Miami Vice und keiner hatte was zu schreiben dabei. Ja, wir hätten bestimmt irgendwo einen Stift auftreiben können, um unsere Telefonnummern auszutauschen, und sicherlich eignete sich die braune Tüte nicht nur zur Verhüllung von alkoholischen Getränken (auch wenn sich mir der Sinn bis heute nicht erschließt – ich meine, wenn jemand aus einer braunen Tüte trinkt, weiß doch jeder, dass da was Alkoholisches drin ist, oder?). Aber wir waren in San Francisco, wo die »Go with the flow«-Bewegung durchaus den Tag bestimmte. Zumindest meinen studentischen. Wir beschlossen also feierlich, uns wiederzusehen. Wo, war klar. Es musste Jacks Heimatstadt Sidney sein. Und zwar an Silvester. Denn mit dem Feuerwerk über dem Opera House und der Harbour Bridge konnten wir mit unserem Stuttgart kaum mithalten.

Jedenfalls gaben wir uns feierlich die Hand darauf, uns am 31.12.1999 spätestens um 21 Uhr bei Mrs Macquarie's Point, *dem* Hotspot für Feuerwerkgucker, zu treffen. Easy, dachten wir. Nun, ich habe Bilder gesehen. Wie gut, dass wir nicht hingegangen sind. Da trifft sich ganz Australien. Aber wer weiß. Jedenfalls waren wir zu spät. Das Jahr 2000 hatten wir an uns vorüberziehen lassen, ohne auch nur ansatzweise nach Sidney zu reisen, denn mittlerweile hatte Tita Frank geheiratet und drei Söhne im Kleinkindalter und ich hatte dasselbe Modell mit Holger und Töchtern. Wir reisten zu dieser Zeit eher wenig. Im Gegensatz zu Titas Mutter und Schwester, die beide zu dieser Zeit nach Brisbane, Australien auswanderten. Die gingen einfach so mir nichts, dir nichts. Und wir? Zogen unsere Kinder auf und schauten sehnsüchtig Reisedokus an. Die Australiensehnsucht in uns blieb ungebrochen. Und dann lud uns Titas Schwester bei ihrem Besuch im letzten Sommer zu ihrem fünfzigsten Geburtstag kurz vor Weihnachten ein. Ich nehme an, sie ging davon aus, dass wir sowieso nicht kommen würden wie einst anno 2000. Wir zuerst auch. Aber unsere Kinder sind ja nun schon ein wenig älter und auch unsere Männer fanden die Idee überraschend gut. Und auf einmal gab es tatsächlich diesen Plan: Australien. Über Weihnachten. Über Silvester. Nach Sidney, Melbourne, Brisbane. Die Küste entlang. Zu elft anstatt zu zweit. 2017 anstatt 2000. Holger und Frank statt Jack. Aber Australien. Immerhin Australien.

Australien zu elft

Wir kaufen also eine große Landkarte, hängen sie in Titas Küche an die Wand und treffen uns zum Beratschlagen darüber, wie wir unsere Reisegruppe nennen wollen. Immerhin müssen T-Shirts gedruckt, eine Band gegründet und Lieder einstudiert werden. Was man eben so vor einer großen Reise macht.

Unser erstes Treffen verläuft unter unwesentlichem Alkoholeinfluss sehr lustig und sehr bald steht die Playlist für unser geplantes Geburtstagskonzert. Tita und ich haben ein Blockflötensolo. Wir haben unserer Band den ebenso denkwürdigen wie bescheuerten Namen »die Hutzelrichs« gegeben, eine schreckliche Mischung aus unseren jeweiligen Nachnamen. Nun. Sollten wir in den Charts landen, gibt es sicherlich einen Medienberater, der da eine gefälligere Alternative findet. Aber ich habe uns spielen gehört. Chartmäßig besteht wirklich keine Gefahr.

Unsere Darbietung kam trotzdem sehr gut an. Glaube ich. Zumindest wenn man sie unter dem komödiantischen Aspekt beurteilt. Musikalisch waren wir unterirdisch und Titas Flöte schwimmt vermutlich nach wie vor einsam ihre Runden auf dem See, der sich unterhalb des Anwesens von Titas Schwester erstreckt. Nein, es wird nichts werden mit den Charts. Der Medienberater kann sich entspannen.

Die Farm liegt inmitten eines wunderschönen riesigen Gartens auf einem Hügel, der zu selbigem See hin abfällt. Und! In diesem See baden gern ein paar Pferde, um sich abzukühlen. Das glaubt kein Mensch! Es sieht aus wie im Film! Und wie im Film werden wir morgens von dem Gekrächze unzähliger bunter Papageien im Busch vor unserem Fenster geweckt und Wallabys hüpfen um die Terrasse vor der Küche herum. Ich will mich eigentlich immer kneifen. Ich meine: Pferde im See, Papageien vor der Tür und Wallabys direkt daneben?

Weil wir so viel wie möglich sehen wollen und trotz intensiven Übens leider keine superreichen Popstars geworden sind, mussten wir bei der Auswahl der Camper und der Unterkünfte ein wenig sparen. Nach dem Besuch bei Titas Schwester wollen wir zuerst nach Fraser Island und dann nach Melbourne, wo wir uns Wohnmobile gemietet haben. Mit denen wollen wir dann auf der Great Ocean Road entlang zurück nach Brisbane. Bei Sonnenschein und freien Straßen. So haben wir uns das jedenfalls vorgestellt. Unsere Reiseplanung dauerte bis in den Oktober hinein und es war beinahe schon erstaunlich, dass wir überhaupt noch Inlandsflüge für uns alle und zur gleichen Zeit ergattern konnten. Für Campingplatzbuchungen war es leider schon zu spät. Aber hey, kein Problem. Das heißt ja nicht, dass alle voll sind. Oder vielleicht doch? Ach, was soll's, man kann es eh nicht ändern. Hauptsache, die Sonne sch... Öhm. Und wenn die Sonne mal nicht scheint, wie gut, dass wir saubere, gemütliche Camper gebucht haben, in die wir alle reinpass... Schon gut. Wenigstens gibt es gutes Bier in Austra... Ich gebe auf.

Nach einem unglaublichen Geburtstagsfest, einem wunderschönen Weihnachtspicknick und einer knappen Woche bei Titas Schwester ist es Zeit, nach Fraser Island aufzubrechen. Eine Sandinsel, auf der es eigentlich nichts gibt außer ... Sand. Sandwege. Dschungeliges Gestrüpp. Sandfliegen. Noch mehr Sand. Meer drumherum. Nur Baden kann man hier leider nirgends, weil es zu all der perfekten Pracht eben auch noch Haie gibt. Tja. Jedes Paradies hat auch einen Haken.

Für Fraser Island braucht man unbedingt Fahrzeuge mit Vierradantrieb, weil man direkt am Strand auf Sandpisten fährt. Straßen? Wege? Fehlanzeige. Verkehrsregeln gibt es allerdings trotzdem. Und Ranger, die dafür sorgen, dass sie eingehalten werden. O ja. Dass es Verkehrsregeln (und Ranger) gibt, ist Haken Nummer zwei, wenn man die Männer fragt. Man fährt wie überall in Australien links. Dafür stellen selbige Ranger Pylonen auf, damit man auch ganz genau weiß, wo hier links ist. Und sie sorgen dafür, dass man auch sonst keinen Blödsinn macht, wie zum Beispiel seinen definitiv noch führerscheinlosen, weil viel zu jungen Sohn lenken zu lassen. Wenn man das schon tut, dann sollte man sich wenigstens nicht unbedingt erwischen lassen. Kostet nämlich viel Geld. Nicht ganz so viel wie ein sauberer Camper, aber genug. Außerdem macht so eine Aktion ein richtig schlechtes Gewissen, weil es auf Fraser Island so schön ist und es eigentlich total wenig Regeln gibt und alle Australier so nett sind, dass man sich auf gar keinen Fall mit ihnen streiten will. Streiten will man dann nur mit der Ehefrau, die sagt, das mit dem Sohn am Steuer wäre ja auch echt eine total bescheuerte Schnapsidee gewesen. Aber gut.

Auf Fraser Island bekommt man außerdem noch die Chance, mehrere Stunden über sehr weiche Sandwege zu fahren, wenn man sich mehr ins Innere der Insel wagt. Weiche Sandwege muss man unbedingt mit Schwung nehmen, sonst bleibt man hängen. Zu elft ist aber auch das Hängenbleiben keine große Sache. Die Jungs ruckeln am Auto rum, alle schieben und schon geht es weiter. Also, wenn *die* hängen bleiben. Dann war es ja auch unvermeidbar und eine Stelle, an der das quasi jedem passieren *muss*. Wenn mir das passiert, nun, dann liegt es am zu vielen Denken und daran, dass ich ja eine Frau bin. Ganz genau. So lieben wir das. *Überhaupt* keine Klischees.

So kurz vor dem Moment, an dem ich denke, jetzt ist es aber genug mit Sand und Paradies, Autofahren und menschenleerem Strand und wieder Dschungel und Action, kommen wir an den Lake McKenzie. Glasklar und türkisfarben. Wunderschön. So muss es sich anfühlen, wenn man auf eine Oase mitten in der Wüste stößt. Oh, wie gern würde ich hierbleiben! Aber leider: Campen verboten. Immerhin: Baden erlaubt!

Zum Glück wissen wir auch, wo der nächste Campingplatz ist, und es ist bei unserer Ankunft sogar noch hell. Mir tut der Hintern weh, als wäre ich mehrere Wochen auf dem Pferd hierher geritten, und außerdem ist es immer ein bisschen schwierig, rechtzeitig irgendwo zu sein, wo es noch Platz für uns alle gibt, um Zelte aufzubauen und sich zu orientieren, bevor es dunkel wird, und irgendetwas Essbares aus den Kühltaschen zu kramen, das alle satt und glücklich macht. Aber es klappt. Und wir werden immer besser, obwohl wir ganz sicher nicht die perfekten Camper sind. Wir haben grundsätzlich Sandfliegenstiche überall, Steine unter Isomatten, abschüssige Zeltplätze, schnarchende und pupsende Kinder, Hitze, Kälte. Irgendwas ist immer. Und jede Nacht frage ich mich, warum ich mich auf diesen Mist eigentlich eingelassen habe. Und jeden Morgen kann ich mein Glück nicht fassen, dass ich hier sein darf. Vermutlich liegt es an dem unglaublichen Sternenhimmel, den wir sehen. Oder den frühen Sonnenaufgängen, die wir dank der Schlaflosigkeit bestaunen. Campen ist eine Challenge und gleichzeitig ein Geschenk. Es kommt offensichtlich nur auf den Blickwinkel an.

Es ist schon seltsam. Kaum ist man mal ein paar Tage in der Natur, hält man die Zivilisation kaum mehr aus und das, obwohl eine richtige Dusche und ein Cappuccino während der Tage draußen erstrebenswert wie nie erscheinen.

Einerseits will ich überall viel länger bleiben und andererseits bin ich so neugierig auf alles, was dieses Land noch für uns bereithält, dass es mich immer weitertreibt. Ich will alles sehen. Und wir haben gerade mal zweieinhalb Wochen, die schon für unsere Route viel zu wenig sind. Das ganze Land? Ich glaube, dafür braucht man Jahre.

Ich muss wohl wiederkommen. Und nicht nur ich. Auch Maria schmiedet Pläne, knüpft Kontakte und verliebt sich immer mehr. In die Hitze, die Menschen, die Natur und das Lachen. Na ja, und ein bisschen in die coolen Jungs, die ständig überall mit Surfboard durch die Gegend laufen und lange Haare haben.

In Fitzroy, in dem Stadtteil von Melbourne, in dem unsere Jugendherberge liegt, gibt es kleine Brauereien und coole Secondhandläden. Bars. Tolle viktorianische Häuser und ein grandioses Frühstück. Wir sind ausgeschlafen, satt und sauber. Und sehr gespannt, was uns unsere Tour entlang der Great Ocean Road bringen wird. Habe ich gesagt, ich wollte keine Zivilisation? Hmm ... Das muss ein Irrtum gewesen sein.

Oh, apropos Irrtum. Zwei Worte: »Wicked Camper«. Und nochmal zwei: Au weia.

Außen sind sie komplett mit Graffiti besprüht (was ziemlich cool aussieht) und innen ziemlich eklig, was nicht ganz so cool aussieht. Und sich auch nicht so anfühlt. Und auch nicht so riecht. Uah! Es scheint, als gäbe es einen Wettbewerb, wer das Auto dem Vermieter im schlimmsten Zustand übergeben kann, ohne dass der es verbrennen muss. Als Sondermüll. Ich habe so etwas noch nie gesehen. Und gerochen. Ehrlich. Ich bin nicht empfindlich. Oder vielleicht doch, aber das hier halte ich nur sehr schwer aus: Die Matratze, die oben liegt, hat einen großen feuchten Fleck undefinierbarer Herkunft, Besteck und Geschirr kleben und auf den Sitzen wohnen mehrere Populationen Flöhe. Der Innenraum ist komplett bemalt mit Zeichnungen, bei denen mich William fragt, ob das wirklich lauter weibliche Geschlechtsteile seien. Und zwar die Innenansicht. Ansonsten gibt es noch diverse Penisse. Oder beides zusammen. Busen. Sprüche, deren Inhalt mir die Schamesröte ins Gesicht treibt und die so fies sind, dass ich es nicht fassen kann. Wir können mit Datum und Uhrzeit lesen, wer wann mit wem und auf welche Weise in diesem Auto ... Boah! Kann einer irgendwie die Matratze entsorgen? Ich will auf diesem Ding nicht schlafen. Ich will noch nicht einmal etwas anfassen. Sogar Holger, aus härterem Holz gemacht als ich, ist ein wenig grün um die Nase und geht erst mal einkaufen. Desinfektionsspray. Handschuhe. Werkzeug. Isomatten. Frank kommt mit. Und Frank gebührt die kreative Goldmedaille bei diesem Trip. Denn Frank kauft eine riesige Packung dicker, wasserfester Filzstifte. Und dann fahren alle bei uns mit und ziehen den nackten Körperteilen etwas an. Bikinis. Badehosen. Malen Schmetterlinge aus ... Unaussprechlichkeiten. Oder Blumen und Landschaften über ... egal. Es ist immer noch nicht gut. Aber viel besser.

Dafür haben wir einen ausklappbaren Dachgarten, auf dem irgendjemand einen Grasteppich ausgelegt hat und wo nun alle Kinder schlafen wollen. Das ist gut, denn unser Camper (angeblich sieben Schlafplätze) ist in Wirklichkeit nur für maximal vier Personen gemacht und auch nur, wenn man die Schiebetüren offen lässt. Und nein, das ist nicht nur bei uns Riesen so, sondern auch bei allen anderen. Ich schätze die Liegefläche auf ein Meter mal ein Meter sechzig. Aber glücklicherweise haben wir ja unsere Zelte von Fraser Island mitgebracht und so können immer vier ausgelagert werden. Tita und Frank haben ein Dachzelt. Da passen zwar auch nur zwei rein und zur äußersten Not noch zwei ins Auto, aber schlafen können die dann nicht. Egal. Wir wollen ja auch nicht schlafen, sondern reisen. Richtig? Und von Regen wollen wir nichts hören.

Von Melbourne aus fahren wir nach Katoomba in den Blue Mountains National Park. Dort liegt der einzige Campingplatz, den wir aus Deutschland vorreservieren konnten. Das ist besonders wichtig, denn heute ist Silvester. Wir hätten ja auch in Melbourne bleiben können, aber das kann ja jeder. Kurz hatten wir überlegt, zum Jahreswechsel schon in Sidney zu sein, aber da hätten wir uns sehr beeilen müssen, es gab kein Quartier, denn es sind ja alle dort, und überhaupt: weltberühmtes Feuerwerk über der Oper und der Harbour Bridge und dazu Buden, Party und viele fröhliche Menschen – wer braucht schon so was? Gut, ich vielleicht, aber ich bin ja nur ein Elftel dieser Truppe, Jack hätten wir sowieso nicht gefunden, schließlich sind wir einige Jährchen zu spät, und ich kann mich anpassen. Dafür wollen wir in eine Kneipe, in der eine supercoole holländische Band spielt, die Frank kennt und für deren Auftritt wir schon von Deutschland aus Karten gekauft haben (was ungefähr so teuer war, wie einmal ein Kind am Strand fahren zu lassen). Sie spielen zwar erst ab elf, aber das macht uns nichts, denn wir wollen ja sowieso ins neue Jahr hineinfeiern. Als wir gegen neun Uhr ankommen, ist es total leer. Und das wird es auch bleiben. Denn es werden elf Leute fehlen. Weil nämlich, was wir irgendwie verdrängt haben, in Australien Teenager und Kinder unter 18 um 22 Uhr jegliche Lokalität, die Alkohol ausschenkt, verlassen müssen. Und ob sie Eintrittskarten haben oder nicht, die Band ohne uns kein Publikum hat und überhaupt der Abend für alle Beteiligten gelaufen ist – völlig schnurz. Denn wenn die Polizei kommt, zahlt der Wirt. Und verliert im Zweifel seine Lizenz. Und nur weil wir nett sind und Ausländer und die Einzigen, die das alles interessiert, und wir sogar *getanzt* hätten, machen die da keine Ausnahme. Was soll ich sagen: Wir sitzen am 31. Dezember ab zehn Uhr vor unserem Camper auf einem stockfinsteren Campingplatz. Und er ist nicht stockfinster, weil keiner da ist, nein, nein. Er ist stockfinster, weil alle außer uns wenig Interesse an Silvesterpartys haben. Auf diesem Campingplatz sind nämlich ausschließlich brave und strebsame Wandersleute, die sich hierher zurückgezogen haben, um dem Silvestertrubel zu entkommen. Endlich mal. Und die schlafen selbstverständlich alle schon seit Stunden. Beinahe alle. Ein paar zischen aus ihren Zelten zu uns rüber oder rufen, wir sollen die Klappe halten. Wir halten trotzdem bis beinahe halb zwölf durch. Flüstern nur noch und zeigen uns gegenseitig tolle Sternbilder, teilen ganz leise Pläne und Wünsche für das kommende Jahr. Es gab vielleicht kein Konzert und auch keine Musik, wir haben nicht getanzt oder gesungen, kein Feuerwerk bewundert und auch nicht angestoßen, aber es war trotzdem ein guter Start ins neue Jahr. Aber das Beste daran war, wie früh wir wach waren. So früh, dass wir vor der Begegnung mit all den Zeltplatznachbarn, die uns jetzt nicht mehr leiden können, unser Zeug zusammenpacken konnten, und so früh, dass wir die Ersten bei den »Three Sisters« waren, einer Felsformation, die man natürlich bereisen muss, wenn man Lilli, Maria und Paulina dabeihat. Ist ja wie für uns gemacht. Und dann schnell weiter nach Sidney.

Ich habe schon so viele Bilder von der Great Ocean Road, den Klippen, dem Sand und dem Meer, von Kängurus und Koalas gesehen und immer schön meine Sehnsucht damit gefüttert. Genauso wie von Sidney mit seinem aufgefächerten Opernhaus und der Harbour Bridge, die die Nord- und die Südküste Sidneys verbindet. Aber direkt davorzustehen, ist noch einmal ganz anders. Für richtig viel Geld könnte ich jetzt über den oberen Bogen der Brücke laufen. Angeleint. Dreieinhalb Stunden lang. Was für ein Glück, dass wir unser ganzes Geld schon in das Konzert und den Strafzettel gesteckt haben und ich das nicht ernsthaft überlegen muss, denn der höchste Punkt liegt in 134 Metern Höhe. Und das ist ja wohl so hoch, dass mir sogar im Sitzen schwindelig wird!

Als wir die Stadt verlassen, fängt es zu allem Überfluss an zu regnen. Unsere ganze Schlafverteilung klappt nicht, denn auf dem Dach kann man jetzt nicht mehr schlafen, der Kunstrasen hat sich vollgesogen, die Autotüren können nicht offen bleiben und wenn wir alle drin sind, kann man sie erst recht nicht schließen. Wir finden keinen Zeltplatz. Und keine Stelle, an der man semilegal parken und schlafen könnte, selbst wenn man wüsste, wie. Alle Parkplätze sind asphaltiert, auch der vor einem Motel, in dem Holger schließlich das letzte Zimmer mietet. Das heißt, wir könnten sowieso kein Zelt aufstellen. In dieser Nacht schlafen Holger und Emil in einem richtigen Bett, dazwischen liegt William irgendwo. Eine Dusche gibt es hier nicht, macht aber nichts, denn wir sind mittlerweile auch so völlig durchnässt. Außerdem richtig schlecht gelaunt, weil nass und kalt und doof und alles eng und schmutzig. Und das musste ja mal kommen. Ja, unsere Laune ist am Tag 16 am absoluten Tiefpunkt. Wir haben alle einen Campingbus-Koller und nichts Trockenes mehr zum Anziehen. Schweigend setzen wir am nächsten Morgen – es ist der vorletzte – unsere Reise entlang der Gold Coast fort. Wir haben damit gerechnet, aber verhindern konnten wir es trotzdem nicht. Klar gibt es auf allen langen und abenteuerlichen Reisen Tiefpunkte, egal, ob allein oder in Gesellschaft. Und dafür haben wir es wirklich gut gemacht. Richtig gut.

Außerdem: Wie kann man dauerhaft schlechte Laune haben, wenn ganz plötzlich die Sonne doch wieder scheint, einem ein süßes, kleines Restaurant das üppigste und leckerste Frühstück serviert, das man je gegessen hat, und man immer auf diese unglaublichen Strände schaut? Man kann nicht. Zum Glück. In Byron Bay, einem der Surfer-Hotspots, weht uns am letzten Tag dank der riesigen Surferpopulation ständig ein zarter Testosteronduft um die Nase und meine Mädels wollen sofort bleiben. Für immer. Ein Café eröffnen. Einen Surfer heiraten. Der kurzfristige Wunsch, dass diese Reise doch hoffentlich bald vorbei ist, ist vergessen. Nun sind alle eher traurig, dass wir morgen nach Hause fliegen. Wir brauchen vielleicht die eine oder andere Woche danach, um uns von uns zu erholen, aber hey, wir sind immer noch befreundet und das wird auch so bleiben. Was wir alles gesehen haben! Erlebt! Überstanden!

Das nächste Mal fahren wir vielleicht aber doch mal zu viert und ohne Kinder. Oder nur Tita und ich? Vielleicht nur für ein paar Tage, bei Sonne und ohne Schmuddelcamper? Mallorca? Ibiza? Sizilien? Oder … vielleicht … ganz vielleicht doch nach Sidney. Möglicherweise sogar an Silvester. Dann sitzen Tita und ich an Mrs Macquarie's Point und warten auf Jack. Er wird nicht kommen. Dafür schauen wir beide ganz sentimental das grandiose Feuerwerk über der Harbour Bridge und dem Opera House an und wünschen, unsere Kinder und Männer wären bei uns.

Unsere Reiseroute:

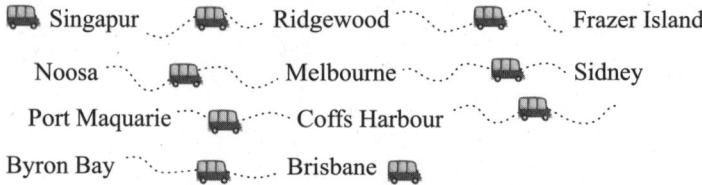

Und noch ein paar weitere praktische Links für Campervermietungen, Campingplätze und günstige Unterkünfte:

* www.wickedcampers.com.au
* www.de.hostelbookers.com
* www.german.hostelworld.com
* www.topparks.com.au
* www.big4.com.au

Alleinreisende Kinder und Erwachsene

Camps und Sprachreisen – Loslassen für Fortgeschrittene

Wir hatten es ja schon davon: Meine Kinder werden immer selbstständiger. Das ist gewünscht, normal und soll so sein, auch wenn es wehtut. Trotzdem ist es auch jedes Mal seltsam, wenn sie dann wirklich gehen. Bei Lilli, Maria und Paulina habe ich mich so langsam daran gewöhnt, aber jetzt fängt auch noch William damit an! Eine heimliche Umarmung, ein noch viel heimlicherer Kuss (aber nur, wenn wirklich keiner guckt), ein letztes Winken bekomme ich noch und dann stehe ich da. Ganz allein, versuche, nicht zu heulen, und weiß schon gleich gar nicht, warum mir überhaupt danach zumute ist. Ich meine, da sitzen sie und lachen mit ihren Freunden, haben Abenteuer vor sich und tolle Erlebnisse, werden nach Hause kommen und ein paar Zentimeter gewachsen sein, innerlich und äußerlich, die Reisetaschen voller Dreckwäsche und die Hälfte irgendwo verloren. Ist das nicht toll? Hallo? Doch, doch, ganz toll. Hat jemand ein Taschentuch für mich? Bitte schnell!

Noch schlimmer ist es, wenn sie eben nicht voller Vorfreude sind. Dieses Jahr im Frühjahr sollte, durfte und wollte William für ein Wochenende mit seiner Pfadfindergruppe in ein Lager reisen. Als er dann aber am Bahnhof stand und sah, wie viele Fremde da auch noch mitfahren wollten, änderte er seine Meinung plötzlich und sehr deutlich hör- und spürbar. Zuerst trug er seine Tasche wortlos wieder in mein Auto zurück. Meine Versuche, ihn auf dem Weg dorthin umzustimmen, waren völlig wirkungslos. Im Gegenteil. Kaum war sein Gepäck im Kofferraum verstaut, setzte er sich auf den Beifahrersitz, verschränkte die Arme und rief mir zu, dass wir nun fahren könnten. Und zwar nach Hause. Ich kenne meinen Sohn. Wenn er so dasitzt und seine Lippen aufeinanderpresst, dann kämpft er mit sich. Und mit den Tränen. Und wenn das passiert, dann bin ich hilflos.

Gibt es für solche Situationen irgendwelche pädagogischen Konzepte? Gibt es etwas, was man falsch machen kann? Oder vielleicht sogar richtig? Mein Mutterherz möchte sehr laut »Okay, kein Problem, du willst nicht, du musst nicht, ich nehme dich sofort wieder mit heim!« rufen, will, dass ich mich mit dem Bub auf die Couch lege, meine Nase in seine Haare vergrabe, ihn ganz nah an mich ziehe und einfach so lange Bücher vorlese, bis dieses dumme Wochenende vorbei ist. Das könnte man tun. Aber würde ich das wirklich tun, würde William zu Hause sofort nach der Fernbedienung suchen und irgendeinen Mist auf DMAX schauen wollen und es unmöglich finden, dass es schon wieder Gemüse zum Mittagessen gibt. Weil dann nämlich alles Ängstliche und Anhängliche plötzlich weg ist. Und Kuscheln ist auch nicht.

Soll ich ihn also besser überreden, mitzufahren, ihn wie bei der Kindergarteneingewöhnung bei einem der Gruppenleiter abstellen und schnell davonfahren, nur um an der nächsten Kreuzung anzuhalten, weil ich mich so schrecklich rabenmuttermäßig fühle? Soll ich zu Hause wahlweise Schokolade oder Alkohol zu mir nehmen, weil ich eine schlechte Mutter bin, die das Kind aus der Sicherheit der Familie und sich selbst das Herz aus der Brust gerissen hat? Warum hat man als Mutter eigentlich immer den Heulpart, die dicken Augen und das schlechte Gewissen? Wo sind die Supernannys, wenn man sie mal braucht?

Ich kann jedenfalls nicht warten, bis jemand mit einem Erziehungsratschlag um die Ecke kommt, denn der Bus hupt schon, und ich entscheide mich für Variante zwei, auch wenn mir William schniefend und schluchzend sagt, so etwas würden Mütter, die ihre Kinder *wirklich* liebhaben, nie machen. Der Pfarrer klopft mir aufmunternd auf die Schulter und bietet mir an, mich am Abend oder wenn es gar nicht mehr geht ausnahmsweise anzurufen. Auf meinem Heimweg kann ich vor See in den Augen kaum die Straße sehen. Aber als ich dann zu Hause bin, muss ich mich doch ein bisschen wundern. Das Telefon klingelt nicht, weder am Nachmittag noch am Abend, und keiner bittet mich darum, das völlig aufgelöste Kind doch wieder abzuholen. Nein. Ich bin logischerweise davon überzeugt, dass ich dem Pfarrer die falsche Nummer gegeben habe, recherchiere auf der Kirchenseite, wen ich anrufen könnte, finde niemanden, denn da stehen nur Festnetznummern und es ist mittlerweile Freitagabend, gehe ziemlich früh ins Bett und lege alle Telefone, die ich finden kann, auf den Nachttisch, falls doch jemand anruft. Mein Mann fragt mich, ob ich nicht vielleicht was Schönes unternehmen möchte, wo wir doch endlich mal Zeit zu zweit ... Nein? Nein. Ich kann nicht. Ich muss beim Telefon bleiben. Was ich nicht weiß: Während ich durch die emotionale Mutterhölle gehe, hat sich mein Kind berappelt und mittlerweile so viel Spaß, dass sich hinterher keiner daran erinnert, wie holperig der Start dieser Reise wirklich war.

Ganz im Gegenteil. »In den Sommerferien gehe ich da wieder mit. Aber dieses Mal dann zwei Wochen, Mama!« O-Ton William. Schon gut. Schon gut. Es gibt ja auch im Sommer Taschentücher.

Lilli ist glücklicherweise in die elfte Klasse versetzt, aber nur weil ihr unsere Nachbarin Arleen und deren ecuadorianische Mutter mit vereinten Kräften beim Spanischlernen geholfen haben. Damit das nächstes Schuljahr alles ein bisschen entspannter klappt, fährt Lilli in ein Sprachcamp nach Spanien. Mit ihrer Freundin, die genauso gut Spanisch spricht wie Lilli selbst. Ich glaube, das Wort, das ihren Kenntnisstand am besten beschreibt, ist rudimentär. Die Sprachreisen, die Paulina und Maria in England gemacht haben, waren immer super. Kleine Schule, nette, sehr persönliche Familien, direkter Kontakt, gute Betreuung. Und Englisch haben sie auch gelernt. Unsere elterliche Vorstellung bei dieser Spanienreise ist, dass ein Aufenthalt im Land und viele andere Jugendliche das Ganze attraktiver machen. Insgeheim träumten wir von einer kurzen und unspektakulären Urlaubsromanze für die Ladys, die dann ihr Herz für die Spanier, aber vor allem für die spanische Sprache entdecken. Am Ende der Reise werden wir wissen, dass es nicht sehr effektiv ist, zwei deutsche Mädchen, die nicht sehr gut Spanisch sprechen, gemeinsam in einer Familie unterzubringen. Unsere Mädels sprechen Deutsch und machen das, was sie auch zu Hause machen: Sie gehen shoppen und Jungs angucken. Besonders effektiv ist das Ganze übrigens dadurch, dass auch noch Tim, ein weiterer Freund der beiden, dort ist. Super. Weil noch eine Japanerin dabei ist, ist auch hier die gemeinsame Sprache Englisch. Dadurch erhöht sich die Chance nicht unbedingt, das sprachlich unterforderte Herz an einen glutäugigen Spanier zu verlieren. Aber was soll's. Immerhin gehen sie morgens in den Sprachkurs. Level eins. Aber das wird schon noch.

Tatsächlich hatten wir ähnliche Hoffnungen auch letztes Jahr schon für Maria. Allerdings ging es da um Französisch in Frankreich. Maria hatte zwar keine deutsche Freundin dabei, aber dafür wohnte sie mit einer Spanierin in einem Zimmer, die auch kein Französisch konnte, weshalb die beiden sich auf Englisch unterhielten. Immerhin war das danach nicht wesentlich schlechter und das rollende »R«, das Maria zumindest für eine Weile übernommen hatte, war auch irgendwie niedlich. Sie hatte in den zwei Wochen außerdem sehr enge Freundschaften zu lustigen Engländern, verrückten Japanern und lustigen *und* verrückten Österreichern geknüpft, was weder ihrem Englisch noch ihrem Deutsch schadete.

Die Schule in Spanien ist zwar ganz okay, aber dort verbringt Lilli ja auch nur vier Stunden, in denen sie versucht, ein wenig Schlaf nachzuholen. Sie lernt wenig und auch das Wenige vergisst sie am Strand ganz schnell wieder. Die Voraussetzungen bei Lilli sind zugegebenermaßen auch sehr schwierig. Denn selbst die Kommunikation vorab per Mail mit der Schule funktioniert nur schlecht. Die Informationen, die wir bekommen, sind meistens für den falschen Kurs, die falsche Zeit, den falschen Schulstandort oder das falsche Kind (Hilfe!), dafür bekommen

wir gern Rechnungen doppelt. Man muss wohl Prioritäten setzen. Ich nehme an, sie wird so oder so was fürs Leben lernen.

Das Schönste an solchen Aktivitäten ist ja nicht die Reise
selbst, sondern die Heimkehr: Denn beim Abholen am Flughafen, am Bus oder am Bahnhof darf man sie dann drücken.
Für einen winzigen Moment sind sie unschuldig und klein, an-
schmiegsam und voller Liebe. Und sie sagen so schöne Sachen
wie: »Das Schönste am allein Verreisen ist das Wieder-nach-
Hause-Kommen, Mama!«

Tolle Jugendreisen gibt es hier:

* www.aventerra.de
* www.ejw-reisen.de

Natürlich würde ich gern den Link zu dieser Sprachschule
in Spanien mit Ihnen teilen, aber ... nein. Nein. Das kann
ich Ihnen wirklich nicht antun. Ein guter und kompeten-
ter Ansprechpartner für Sprachreisen in viele verschiedene Länder ist hingegen: www.internate.org

---

Allgäu – Wandern zu zweit

Immer öfter gibt es also ganz plötzlich Momente, in denen Holger und ich allein sind. Nicht nur für ein paar Stunden am Wochenende, sondern so richtig lang. Tagelang. In den Sommerferien. Bei bestem Wetter. Unfassbar. Dieses Jahr arbeitet Maria bei einem Kindercamp als Betreuerin, Lilli und William sind mit den Pfadfindern unterwegs und Paulina ist mit ihren Freunden in Kroatien.

Ganz plötzlich haben wir zehn Tage für uns. Keiner da. Die Welt steht uns offen und wir haben tausend Möglichkeiten. Wir könnten zum Beispiel endlich wirklich mal eine richtig tolle Städtetour mit vielen Museen machen (ich habe den Gutschein noch!). Mit einem richtig teuren Hotel, das wir uns zu sechst nicht leisten würden. Oder Wellness? Urlaub, in dem man sehr viel rumliegt und sehr wenig spricht? (Holgers Favorit, vor allem wegen Letzterem.) Oder doch das Sportbootcamp auf Ibiza ausprobieren? Oder – ganz gewagt – sollen wir endlich mal entspannt zu Hause bleiben, den Garten richten, den Keller aufräumen, ins Theater oder ins Thermalbad und chic Essen gehen?

Zu viele Möglichkeiten machen mich ganz irr. Ich will alles, alles richtig machen und nichts verpassen. Ja, mich überfordern solche Entscheidungen. Holger nicht so. Er trifft nämlich vorsichtshalber einfach keine.

Aber hatte ich nicht neulich beim Skifahren mit meinen Männern beschlossen, ich müsste mal mit Holger allein ins Allgäu? Außerdem habe ich ja noch dieses kleine, feine Hotel in petto, das uns eine Freundin meiner Mutter empfohlen hat. Und wandern kann ich auch besser als Ski fahren, glaube ich. Hoffe ich. Außerdem ist es schließlich viel unkomplizierter. Zumindest ausrüstungstechnisch. Man braucht nur eine Funktionshose, eine Fleecejacke, zwei Sets atmungsaktive Unterwäsche und ebensolche Socken. Ein Hut, ein Stock, ein Regenschirm. Findet mein Mann. Ich habe Socken. Das ist ein Anfang. Finde ich.

Aber da das Wetter auch nur halb so prima ist wie erwartet, die fernen Gipfel in dunklen Wolken liegen und alsbald feiner Nieselregen von unserer Windschutzscheibe perlt, steuern wir sehr entspannt zuerst das Alpsee-Outlet an. Ahnungslos wie wir sind. Wir kennen die Gefahren im Gebirge einfach nicht. Wenn ich bisher dachte, Bergsteigen, Skifahren, Klettern, Drachenfliegen und all die anderen Aktivitäten, die man eben in Bergregionen so unternimmt, bergen gewisse Risiken, so habe ich die größte Gefahr komplett unterschätzt! *Das Outlet!* Es sollte auf jedem Reiseführer, auf dem Outlet-Eingang, ja, auf dem Ortsschild eine Warnung stehen, jawohl. Am besten mit folgendem Text: »Sehr geehrte Damen und Herren, das Besuchen eines Outlets kann zu Masseneinkäufen, Kreditkarten-Überziehungen und Vernunftverlust führen. Behalten Sie unbedingt Ihr Budget im Auge und beachten Sie die Schnäppchenständer *nicht*.«

Wir wurden nicht gewarnt und wir haben uns nicht abgesprochen. Ganz im Gegenteil. Holger hat seine Wanderhosen in einer völlig anderen Abteilung gejagt als ich. Dennoch besitzen wir beide nun: Funktionskleidung für mindestens eine mehrwöchige Alpenüberquerung. Und zwar in jeweils der identischen Ausführung. Zipphose und Fleecepulli, Lang- und Kurzarmshirt für drunter. Alles gleich. Gleicher Schnitt, gleicher Stoff, gleiche Farbe. Sogar die Socken sind die gleichen. Wenigstens sind Holgers Sachen jeweils eine Nummer größer.

Als wir uns begegnen, jeweils auf der Suche nacheinander, um den »Guck mal, wie findest du das? Geht das? Wie sieht das aus? Kann man so wandern? Oder zu übertrieben/groß/klein?«-Abgleich zu machen, erübrigte sich die Frage von selbst, denn wir haben exakt das identische Outfit an. Ich verspreche: Nie wieder lache ich über Paare, die im Partnerlook unterwegs sind. Sie können nichts dafür. Bei denen hat es bestimmt auch nur geregnet. An mir sieht eine Abzipphose übrigens auch noch furchtbar aus, dabei habe ich noch nicht einmal was abgezippt. Das habe ich auch nicht vor, denn dann würde man nämlich meine Beine sehen können. In abgezippten Wanderbermudas und Wanderschuhen. Grässlich. Meine liebste Neuerwerbung ist dafür ein gewebter Hut, den man zusammenknüllen und in die Tasche stecken kann, und zum Trost kaufe ich mir außerdem noch ein Dirndl (bodenlang) sowie Schnallenschuhe, eine Dirndlbluse und ein Jäckchen für obendrüber. Zur Information: Dies ist Dirndl Nummer drei in meinem Besitz und wenn ich nicht auf den Wasen gehe, also das Stuttgarter Pendant zur Wiesn, oder nach Japan fliege, wo ich überhaupt das allererste Mal ein Dirndl anhatte, habe ich keinerlei Grund oder Gelegenheit, dieses gerade für den einen oder anderen Hunni erworbene Kleidungsstück zu tragen. Schade eigentlich, denn es sieht toll aus und so, als ob ich gar nicht solche Waden hätte. Ob man vielleicht auch damit wandern kann? Nicht jedenfalls, wenn man da lang will, wo Holger langgehen möchte.

Als endlich die Sonne scheint, kann ich gar nicht schnell genug meine Schuhe schnüren. Holger ist beinahe schon aus meinem Blickfeld verschwunden, bevor ich meine Trekkingstöcke justiert habe und der Hut sitzt. Aber nun bin ich bereit und frohgemut. Bis zur nächsten Alm sind es sechs Kilometer. Lächerlich, denke ich. Ich jogge schließlich. Nach maximal siebenhundert Metern denke ich allerdings gar nichts mehr. Vorsichtig setzte ich Fuß vor Fuß und jeder Schritt nach vorn ist eine Überwindung für mich. Schei... ist das steil! Links von mir geht es quasi senkrecht bergab. Und rechts genauso bergauf. Ich bin vielleicht ein wenig ängstlich, was Höhen angeht, das habe ich, seitdem ich mit meinem Vater früher Heißluftballon gefahren bin. Ja, ich weiß, das da unter mir heute, hier und jetzt ist ein Berg und die sind im Allgemeinen sehr stabil, aber das Tal ist trotzdem weit weg und der freie Fall beginnt nur einen Millimeter neben meinen tollen neuen Wanderschuhen. Wäre doch schade um sie, oder? Der Weg ist so schmal, dass ich meine Stöcke nicht einsetzen kann, und manchmal fließt auch ein kleiner reißender Bergbach darüber, was die Stabilität nicht unbedingt erhöht. Da nützt es auch nichts, wenn Metallseile gespannt sind, finde ich. Ich kenne meine Oberarmmuskeln und wenn sie mich vor einem Sturz von einem Berg bewahren sollen, dann gute Nacht. Die Investitionen im Alpsee-Outlet haben sich dann definitiv nicht gelohnt. Mein Bauch macht komische Sachen. Wer wohl mein tolles neues Dirndl erbt?

Ab und zu kommen uns pfeifend ältere Menschen entgegengehopst, die einen völlig unbeschwerten Eindruck machen. Ganz bestimmt haben die was an den Augen, Ohren und am Gleichgewichtssinn, sonst würden sie ein wenig mehr Respekt vor der Strecke zeigen. Ich bin schockiert! Aber ich kann nicht sprechen, weil ich mich so darauf konzentrieren muss, nicht von diesem Berg zu fallen.

Oben am Gipfelkreuz begegnet uns auch noch eine Familie mit Kleinkindern, die fröhlich über die spitzen Steine kraxeln. Ich kann gar nicht hinsehen. *Da geht es runter!* Will ich rufen. Und packe eines der Kinder am T-Shirt. Die Mutter lacht. Und sagt, so ein Gefälle von maximal 15 Prozent sei ja nicht wirklich gefährlich. Gut, das kann ich jetzt nicht beurteilen. Wenn man nach dem Gefühl in meinem Bauch geht, ist es nahezu unbezwingbar. Aber daran orientiert sich ja auch keiner.

Habe ich schon erwähnt, dass die Allgäuer Kuh mein Lieblingstier ist? Ach, was sage ich, Lieblingstier – die Allgäuer Kuh ist mein Patronus! Nein? Ein wesentlicher Grund, ins Allgäu zu fahren, sind die Kühe. Wirklich. Ihr braunes, warmes Fell glänzt so schön. In ihre flauschigen, hellen Ohren möchte man Geheimnisse flüstern und ihre sanften Augen mit den langen Wimpern schauen so ... so ... liebevoll, als wollten sie einem sagen: »Du bist mein Freund. Ja, du, genau du mit deinen dicken Waden und dem komischen Hut!«

»Du spinnst doch«, sagt dafür mein Mann und grinst. Und dann beugt er sich ganz nah an eine Kuh und flüstert ihr was in ihr Plüschohr.

»Was hast du gesagt?«, will ich wissen.

»Geheimnis!«, sagt er. Und sieht dabei sehr glücklich aus.

Meine Freundin Michaela hat mich übrigens gefragt, ob wir nicht im nächsten Sommer mit ihnen und einem Bergführer eine Alpenüberquerung machen wollen. Sie sprach von glitzernden Hängen, romantischen Übernachtungen auf Hütten, unglaublichen Ausblicken auf das Matterhorn und weiten, steilen Hängen ins Tal.

Wie? Steil? 15 Prozent oder so? Ich passe.

Übrigens: Holger hat mir später gesagt, was er der Kuh ins Ohr geflüstert hat. »Sie hat gar keine dicken Waden!«, hat er gesagt. Ob ich ihm das glauben kann?

Das Outlet:

❋ www.alpseeoutlet.de

Wandern:

❋ www.alpsee-bergwelt.de

Meine Lieblingshütte:

❋ www.obere-kalle.de

Allgemeines:

❋ www.allgaeu-erleben.com

Thailand – Warum Fliegen nicht so einfach ist

Meine Kinder sind in der Pubertät, mein Mann bei der Arbeit, mein Haushalt ein Chaos, die Konfirmation meiner Tochter Lilli demnächst, meine Oberarme und -schenkel sind untrainiert und wenn sich nichts ändert, ändert sich nichts. Also habe ich beschlossen, mich an den Rat meines Glückskekses zu halten, der da sagt: »Eine weite Reise steht Ihnen bevor!«

Gute Idee. Ganz genau. So mache ich das. Ich gehe. Übersetzt für meine Kinder heißt das: Ihr Lieben! Ich chille jetzt mein Leben! Und wehe, ihr schreibt mir eine Mail oder eine WhatsApp wegen irgendeinem belanglosen Mist, dann bleibe ich dort!

Holger ist auch dafür. Und das, obwohl er nun zusätzlich zu seiner Arbeit die Kinder betreuen, Essen machen, Pausenbrote streichen, Verantwortung tragen und Termine einhalten muss. Vor allem Letzteres wird ihm nicht leichtfallen, aber das ist auch gut so, denn es erhöht die Dankbarkeit, wenn beziehungsweise falls ich wieder zurückkomme.

Aber egal, Hauptsache, jetzt habe ich mal frei. Nach beinahe zwei Jahrzehnten Dauereinsatz ohne Wochenende, ausreichenden Nachtschlaf oder ein einigermaßen selbstbestimmtes Leben.

Diesen meinen persönlichen Ferien geht selbstverständlich einiges an Organisation voraus, ja, und das, obwohl ich einen Mann habe, der durchaus kochen und Brot kaufen kann. Und noch viel mehr als das natürlich. Trotzdem muss ich einen Stundenplan erstellen, mit den jeweiligen Aktivitäten plus wer wann wo was bezahlen, abholen und hinbringen muss. So ein Plan ersetzt die Sekretärin und sieht sehr beschäftigt und hochprofessionell aus. Ich glaube, ich mach das jetzt für mich auch immer und dann nenne ich es noch Agenda, drucke es in A3 aus, hänge es an die Wand und wehe, es fragt mich dann einer, was wir Mütter eigentlich den ganzen Tag so machen.

Ach ja, Ferien! Endlich gilt dieses Wort auch einmal für mich!

Damit sich auch meine Familie mal von mir erholen kann (so mein Argument), muss ich natürlich richtig uneinmischfähig und auf jeden Fall länger als nur ein Wochenende weg sein.

Am besten eine Woche – nein! Zehn Tage! Weit, weit weg.

Ich, Lucinde Hutzenlaub, reise nach Thailand, habe ich beschlossen. Mitten im Jahr. Einfach so. Genauer gesagt: Am 15. März. Thai Airways. Nach Bangkok und dann weiter nach Chiang Mai. Wie sich das schon anhört! Luxuriös. Abenteuerlustig. Mutig. Verrückt. Ich bin so aufgeregt!

Ich werde Yoga praktizieren, meditieren, nur Grünzeug essen, ich lass mich massieren und bin hinterher wie neu! Adieu, Muttererschöpfung! Gut für mich – gut für meine Familie.

Vor so einer Auszeit muss man aber eben erst mal leiden – und das auch ganz ohne Vorkochzwang.

Ich mache »noch schnell« für alle Kinder einen Zahnarzttermin, den ich prompt verpasse und auch das erst merke, als die Praxis anruft. Immerhin haben sie den halben Nachmittag für uns geblockt. Dafür schäme ich mich dann aber auch und nehme mir vor, das nächste Mal ein Glas selbst gemachte Erdbeermarmelade mitzubringen zur Entschuldigung, woran ich mich bis dahin selbstverständlich auch nicht mehr erinnern kann.

Weil ich so viel anderes im Kopf habe, kaufe ich mindestens dreimal ein, will heißen, ich stehe zum dritten Mal im Laden und weiß schon wieder nicht, was ich eigentlich brauche. Ich bin kopflos und aufgeregt und nicht sehr effektiv. Mir selbst einen Plan zu machen, wäre vermutlich die bessere Alternative gewesen als einen für die Familie, aber als Mutter denkt man ja immer an sich selbst als Letztes. Nur meiner Selbstlosigkeit habe ich es also zu verdanken, dass ... Nein, ich kann es fast nicht aussprechen. Aber es muss sein. Denn nur so lässt sich erklären, warum alles so gekommen ist. Ich kann gar nichts dafür. *Ü-ber*-haupt nichts. Aber hätte es nicht den ganzen Tag so furchtbar gestürmt und wäre ich nicht so ein Flugangsthase, ich hätte vermutlich noch nicht mal nachgeschaut. Auf der Homepage der Fluggesellschaft – ob mein Flug auch pünktlich geht. Aber der ist da gar nicht drauf! Es ist immerhin schon halb vier am Nachmittag und der Flieger sollte um 0.15 Uhr gehen und jetzt ist er einfach weg! Wie jetzt? Ein kleines, ungutes Gefühl schleicht sich in meinen Magen. Entweder ich bekomme eine sehr unpassende Magen-Darm-Grippe oder irgendwas anderes läuft da schief. Sehr schlimm schief. Das Bild von mir am Pool verschwimmt ein wenig. Meine Hände sind eiskalt, als ich die Nummer von Thai Airways wähle. Die freundliche Dame vom Kundenservice ist dann sehr verständnisvoll. Wirklich. Leider habe ich meinen Flug aber trotzdem verpasst. Denn – Trommelwirbel – 15. März 0.15 Uhr bedeutet, dass der Flieger am 15. März fliegt. Logisch. Und weiter? Moment. So langsam sickert die Wahrheit in mein Bewusstsein. Das war ja schon! Und zwar um Viertel nach Mitternacht! Ich dachte, der Flug ginge am 15. März um Viertel nach zwölf. Also ich müsste am 15. abends (sprich heute) auf den Flughafen! Schei...! Irrtum! Am 14. hätte ich da sein müssen! Gestern! Ich würde eigentlich jetzt schon am Pool liegen! In der Sonne! Das, was ich für mein Abflugdatum gehalten habe, wäre schon der 16. gewesen! Heute ist morgen schon gestern! Autsch! Das ist so verwirrend, dass es schmerzt! Mal ehrlich, kapiert das außer mir noch jemand erst jetzt? Bitte?

Leider kann man auch nicht einfach sagen: »Gut, dann flieg ich eben heute«, nimmt sein Gepäck und geht 24 Stunden später an den Flughafen. Das machen Fluggesellschaften nicht einfach so. Auch nicht, wenn man vor Schreck und Wut und Fassungslosigkeit mal kurz zwei Minuten gar nicht sprechen kann und beinahe in Tränen ausbricht und auch wenn die Dame am Telefon sehr nett ist und sagt, so etwas sei ihr auch schon mal passiert. Nein, auch dann muss man ein neues Ticket bezahlen. Also, wenn man dann überhaupt noch fliegen will. Und es ist richtig teuer. Sauschweinemistkacketeuer. Zuerst muss man aber für hundert Euro den Flug stornieren. Und erst dann kann man einen neuen buchen. Einen, der vorher fünfhundert Euro gekostet hat, weil er ein Frühbucherschnäppchen war, und der jetzt beinahe doppelt so teuer ist, weil ich zu doof bin, um rechtzeitig an den Flughafen zu fahren! Aaahhh! Wo kann man hier seinen Kopf gegen die Wand schlagen?

Ich hab ja versucht, ihr zu erklären, dass in Europa generell und im Schwabenland im Besonderen das mit der Uhrzeit und dem Viertel nach und drei viertel und viertel vor so eine Sache ist und das alles überhaupt nicht mein Fehler und Thai Airways müsste doch so flexibel sein ... Nein? Nein. Mist. Da bleibt sie eisern. Und ich? Mittlerweile kann ich gar nicht mehr klar denken. Das Bild von mir am Pool ist zerronnen wie Sand. Ich möchte weinen. Nein, ich möchte nicht nur. Ich weine.

Ich sag das ab. Ich komme selten an den Punkt, an dem ich wirklich nicht mehr denken kann (und wenn mein Mann jetzt »Haha« sagt, dann trete ich ihm sofort gegen das Schienbein!), aber ich ruf ihn trotzdem an, weil *wassollichjetztmachn?*

Holger ist heute der ideale Ansprechpartner für so etwas, denn er ist mit dem Motorrad zur Arbeit gefahren und hat auf der Autobahn sein Arbeitshandy mit allerlei geheimem Zeugs und allen Nummern und Kontakten verloren.

Er hat also ebenfalls extrem gute Laune und findet es auch sehr lustig, dass uns beiden am gleichen Tag so ein winziges, unwesentlich kostspieliges Missgeschick passiert. Noch mal haha. Und er möchte auch sehr gern alle Alternativen ausführlich mit mir erörtern. Am liebsten jetzt gleich, denn er hat eine Besprechung mit seinem Chef und der kann ja auch mal warten, nicht wahr? Grundsätzlich findet er, ich soll fliegen. Wahrscheinlich will er mich loshaben. Das kann ich gut verstehen. Ich will mich selbst ja auch sehr gern loshaben.

Ich kaufe also tatsächlich das Ticket (es ist das letzte für diese Maschine) und unterdrücke den dringenden Impuls, mir auszumalen, was ich mit diesem Geld hätte machen können. Dafür rufe ich meine Mutter an, die mir pflichtschuldigst (wie alle anderen, mit denen ich später spreche) sagt, das hätte ihr auch passieren können. Vielleicht. Möglicherweise. Außerdem lacht sie mich nur ein ganz kleines bisschen aus.

Und dann sind in meinem Kopf auch noch all diese Storys von Menschen, die einen Flieger verpasst und deshalb irgendwas überlebt haben oder nicht abgestürzt sind. Will mir das Schicksal hier etwas Wesentliches sagen? Und höre ich vielleicht gerade jetzt nicht hin? Spiele ich gerade mit meinem Leben und sollte besser doch wieder alles rückgängig ...? Draußen stürmt es immer noch. Hab ich mal irgendwann erwähnt, dass ich ein Angsthase bin, was das Fliegen angeht?

Beim Kundendienst ist keiner mehr. Holgers Verständnis für mein Bedürfnis, doch dazubleiben, hält sich in ausgesprochen engen Grenzen. Ja, um genau zu sein, ist mein Koffer noch nicht mal richtig zu und schon in seinem Auto. »Kommst du? Man kann auch mal fünf Stunden vor Abflug da sein, da freuen die sich sogar!« Nein, ich glaube, er will mich doch nicht wirklich loshaben, er ist nur einfach extrem fürsorglich. Seit gerade eben.

Ich sagte, Thailand! Alles nach Plan – beinahe

Erstaunlicherweise geht dann alles glatt. Wenn man mal davon absieht, dass ich anstatt Thai Baht Vietnamesische Dong dabeihabe (die in Thailand aber selbstverständlich keiner tauschen will) und am Ausgang keiner mit einem »WELCOME MRS HUTZENLAUB«-Schild steht.

Aber so etwas lässt mich schon kaum mehr zucken. Die Dame an der Information schaut streng und sagt mir, ich hätte ja auch am nationalen Terminal ankommen sollen. So als ob ich selbst falsch eingeparkt hätte. *Hallo?!* Seh ich aus wie der Pilot? Trotzdem lässt sie den Fahrer ausrufen und ruft sogar für mich im Hotel an. Streng schauen kann ich nämlich auch. So.

Und dann bin ich da.

Stille. Selbstbestimmtes Schlafen/Essen/Sprechen/Zuhören ... *das Paradies*. Ich bin tatsächlich im Urlaub.

Gut, im Paradies liegen zwei moldawische Stewardessen von Flydubai oder so und schauen einen russisch synchronisierten *James Bond* mit vielen Actionszenen, die man dringend gleichzeitig besprechen muss, und neben mir unterhält sich eine fröhliche englische Gruppe riesenhafter Schwarzer stolz über das Fasten – und dabei insbesondere über die bestmögliche Einführtechnik und Liegeposition plus wünschenswerten Effekt und Ergebnis eines Colema Boards, sprich Einlaufs. Manchmal wünsche ich mir, ich wäre besser im Weghören.

Am Nachmittag habe ich meinen ersten Termin bei einem ayurvedischen Doktor mit dem schönen Namen Armanath. In meiner Fantasie stelle ich mir einen exotisch aussehenden, uralten Inder (in Thailand!) mit einer Aura von Güte und Weisheit vor, der ohne ein Wort von mir spürt, wie ich ab jetzt gesund, fit und schön sein kann – außerdem erkennt er in mir natürlich sofort mein selbstloses, liebevolles Wesen und meine vielen, bisher leider unentdeckten Talente und macht mir Mut, mich in Zukunft mehr um mich selbst zu kümmern und mich nicht von zu viel Verantwortung grambeugen zu lassen, und dann reitet er mit mir auf einem Kamel ins Abendrot. So viel zu meinen Talenten. Fantasie hab ich jedenfalls ausreichend.

Ich öffne die Tür und vor mir sitzt ein blässlicher, circa dreißig Jahre alter Amerikaner, der seine nackten, noch blässlicheren Füße auf dem Besucherstuhl ausruht. Hoffnungsvoll halte ich ihn für die Sprechstundenhilfe. Fünf Sekunden lang. Dann nimmt er die Füße vom Stuhl, bietet mir selbigen Platz an (noch warm), erklärt mir, sein Name sei keineswegs eine Getreidesorte, sondern von seinem geistigen Lehrer verliehen, und befragt mich dann sogleich nach meinem Stuhlgang. So hab ich mir das nicht vorgestellt! Und außerdem ist er mit dem Mofa da. Noch nicht mal ein Elefant, geschweige denn ein Kamel!

Ja, ich weiß, ich bin in Thailand und nicht in Indien und so oder so schon gleich gar nicht in der Wüste – und somit meilenweit von einem Kamel entfernt, die Elefanten hier sind echt großartig –, aber mal ehrlich: Armanath aus Idaho auf dem Mofa … das geht doch auch nicht.

Ich muss zugeben, nachdem ich meine Vorurteile ein wenig in den Hintergrund gedrängt habe, höre ich doch ein paar interessante Dinge über meine Ernährung. Die natürlich völlig falsch ist. War ja klar.

Wusste ich auch selbst.

Ich erfahre: Ich sollte dringend mit dem Kaffee und/oder Alkohol aufhören. Mit Schokolade sowieso. Ich sollte jeden Tag mindestens zwanzig Minuten meditieren und entweder die fünf Tibeter oder den Sonnengruß exerzieren – den wiederum 108-mal. Selbstverständlich sollte ich mich am besten vegan, zucker- und weißmehlfrei sowie biologisch-dynamisch ernähren. Nichts Neues.

Ich finde das grundsätzlich auch sehr erstrebenswert und für meinen inneren Frieden, straffe Oberschenkel, gute Nerven, ein langes Leben und ein auch sonst strahlendes Aussehen würde ich vieles tun, ja, fast sogar alles – aber kann ich vielleicht mal mit den Milchprodukten anfangen? Oder nein, dem Kaffee? Oder der Schokolade? Warum ist nicht mal was ungesund, was ich sowieso nicht mag, wie zum Beispiel Nonifrucht, Liegestütze oder um sechs Uhr aufstehen? Das könnte ich so etwas von spitze weglassen! Ja, um genau zu sein, das lasse ich schon weg!

Die ersten drei Tage ohne Kaffee tun weh. Ich befinde mich im ersten Stadium eines handfesten Entzuges und verbringe den Tag damit, mich selbst zu bemitleiden. Wer hätte gedacht, dass Kaffee so böse ist? Und bin ich wirklich hierhergeflogen, um mich zu quälen? Ich nehme mir vor, an meiner inneren Einstellung mit Meditation zu arbeiten. Ich habe wenig Erfahrung, ich gebe es zu. Das, was ich bisher erlebt habe, begann immer mit einem Gespräch, dann legte man sich bequem hin und der Meditationsleiter sprach mit leiser, angenehmer Stimme von Wiesen und Himmel und Farbe und Meer und man reise auf diesen schönen Worten so lange, bis man (also ich) meistens einschlief. Die einzige Herausforderung bestand darin, nicht zu schnarchen.

Hier leitet Yanni die Morgenmediation um sieben. Macht ja nichts, denke ich beim Aufstehen, ich schlafe ja eh gleich wieder ein. Aber da irre ich mich. Als ich auf die Meditationsplattform oben auf dem Hügel komme, sitzt Yanni schon ganz mönchsmäßig im Lotussitz auf einer Matte und hat die Augen geschlossen. Dass er für die Meditation zuständig ist, erkenne ich nur daran, dass er mir die Quittung zum Unterschreiben rüberreicht, bevor ich richtig sitze.

Dann schließt er wieder die Augen und geht ganz in sich. Die anderen Teilnehmer kennen das wohl schon, denn sie sitzen ebenfalls mit geschlossenen Augen in einem Halbkreis um ihn herum und rühren sich nicht.

Also, ich bemühe mich ja immer, nicht weiter aufzufallen, aber mit 1,83 Meter Größe ist das schwierig. Fast so schwierig, wie die Beine mönchsmäßig ineinanderzustecken. Meine Beine möchten das nicht.

Ich sitze eher unbequem und meine vage Hoffnung, noch ein wenig zu schlafen, ist nichtig.

Da spricht Yanni. Ich erfahre, dass wir eine Atemmeditation machen. Das heißt, wir atmen ganz bewusst ein und aus und beobachten unseren Atem dabei. Atmen kann ich. Glück gehabt. Das machen wir zweimal zwanzig Minuten, weil wir ja Anfänger sind. Nicht so wie er selbst, sagt Yanni, der das gern mal mehrere Stunden macht. Ich weiß, ich sollte das nicht denken, aber hat der kein *Leben?* Ich kann doch hier nicht eine Stunde rumsitzen und nichts weiter tun als *atmen?* Wo kommen wir denn da hin? Und dann immer die Beine so verknotet?

Wahrscheinlich bin ich nur sauer, dass ich mich nicht hinlegen darf und er auch keine Geschichte erzählt. Ja, tatsächlich wäre ich halt gern noch mal eingeschlafen. Aber vermutlich sollte ich zufrieden sein, denn immerhin meine Beine schlafen längst ...

Ja, Yanni ist ein leuchtender Stern am Meditationsfirmament. Das weiß ich, denn er hat es mir gesagt. Er kommt aus Griechenland, ist 63 Jahre alt und, laut eigener Aussage, ehemals Mönch in einem tibetischen Kloster mit zweijährigem Schweigegelübde und Frondiensten und allem Drum und Dran gewesen. Offensichtlich hat er deshalb diesen massiven Redenachholbedarf. Er ist Vater von drei Kindern, die ihm seine Frau erst untergeschoben und dann wieder weggenommen hat, genauso wie Land und Geld, wobei nicht so ganz klar wird, ob das Geld, das er eigentlich hatte, ihm nicht doch später auch noch im Bus geklaut wurde – auch egal, denn Geld bedeutet ihm nichts, aber ob wir vielleicht seine Kokosnusskekse kaufen wollen? Ich weiß nicht so recht. Wenn das ein Guru der Meditation ist, muss ich vielleicht doch schweren Herzens darauf verzichten. Aber Yanni ist nicht so einfach loszuwerden.

Am Nachmittag fahre ich mit einem Fahrer des Hotels in die Stadt. Plötzlich steht Yanni neben mir und fragt, ob ich ihn mitnehmen könnte. Kein Problem, sage ich und biete an, das Taxi zu teilen, woraufhin Yanni großzügig erklärt, das wäre nicht notwendig. Ich dürfe ihn gern einladen. Äh, ja. Dafür erzählt er mir die ganze Fahrt über, was er über den Weltuntergang am 21. Dezember weiß, nämlich alles. Yanni ist ein Experte für Verschwörungen. Woher er all das weiß, ist nicht so ganz klar, denn Yanni spricht mit einem stark ausgeprägten griechischen

Akzent. Aber all das sei auch nicht weiter tragisch, teilt er mir zum Schluss unserer Unterhaltung mit, denn wir warten schließlich alle darauf, in die nächste Dimension – nämlich in die vierte – zu gehen, wo wir dann auch unseren Körper nicht mehr brauchen. Aha. Das hätte er mir auch früher sagen können, finde ich, dann hätte ich ja das ganze Yoga und Kaffeefasten sein lassen können.

Dass mir das alles guttut, spüre ich am vierten Tag. Ab da bin ich so etwas von energiegeladen, weiß jetzt, wie ich alles besser machen kann, und freue mich auf ein entspanntes, fröhliches und vor allem *gesundes* Leben. Dem Alltag stelle ich mich ab jetzt mit geballter Power. Nicht nur ich, wir alle! Morgens 15 Minuten Yoga direkt nach dem Aufstehen oder besser noch davor. Zwischendurch Meditation. Ja, auch Meditation gehört dazu, das weiß ich, seitdem Yanni dem Resort irgendwie abhandengekommen ist und seine Stunde am Morgen nun von einer äußerst charmanten Holländerin übernommen wurde. Die Ernährung wird sofort umgestellt. Wir essen jetzt nur noch Rohkost, vegetarisch – ach, was sag ich: *vegan* natürlich! Ich kann es kaum erwarten.

Vor dem Flug nach Hause ändere ich noch voller Überzeugung bei Thai Airways mein Essen auf Vegan, trinke nur Wasser und grünen Tee und schaue überheblich angewidert auf das Hühnchen-Reisgericht meines Nachbarn. Auch wenn es gar nicht mal so schlecht riecht. Den Mädchen habe ich jeweils ein Lipgloss aus naturbelassenem Kokosnussöl mitgebracht und William einen Holzelefanten. Nur kein Duty-free-Schokoladen-Energie-Grab mehr in meinem Zuhause! Alle vier fragen mich eine halbe Stunde nach meiner Ankunft, ab wann ich denn bitte wieder normal sein kann? Und ob wir eine Pizza bestellen könnten? So wie früher? Kurz läuft mir das Wasser im Mund zusammen, aber das sind nur alte Gewohnheiten, an denen ich noch arbeiten kann. Muss. Werde.

Holger bekommt eine tibetische Gebetskette aus geschliffenen Kernen von mir und kriegt einen Lachkrampf. Auch das sind Gewohnheiten, an denen wir ...

Und William weint und fragt Holger, wie lange das eigentlich noch dauert, bis ich endlich nicht mehr so erholt bin. Was soll ich sagen? Ich sage nichts. Ich greife nach der Nummer vom Pizzaservice. Ich glaube, die Balance ist wichtig. Jaja, die innere. Und auch die zwischen allem anderen.

Von mir getestet und für toll befunden:

* www.thesparesorts.net
* www.chiangmaiservice.de/geschichtliches.html

Von mir entdeckt, aber leider (noch) nicht getestet, weil wo kämen wir denn da hin, wenn ich immer nur Spaß und Erholung hätte?

* www.bayernwinkel.de/yoga-urlaub-kurzurlaub-wochenende-im-allgaeu
* www.yogacruise.net/de
* www.fitreisen.de
* www.yogaitalia.de
* www.yoga-camerino.de
* www.rueckzug.com

Und nun auch noch Japan – Lucinde in Tokio

Ja, auch wenn ich es wirklich weder geplant noch aktiv herbeigeführt habe, es blieb mir quasi nichts anderes übrig, als noch einmal allein zu verreisen. Ich weiß, ich weiß, Mitleid allenthalben. Holgers Meilen waren im Begriff zu verfallen, der Sushi-Meister im meinem Lieblings-Sushi-Laden war krank und meine Sehnsucht nach Japan ungebrochen. Außerdem habe ich eine Schicht auf dem Oktoberfest übernommen. Auf dem Oktoberfest der Deutschen Schule in Yokohama.

Ich habe lang hin und her überlegt, die üblichen Argumente gewälzt, mich gefragt, ob ich das wirklich machen soll, kann und darf. Ob zehn Tage nicht zu kurz sind, um wirklich zu reisen, und zu lang, um hier alle allein zu lassen. Und ob ich es eventuell auch aushalten würde, *mein* Japan nicht mehr vorzufinden. Aber im Grunde hatte ich mich schon beim ersten Gedanken an meine zweite Heimat längst entschieden. Ich buchte.

Jetzt sitze ich hier in München auf dem Flughafen und bin im Begriff, nach Tokio zu fliegen. Ich habe schon lauter blaue Flecken vom vielen Armkneifen, weil ich es vermutlich am allerwenigsten glauben kann, dass es wirklich passiert.

Dass ich wirklich hier sitze, ist auch alles andere als selbstverständlich. Mein Mann hat mir seine Meilen geschenkt.

Meine Kinder sind versorgt.

Ich habe die E-Mail von Williams Lehrerin ignoriert, in der sie mir mitteilte, dass in der Klasse Kopfläuse aufgetreten seien und zwar nicht zu knapp.

Ich bin heute Morgen um zehn Uhr von meiner Freundin Andrea abgeholt worden, drei Minuten vorher fertig geworden und ich weiß nach wie vor nicht, wo ich den Adapter von meinem Fotoapparat und das Ladegerät von meinem japanischen Handy hingepackt habe. Aber das macht nichts, denn ich bin unterwegs! Und das ist das Einzige, was zählt.

Die S-Bahn war für ihre Verhältnisse pünktlich, was niemanden mehr erstaunt als mich selbst, denn so viel Glück bin ich überhaupt nicht gewohnt, und meine Tochter Maria, die jeden Tag diese Strecke zweimal fährt, hatte mich schon gewarnt. Aber die Bahn fuhr. Der Zug dafür nicht. Er hatte fünfzig Minuten Verspätung. Das Gute: Der davor auch. Ich wäre also theoretisch früher am Münchner Bahnhof angekommen, aber »früher« hält die Deutsche Bahn vermutlich gar nicht aus, das passt einfach nicht und so blieb der Zug einfach so lange in Ulm stehen, bis wenigstens eine halbstündige Verspätung zusammenkam. Also, zusätzlich zu den fünfzig Minuten. Die S-Bahn von Pasing an den Flughafen hatte ich dann auch verpasst, macht aber nichts, fährt auch alle zwanzig Minuten. Ungefähr. Immer, wenn ich jemandem erzählt hatte, dass ich nach Japan will, war die Rede vom anstrengenden Flug, von den Strapazen mit der Zeitverschiebung und dem Shuttle in die Stadt. Aber nach dieser Reise weiß ich eines gewiss: Nach Japan fliegen ist ein Witz gegen eine Zugfahrt von Stuttgart an den Münchner Flughafen. Vor allem wenn man zu einer bestimmten Zeit dort sein will. Ich hatte mir vorsichtshalber schon zwei Extra-Shirts eingepackt und zur Not wollte ich mir einfach noch ein drittes am Flughafen kaufen. Aber nachdem ich durch all die Kontrollen durch war und den Shuttlezug zu meinem Gate gerade noch so erwischt hatte, war ich genau rechtzeitig. Immerhin hatte ich mir somit selbst das maßlose Duty-free-Shopping erspart, für das ich durchaus anfällig bin.

Meine Freundin Sabine, ihr Mann Christian und deren Kinder Nadine und Marvin, bei denen ich die ersten Tage in Tokio Unterschlupf gefunden habe, sind sehr schlank und noch vieles mehr, wie zum Beispiel nett, lustig, gastfreundlich, großzügig, aber das ist für die folgende Episode eher nicht so wichtig. Ich selbst bin eher so semischlank. Freundlich ausgedrückt. Zu fünft sind wir auf jeden Fall ziemlich viele Personen für den Minitisch, der uns im Restaurant bei meinem Willkommensessen angeboten wird. Bei einem japanischen Essen braucht man Platz. Und zwar nicht nur ich, nur fürs Protokoll. Alle brauchen Platz. Für die vielen Tellerchen und Schälchen, Wasser- und Umesho-Gläser (eine Art Pflaumenwein, der wahlweise on the rocks oder mit Sprudel getrunken wird), Bierkrüge, Untersetzer, Sets und Bänkchen für die Stäbchen, die Stäbchen selbst, Sojasoßenbehälter, extra geschredderten Rettich, Gewürze und … jedenfalls viel. Aber gut, wir kommen klar. Wir sitzen kaum, da hält mir eine junge Dame einen Zettel unter die Nase, auf dem auf Englisch Folgendes steht:

Sehr geehrter Gast, wir möchten Ihnen einen breiteren Sitz anbieten, weil wir glauben, dass Sie dann bequemer sitzen.

Ich bin sprachlos. So unverblümt hat mir noch nie jemand gesagt, dass er mich fett findet. Ich schaue links und rechts an mir herunter, um zu überprüfen, ob vielleicht irgendein Körperteil schamlos über den Rand des (meiner Meinung nach passenden) Restaurantstuhles quillt. Nichts. Fragend schaue ich die junge

Dame an. Freundlich lächelnd weist sie auf einen Nebentisch, an dem mehrere schwarze, hohe (und ja, breitere) Lehnstühle stehen. Bietet sie mir ernsthaft an, einen solchen Stuhl zu holen und an den Winztisch zu stellen, nur um die anderen Gäste darauf hinzuweisen: *Schaut mal alle her, hier sitzt eine richtig dicke Frau?*

»Chotto matte kudasai! Einen Moment bitte.« Darüber muss ich erst einmal nachdenken. Ich reiche den Zettel an Sabine weiter, die unglaublich gut Japanisch spricht. Nicht dass mein Englisch für diesen Zettel nicht ausreichen würde, aber vielleicht erschließt sich einem der Sinn, wenn man es ins Japanische zurückübersetzt?

Und tatsächlich. Es ging nicht um den Stuhl, geschweige denn um mich! Es ging um den ganzen Tisch! Und darum, dass an dem anderen fünf Personen einfach mehr Platz haben. Ich bin erleichtert. Und versöhnt. Und da ich ja nun offiziell mehr Platz habe, nehme ich noch etwas von dem selbst gemachten Tofu, vielen Dank.

Eine meiner ersten Ausflüge führt mich natürlich in einen Hundert-Yen-Shop. Die japanische Version eines Ein-Euro-Ladens ist unglaublich und das erklärte Sehnsuchtsziel meiner Kinder. Die Einkaufslisten, die sie mir geschrieben haben, verschlingen zwei Drittel meines Urlaubsbudgets (und den Großteil meines Packvolumens). Ich kaufe tolle Sachen: automatische Radiergummis. Stifte. Blöcke. Klebstoff in hasenförmigen Flaschen, Briefpapier, ganz bestimmte Bonbons, Lippenbalsam, Handyhüllen und Aufkleber mit einem Warnschild, das ich natürlich wieder einmal nicht übersetzen kann. Aber ich brauche es unbedingt, denn Sabine sagt, es heißt: Achtung, in diesem Auto sitzt ein sehr kindischer Erwachsener am Steuer. Den

Rest meines Urlaubsgeldes trage ich mehrmals täglich in Ramenshops, Sobarestaurants oder Sushiläden. Ich kann einfach nicht aufhören zu essen!

Ich wandere auf den Mount Takao, ein Berg, auf dem man unendlich lang spazieren gehen kann, und ich treffe mich mit Naoko und Ryoko, meinen beiden japanischen Freundinnen, zu einem Ausflug nach Yanaka, einem der ältesten Viertel Tokios. Ein bisschen merkwürdig ist es für mich immer, Japaner zu umarmen (und für sie erst!), aber gleichzeitig sind mir diese beiden so vertraut, als hätte ich sie gestern das letzte Mal gesehen. Beide sind sehr offen und dennoch äußerst japanisch. Ryokos Angebot nach ein paar Minuten Bahnfahrt erstaunt mich daher wenig: »Lucie-San, du kannst ruhig schlafen, wenn du willst!« O nein, ich möchte nicht. Nicht einen kostbaren Japanmoment verpassen. Auch wenn es beinahe nichts Japanischeres gibt, als in der Bahn zu schlafen.

Am letzten Tag mache ich all das, wofür mir während unserer Jahre in Tokio nur wenig Zeit blieb: Ich lasse mich treiben. Und ich schaue mir »Sehenswürdigkeiten« an, die auf meiner Liste damals nicht ganz so weit oben standen. Als Erstes fahre ich mit Katrin zu einem Laden, der so absurd wie typisch japanisch ist. Er liegt in Sugamo und heißt »Die rote Unterhose«. Jawohl. Hier gibt es, wie der Name schon sagt, rote Unterwäsche. Angeblich bringt das Glück und Gesundheit und na ja, was man eben als älterer Mensch sonst noch so braucht. Äh, untenrum. Jedenfalls gibt es hier in Sugamo alles für den Herbst des Lebens. Angeblich auch eine stolze Anzahl Stundenhotels, der roten Unterhose sei Dank. Vielleicht sollte ich doch ein paar mit nach Hause ...? Ach ja, wenn die Pharmaindustrie wüsste, was man mit der Unterhosenfarbe alles beeinflussen kann, wäre Viagra längst vom Markt. Und Glück und Gesundheit auch noch mit dabei! Obwohl, für den Preis, den man hier für so ein Ding bezahlt, kann man sich bestimmt die eine oder andere Pille kaufen.

Nach der roten Unterhose muss ich noch unbedingt auf den Tokyo Tower. Der rot-weiß lackierte Turm hat es mir schon immer angetan. Davor und darum herum fahren erwachsene Menschen in Super-Mario-Kostümen in motorisierten Go-Karts um die Wette.

Ich wundere mich nicht. Nach ein paar Tagen hier wundert einen überhaupt nichts mehr. Nur Bahnfahren ist nach wie vor mit mehreren Risiken verbunden. Es erwischt mich bei meiner letzten Fahrt von Shibuya nach Yoga eiskalt: Hinter mir wird noch eine komplette Schulklasse hochpubertierender japanischer Jugendlicher ins Abteil gedrückt. Olfaktorische Wahrnehmung: Schulende nach sehr langem Sportunterricht. Wirklich sehr lang. Teenager auf der ganzen Welt haben doch mindestens eines gemeinsam (zumindest wenn sie Schuluniformen aus Kunstfasern tragen): grauenhafte, beinahe optisch wahrnehmbare Ausdünstungen. Aber glücklicherweise hält der Zug ja alle paar Minuten und ich bekomme die Gelegenheit, ein wenig frische Bahnhofsluft zu schnuppern. Ach, wie habe ich das vermisst!

An meinem vorletzten Tag radele ich meine alten Strecken ab. Von Katrins Haus zu Williams altem Kindergarten durch den Komazawa-Park. Ich treffe zufällig Mister Martin, Williams ehemaligen Lehrer. Unglaublich, oder? Noch unglaublicher finde ich, dass er überhaupt nicht erstaunt scheint, mich zu sehen. Ganz im Gegenteil. Er sagt auf Englisch: »Wir machen gerade eine Schatzsuche im Park mit den Kindern. Für die Eltern haben wir auch ein paar Bierdosen versteckt. Wenn du dich beeilst, bekommst du auch noch eine ab.«

Grinst, dreht sich um und geht weiter. Äh. Ich glaube, er hat gar nicht bemerkt, dass wir seit ziemlich genau fünf Jahren nicht mehr da sind. Und noch viel schlimmer: Ich glaube, er hat uns auch nicht besonders vermisst. Moment mal! Mister Martin? Können wir das noch mal … Nein? Er ist weg.

Dafür habe ich gesehen, wie sie im Komazawa-Park das Dach des alten Olympiastadions erneuern. Das ist ein gutes Zeichen. Mister Alex, Williams ehemaliger Kindergartenleiter, erzählt mir, dass sie den Kindergarten während der Olympischen Spiele 2020 schließen wollen, um ein Bed & Breakfast daraus zu machen. Ich wäre dabei. Ja, die Stadt ist sehr aufgeräumt, es gibt immer mehr Cafés, in denen man draußen sitzen kann, und ich habe den Eindruck, sie wird immer englischsprachiger. Die Olympischen Spiele 2020 können also kommen. Ich würde dann auch …

Der Abschied fällt mir wie immer schwer, aber gleichzeitig freue ich mich ebenfalls wie immer auch auf zu Hause. Eine letzte Autofahrt nach Haneda, das letzte Mal die Küste sehen, eine Suppe am Flughafen mit Katrin, ein letzter Blick auf den Fuji, dessen Spitze durch die geschlossene Wolkendecke ragt, aus dem Flugzeugfenster. Als ich das Bild auf Facebook poste, schreibt Katrin darunter: »Du weißt schon, was es bedeutet, wenn man beim Abschied den Fuji sieht?«

»Nein?«, frage ich.

»Dass man bald wieder zurückkehrt.«

Ich glaube, ich habe alles richtig gemacht.

Allgemeine Reisetipps:

* www.japan-guide.com

Mein Lieblingsjapanblog:

* www.tabibito.de/japan/blog/mehr-japan/

Sehr umfassende Informationen bekommt man über die Seite der DSTY, der Deutschen Schule Tokio/Yo-kohama:

* www.dsty.ac.jp/unsere-schule/links/japaninfo

Wetter/Erdbeben:

* www.jma.go.jp/jma/indexe.html

Wozu in die Ferne schweifen

Ferien zu Hause

Doch, es gibt durchaus auch Ferien, die wir zu Hause verbringen. Man muss ja nicht immer unterwegs sein. Hier ist es auch schön. Wirklich. Zumal William die internationale Schule besucht und die schon zwei Wochen früher mit den Sommerferien beginnen als die Regelschulen der Mädchen. Das ist super, denn der Himmel ist blau und es ist sommerferienheiß, aber das Freibad, der Zoo und alle anderen Ausflugsziele sind noch leer. Und abgesehen davon haben wir einfach Zeit, uns mal so richtig faul treiben zu lassen. William und ich. Wir beide. Ich dachte also so bei mir, dass es in diesen zwei Wochen hier ganz entspannt zugeht. Holger, so war mein Plan jedenfalls, kümmert sich morgens um die Mädchen. Und William und ich schlafen aus, lesen noch im Bett ein bisschen, frühstücken gemütlich und haben es einfach nett. Er und ich. Man kann es sich ja auch mal zu Hause schön machen, nicht wahr? Ich kenne meinen Sohn zwar schon länger, aber offensichtlich nicht gut. Ich habe nämlich die ideale Ferienplanung für eine erholungsbedürftige Frau mittleren Alters (also mich) auf die Ansprüche eines mit mehr Energie als nötig ausgestatteten Jungen (also William) übertragen. Ein Riesenfehler.

Ich war mit ihm jetzt beinahe täglich schon um neun Uhr morgens im Freibad. Bei Toröffnung im Zoo. Auf dem Spielplatz, im Kletterpark und im Museum. Und abends total erschlagen wieder zu Hause, wo mich mein Mann fragt, warum ich denn jetzt eigentlich immer noch nicht erholt bin, wenn er doch schon den morgendlichen Wahnsinn betreut. Nee, klar. Gute Frage

William will alles wissen, machen, ausprobieren. Er hat Ideen für zehn weitere kleine Kerle und um nicht gleich schon beim Aufwachen Überlastungsmigräne zu bekommen, muss ich entweder ab jetzt Zaubertrank frühstücken oder besser planen. Also, ich muss überhaupt planen, was so in meinem Ferienkonzept nicht vorgesehen war. Außerdem muss Holger beruflich verreisen und überlässt mir nun auch noch sehr ungern (auch das: schon klar) die morgendliche Routine. Ein ganz normaler, entspannter Tag hätte trotzdem zum Beispiel so aussehen können:

6.30 Uhr Lilli, Maria, Paulina zur Bahn fahren

7.30 Uhr Frühstück mit William

8.00 Uhr Abfahrt zu Oma (meiner Mutter)

9.00 Uhr Aufbruch von dort zu einem Tagesausflug, bei dem ich die Gesellschaft eines anderen (und mit mir sehr nah verwandten) Erwachsenen und dessen erzieherische Einmischung ausnahmsweise durchaus gutgeheißen hätte. Meine Güte, ich muss wirklich sehr erschöpft sein. Nichts gegen meine Mutter. Ganz im Gegenteil. Ich sehe sie viel zu selten, sonst würde ich natürlich mit Freude meinen Sohn einfach dort lassen, aber wann haben wir beide schon mal Zeit füreinander?

15.30 Uhr Rückkehr und Verabschiedung von Oma, hoffentlich immer noch in trauter Eintracht. Man weiß ja nie.

16.15 Uhr Abholung der noch schulpflichtigen Kinder bei der S-Bahn

16.30 Uhr Frisör William

17.30 Uhr Abendessen vorbereiten

18.00 Uhr hungrige Meute füttern

20.00 Uhr Kinderanimationsstopp

20.15 Uhr Weißwein auf der Terrasse

Hätte! Können!

Tatsächlich lief dieser Tag so ab:

6.30 Uhr Kinder zur Bahn

7.30 Uhr Frühstück. Mega.

8.30 verspätete Abfahrt zur Oma, da mehrfaches Umziehen sowie Bau eines fliegenden Lego-Dampfschiffes notwendig.

Bevor Holger gefahren ist, hat er mir noch eine große Kiste ins Auto gepackt, die ich bitte auf dem Weg nach Stuttgart »nur kurz« bei Freunden vorbeibringen soll, denn die haben um die Leihgabe des sperrigen Teils gebeten. »Nur kurz« könnte ich ja auch, wenn es denn nicht allzu viele Umstände macht, seine Hemden aus der Reinigung holen und wenn ich noch einen Zehnerblock Briefmarken von der Post ...? Alles nur kurz – zehn Minuten maximal, natürlich insgesamt und alles kein Problem. Ich habe ja *Urlaub. Frei.* Und überhaupt: *Zeit!* Der Weg ist das Ziel. Und jeder, der sich hetzen lässt, sowieso selbst schuld. Ganz genau. Es stimmt natürlich: Die Hemden sind schnell geholt, die Briefmarken sowieso und die Wohnung unserer Freunde liegt auf dem Weg zu meiner Mutter, wenn man über Stuttgart fährt. Das macht man aber nicht, weil da Stau ist. Und zwar *immer*. Auch wenn Holger sagt, dass Ausnahmen die Regel bestätigen. In diesem Fall bestätigt die Regel die Regel. Allerdings habe ich ja jetzt diese Kiste im Auto und ein gutes Herz. Es ist überlastet, aber gut. Also:

Ankunft Dampfstrahler-Freunde 8.57 Uhr. Übergabe, kurze Umarmung

Weiterfahrt 9.03 Uhr.

Ich rufe Oma an und sage ihr, sie soll sich schon mal vor die Tür stellen.

Abfahrt bei Oma 9.30 Uhr. Theoretisch. Praktisch: überflüssig lange und emotionale Diskussion über Anfahrtsweg ins Remstal, deshalb

Abfahrt bei Oma 9.40 Uhr. Mein Navi hat sich erstaunlicherweise gegen Oma-Karte und -Argumentation durchgesetzt, obwohl sie sich ja viel besser auskennt und schon viel öfter dort war und überhaupt, schon dort war, als ich noch auf der Himmelswiese gespielt ... *okay!* Kurze akute Zweifel, ob oben genannte erzieherische und auch sonstige Einmischung wirklich erholungsförderlich oder eher kontraproduktiv ist, schleichen sich in meine Überlegungen. Da können wir uns überraschend darauf einigen, dass die Strecke ins Remstal, dem anvisierten Ausflugsziel, so oder so wunderschön ist. Auch wenn sie nicht die schnellste ist. Ja. Und auch nicht die kürzeste. Mhm. Und auch nicht direkt. Jaha!

Aber: Wir kommen an. Finden den idyllischen Waldwanderweg und sind bis auf eine Rentnergruppe allein, weil ja alle anderen noch Schule haben, und das ist gut.

Wir gehen zwei Stunden wahlweise an einem Bachlauf entlang oder auch mal mittendurch, haben alle drei Spaß und ich kann mich fast ein bisschen entspannen. Danach trinken wir Kaffee im historischen Schorndorf und fahren auf Omas total schnellem, direktem und kürzestem Weg nach Hause. Alle sind froh.

16.30 Uhr Bahn (erstaunlich pünktlich)

17.00 Uhr Frisör

Mein Sohn möchte nun als Kontrast zum »Mädchen von nebenan«-Look einen »Undercut«. Ich muss erst mal googeln, was das ist. Und heule gleich. Da ist ja gar nix mehr dran! William verspricht mir für die Zustimmung zur Entfernung von zwei Dritteln seines Haupthaares, das restliche längere Deckhaar dann jeden Morgen selbst zu stylen. Hm. Ich finde ja ungestylte Jungs am allerbesten. Und es hört sich äußerst merkwürdig an, wenn ein Zehnjähriger, der gerade noch ein Legoraumschiff gebaut hat, von Styling und Haarwachs spricht. Außerdem passt es mir nicht, dass er mysteriöserweise gleich beim Frisör noch gefühlte zwanzig Zentimeter gewachsen und drei Jahre gealtert ist. Ich muss mir das für mich selbst merken: Kurzhaarschnitte machen alt! Und so schnell, finde ich, muss das mit dem Größer-Werden dann auch wieder nicht gehen. Wenn das so weitergeht, zieht er womöglich noch in seine eigene Wohnung, bevor ich das Abendessen gemacht habe.

17.45 Uhr Abendessen vorbereiten

18.30 Uhr gemeinsames Abendessen. Beinahe. Denn Holger, der zwar behauptet, *spätestens* um halb sieben wieder zurück zu sein, kommt »*irgendwie*« doch um halb acht und alle anderen sind schuld und der Stau und ... Maria, Paulina, Lilli und William haben die Zeit mit Eis überbrückt und zwar mit sehr viel Eis und außerdem selbstverständlich ohne mich darüber zu informieren. Ich mache mir dann mal ein Käsebrot. Vitamine, Ballaststoffe und dieser ganze gesunde Quatsch werden ja sowieso völlig überschätzt. Ausgewogene Ernährung? Selbst gekochte Mahlzeiten? Zusammen eingenommen? Womöglich am gedeckten Tisch? Pfff. Braucht kein Mensch!

19.30 Uhr dann doch noch ein eher zerkochtes Abendessen, das mein Mann gewissensbedingt sehr lobt. Außerdem ist er schließlich auch der Einzige, der es isst.

19.45 Uhr Aufräumzeit. Alle Kinder wie vom Erdboden verschluckt. Draußen. Im Zimmer. Weg. Irgendwo, wo man sie nicht findet und sie auf keinen Fall helfen müssen. Ich gebe zu, manchmal ist es tatsächlich besser, allein die Küche aufzuräumen, als sich nebenher anhören zu müssen, wer jetzt wieder mehr machen muss als der andere und schon letztes Mal Töpfe abtrocknen/Spülmaschine einräumen/Tisch abwischen musste (immer das Schlimmste) und überhaupt: *alles ungerecht hier!* Im Endeffekt muss ich dann doch alles selbst machen, weil man unmöglich gleichzeitig streiten *und* die Küche aufräumen kann.

20.02 Uhr. Es klingelt an der Tür. Ich habe die Hände im Spülwasser. Holger geht.

Draußen steht unser völlig aufgelöster Nachbar. William ist beim Spielen von einer Mauer gefallen. Unser Bub liegt auf der Straße, ganz blass, hat die Augen geschlossen und blutet aus dem Ohr. Ich habe noch mein Wandershirt und dreckige Shorts an, Holger trägt keine Schuhe – völlig egal. Wir schnappen ihn und die Krankenversicherungskarte, Geldbeutel und eine Wasserflasche. Holger fährt uns barfuß ins nahe gelegene Krankenhaus, in dem wir schon viele Stunden in der Notaufnahme, dem Gipsraum und sogar auf Station verbracht haben und ich mir jedes Mal schwöre, dass wir nun durch sind mit all den Kinderkrankheiten, Unfällen und Co. Aber das scheint nicht meine Entscheidung zu sein.

In der Ambulanz gehen wir einfach durch und legen William auf eine Bahre. Ist ja quasi schon unser erweitertes Wohnzimmer und alle hier sind unsere Freunde. William schläft tief und fest, an seinem Kopf ist eine riesige Beule, die sich um den halben Kopf zieht, aber seine Reflexe funktionieren glücklicherweise. Ein CT wird angeordnet, das er ebenfalls verschläft, und wir werden auf der Station aufgenommen. Endlich. Mal wieder. Dort öffnet er zum ersten Mal die Augen, als die Ärztin kommt und sagt, dass er außer einer Gehirnerschütterung und Schädelprellung wohl nichts hat und wir mit maximal zwei Tagen Ruhe rechnen müssen. William erinnert sich an nichts. Dafür fragt er, wann es denn jetzt endlich Frühstück gibt. Keine Ahnung. Im Krankenhaus gern mal schon um fünf Uhr dreißig. Aber bis dahin sind es ja noch ein paar Stunden, die man durchaus mit Schlaf überbrücken kann, wenn man denn könnte. Und nicht ganz so überdreht wäre. Und ein Bett hätte.

22.30 Uhr. Ich sitze auf meinem Klappsessel neben Williams Bett und halte seine Hand, während er mich fragt, was er verpasst hat. Ob es ein cooler Sturz gewesen sei, was wir morgen machen oder besser heute noch, warum er nicht fernsehen darf und warum er jetzt schlafen soll, och menno, schließlich hat er ja die letzten tausend Stunden schon ...

Doch, ich habe alle Programmpunkte abgehakt und sogar noch ein paar mehr. Dafür habe ich den Animationsstopp um 20 Uhr ausgelassen sowie den Weißwein um 20.15 Uhr. Und ich habe etwas gelernt. Etwas sehr Wesentliches: Pläne sind großartig. Und völlig überflüssig.

Während ich so neben Williams Bett sitze und er dann doch endlich langsam müde wird, habe ich ein bisschen Zeit zum Nachdenken und um eine kleine optimistische Hochrechnung zu machen, wie viele Krankenhausaufenthalte mir wohl noch bevorstehen, bis alle meine Kinder groß, also erwachsen, also aus dem Haus sind. Dabei fällt mir auf, dass, wenn William 18 Jahre alt ist, eine einigermaßen unkomplizierte Schullaufbahn absolviert hat und wahlweise nach Australien, Neuseeland oder sonst wohin aufgebrochen ist, um »Work and Travel« zu machen – kurzum: Wenn der Letzte der vier das Haus verlassen hat und ich mich theoretisch *ausruhen* kann, Paulina bereits dreißig ist (*Schock!*) und ich bestimmt Oma von mindestens acht Enkeln.

Aaah! Hört das denn *niemals* auf? Hätte ich nicht *einmal* etwas besser planen können? So, dass ich weiß, was dann am Schluss passiert? Nein. Ich glaube nicht. Denn das ist wirklich sehr viel verlangt von jemandem, der noch nicht einmal einen einzigen Ferientag reibungslos hinkriegt.

Die zwei wesentlichen Schritte zum erholsamen Urlaub zu Hause

1: Ein großes Plakat aufhängen, auf dem jeder aufschreiben kann, was er gern machen möchte.
Ein paar Beispiele:

* Schnitzeljagd mit oder ohne Grillen
* Nachtwanderung
* Fahrradtouren (www.kinderfahrrad.com/radtouren-buecher.php)
* im Garten zelten
* Feldlabyrinth besuchen (www.agrar.de/de/labyrinth-karte.html)
* Picknick auf einer schönen Wiese
* Kletterparks (www.hochseilgarten.de)
* Freilichtmuseen (www.vl-freilichtmuseen.de)
* Wer sich für Astronomie interessiert: Eine Liste von Planetarien und Sternwarten gibt es hier: www.sternklar.de/gad/Volkssternwarten.htm
* Dorf-/Stadtchronik lesen und auf historischen Pfaden wandeln
* Barfußpark (www.barfusspark.info)
* einen Flusslauf entlanggehen
* im See baden (www.seen.de)

Bei Regen:

* Indoorspielplätze (www.hallenspielplaetze.de)
* Kletterhalle (www.klettering.de)

2. Machen!

Wenn Mütter Ferien haben

Ja, Ferien sind grandios. Wenn man wahlweise Schüler oder Ehemann ist. Für Mütter sind Ferien ja wohl die anstrengendste Zeit des Jahres! Am allerschlimmsten finde ich die *Sommerferien!* Niemals – ich betone: *niemals* bin ich für eine Ferienregelung wie in südlichen Ländern. *Zweieinhalb Monate* sind dort die Kinder zu Hause! Am Stück! Früher war das vielleicht sinnvoll, als man sie noch im Sommer zum Ernte-Helfen oder Touristen-Betreuen oder zu schwer körperlichen Arbeiten auf dem elterlichen Hof heranziehen konnte – ja, damals, als jedes Kind von Geburt an eingeplant und während der Schulzeit schmerzlich als Arbeitskraft vermisst wurde. Aber jetzt? Heute?

An Tagen, an denen William bei einem Freund oder bei der Oma übernachtet oder mit den Pfadfindern unterwegs ist, habe ich Entertainment-frei, könnte man meinen. Aber das ist ein Irrtum. Und zwar ein großer. Die Mädels schlafen bis elf Uhr. Mindestens. Seit meinem eigenen Frühstück gegen sieben hat sich trotz Abdeckung auf Brot und Marmelade eine ganze Population Fruchtfliegen gebildet. Nicht dass ich nicht auch lieber länger schlafen und später frühstücken würde, aber mein Mann geht ja arbeiten und hat gern, kurz nachdem er sich bemüht geräuscharm rasiert hat, ein bis zwei Fragen zum Ablauf des Tages an mich, die auf gar keinen Fall warten können, bis ich freiwillig und von selbst aufgewacht bin – und außerdem, wo kämen wir denn da hin, wenn er um sechs Uhr aufstehen muss und ich bliebe einfach so liegen?

Selbstverständlich richte ich meinen Kindern danach liebevoll den Frühstückstisch. Räume die Spülmaschine aus und wieder ein und lege Wäsche zusammen (»Ach Mama, das hätten *wir* doch gemacht, wenn wir wach gewesen wären!«).

Wenn ich es für meine Kinder schön gemacht habe und brav mit meiner Hausarbeit fertig bin, gehe ich in den Wald zum Joggen. (Denn ich will ja nicht nur fleißig, sondern auch schlank und schön für meinen Mann sein! Jawohl! Das ist mein Lebenszweck, was bin ich doch modern!)

Kaum bin ich zwei Kilometer gelaufen, kommt die erste WhatsApp: »Mama! Wo bist du? Hier ist keiner!« Hmm. Wenn meine Töchter wissen wollen, wo ich bin, wollen sie das gar nicht wirklich wissen. Eigentlich möchten sie Geld. Oder suchen eine ganz bestimmte Unterhose, die hunderpro gestern noch da war. Oder die Freundin hat nicht sofort Zeit, um irgendwelche Dinge zu erörtern, die in diesem Alter sehr wichtig sind. Jungs. Garderobe. Nagellackfarbe. So was eben. Es geht nicht darum, dass ich weg bin und sie Sehnsucht nach mir haben, nein, ihre Wohlfühl-Gewährleisterin (also ich) ist nicht da und anstatt ihres Glückes eigener Schmied zu sein und sich um ihre Belange einfach mal *selbst* zu kümmern, schreiben sie eine WhatsApp. (Im Moment durchzuckt mich die grandiose Idee, dass man doch eine Mama-App entwickeln könnte! Ja! Eine App, flugs installiert, die dem Kinde sagt, dass die Spezial-Unterhose liebevoll zusammengelegt im blauen Wäschekorb auf dem *Maria*-Stapel liegt, dass die Brötchen deshalb vermutlich nicht auffindbar sind, weil sie sich zwecks der Frischhaltung noch in der Tüte, aber auf dem Tisch befinden, dass das Taschengeld für den Monat August schon ausgezahlt ist und auch nicht durch das Abräumen des eigenen Tellers aufgestockt werden kann sowie dass der Aufenthaltsort der Fernbedienung für den Fernseher zwar bekannt ist, aber unter gar keinen Umständen preisgegeben wird.)

Ja, früher, das waren noch Zeiten! Da wären die jetzt alle längst auf dem Feld! Na gut, vielleicht wäre ich auch nicht joggen, aber dann hätte ich ja schon durchs Garbenschneiden einen wohlgeformten Körper und meine Kinder wären so beschäftigt und ausgelastet, dass ich mich auch nicht über ihr Rumhängen, sprich »Chillen«, aufregen müsste. »Chillen«! Ich kann es nicht mehr hören!

Wenn ich dann da bin, ist alles gut und man muss mich auch nicht durch unnötige Konversation belästigen. Mein »Guten Morgen, Lilli« wird ignoriert. Für »Paulina, hast du die Wäsche aufgehängt?« bekomme ich immerhin eine Reaktion, nämlich Augenverdrehen, und für ein »Geht's euch gut?« sogar eine Antwort, nämlich: »Ham wir keine Erdbeermarmelade mehr? Und nur das doofe Brot?«

Nur William ist fröhlich, der hat nämlich festgestellt, was für schöne und dauerhafte Muster Wasserpistolenspritzen mit Matschwasser auf großen Glasfenstern und bei Sonnenschein macht. Dass das eine Fenster direkt hinter unserem Esstisch offen ist und die Mädels nass, findet er die Krönung. Ich auch. Die Mädchen hingegen sind empört. Völlig ungechillt, die drei.

Über dieses skandalöse Verhalten ihres Bruders plus den schlimmen Humor ihrer Mutter (ja, ich gebe zu, ich hab gelacht!) muss sofort die Welt via WhatsApp oder Facebook in Kenntnis gesetzt werden, denn was wäre das Leben, wenn man es nicht teilen könnte? Ich meine, sie sitzen zu dritt am Tisch und sprechen nicht. Nicht dass mich die Stille stören würde, aber ich kapiere das einfach nicht. Bevor sie sich etwas erzählen, schreiben sie sich eine Textnachricht. Ich schwöre, wenn ich möchte, dass eines meiner Kinder auf mich reagiert, dann rufe ich nicht mehr (auch wenn sie sich direkt im Zimmer neben mir befinden). Nein, ich schreibe eine WhatsApp mit dem gehaltvollen Inhalt: »Komm mal rüber, bitte!« Nicht dass sie kommen würden, aber ich weiß, sie haben mich bemerkt, denn dafür gibt's ja die zwei Häkchen, die mir garantieren, dass der Adressat meine Message erhalten hat. Sie schreiben immerhin zurück, gern zum Beispiel: »Warum?«

Jetzt sitzen alle drei da und ich bin mir beinahe sicher, dass die eine der anderen eine Nachricht schickt mit einem gehaltvollen Inhalt à la: »Maria, kannst du mir bitte die Erdbeermarmelade geben?« In meiner hoffnungsvollen Fantasie immerhin ein »Bitte«. Die tippen so schnell, so schnell kann ich gar nicht sprechen. Die Antwort kommt sofort, das hört man am *Pling*. »Die Erdbeermarmelade ist alle!«

»Hol neue, du hast sie leer gemacht!«

»Nein, du!«

»Nein, du!«

»Nein ...!«

Man kann sich auf jeden Fall auch per WhatsApp streiten, so viel ist klar. Als Mama-App würde sich jetzt selbstverständlich die automatische Push-Benachrichtigung einschalten: »Toll, Paulina! Du hast dich für das nächste Streit-Level qualifiziert! Und Maria: Hiermit hast du Kratzen und Beißen freigeschaltet.« Aah! Manchmal fühle ich mich alt!

Ich glaube, ich brauche Urlaub. So richtig. Hotel. Schiff. Luxus. Egal. Hauptsache, Sonne. Hauptsache, Wasser. Hauptsache, weit weg. Oder vielleicht doch die Berge?

Ach, wenn ich mich doch nur entscheiden könnte!

Und Sie? Der ultimative Reisetest

1. Wohin würden Sie am liebsten reisen?

In die Berge zum Wandern oder Skifahren. (A)

In eine spannende Metropole, da gibt es viel zu entdecken. (B)

Ans Meer, relaxen, braun werden und mich rundum verwöhnen lassen. (C)

An meinen Lieblingsplatz am Baggersee – und abends wieder zurück. (D)

Egal, solange es abenteuerlich, weit weg und sehr exotisch ist. (E)

Egal, Hauptsache, WLAN. (F)

2. Mit welchem Verkehrsmittel reisen Sie am liebsten?

Mit dem Auto, da bin ich flexibel und meine Ausrüstung passt rein. (A)

Nicht so wichtig, Hauptsache, ich kann nachher die Gegend zu Fuß erkunden und mir alles anschauen. (B)

Mit dem Schiff, da muss ich mich um nichts kümmern. (C)

Mit dem Zug, da sieht man was. (D)

Mit dem Flugzeug, für weite Strecken ideal. (E)

Im Bus, immer hinten. (F)

3. Wie planen Sie Ihren Urlaub?

Gar nicht. Badezeug, Klettersachen, Angeln, Zelt, Surfbrett, Rad – alles immer schon im Auto. Ein Anruf bei meinen Kumpels und los geht's. (A)

Ich kaufe Reiseführer, recherchiere ein bisschen und überlege mir vorher, was ich alles anschauen möchte. (B)

Ich gehe ins Reisebüro. Dort kennt man mich. Ich buche schließlich jedes Jahr den gleichen Urlaub. (C)

Gar nicht. Die Sonne scheint? Ich steige aufs Rad und fahre los! (D)

Ich verbringe Tage vor dem Computer und stelle selbst alles zusammen. Die Planung ist vorfreudiger Teil der Reise! (E)

Mich fragt doch eh keiner, was ich will! (F)

4. Auf Ihrer Autofahrt entdecken Sie einen idyllischen Fluss, der sich an der Straße entlangschlängelt. Was machen Sie?

Ich schau mich mal um, vielleicht kann man da ja irgendwo angeln! (A)

Ich halte an und schieße ein Foto. Siehst du die kleine Kirche am anderen Ufer? Die hat bestimmt eine sehr spannende Geschichte. Ich muss alles darüber herausfinden. (B)

Ich fahre vorbei. Schließlich muss ich pünktlich am Flughafen ankommen. (C)

Was für ein toller Platz für ein Picknick! Decke und Kühltasche werden sofort ausgepackt. (D)

Ich nähere mich vorsichtig. Man weiß ja nie, ob es in diesen Gewässern Krokodile gibt. (E)

Boah, idyllisches Flussufer? Kirche? Picknick? Ist doch alles gleich öde! (F)

5. Wie sieht die perfekte Unterkunft für Sie aus?

Wie das Zimmer aussieht, ist mir nicht so wichtig. Ich bin sowieso nur zum Schlafen da. (A)

Ich liebe geschichtsträchtige Unterkünfte. Schlösser, Burgen, Klöster – Hauptsache, die Mauern sind dick und der Wirt kann gut erzählen. (B)

Das Zimmer ist hell, Spa- und Poolbereich sind sauber und der Strand ist ganz nah. (C)

Schau dich um! Zu Hause ist es doch am schönsten. (D)

Ich fühle mich auch unter freiem Himmel wohl: Zelt und Camper sind völlig okay. (E)

WLAN! (F)

6. Was ist für Sie Luxus im Urlaub?

Schönes Wetter, beste Pisten-/Wellen-/Wind-Voraussetzungen, abends unverletzt heimkommen. (A)

Endlich ganz und gar in die historischen Hintergründe eines Ortes eintauchen zu dürfen, ausgiebig meine Neugierde stillen zu können und allein zu sein. (B)

Wenn ich mich um nichts kümmern muss und Zeit für meine Familie habe. (C)

Jeden Tag zu genießen. (D)

Dass ich mich auf jedes Abenteuer einlassen kann. (E)

Dass mich meine Eltern in Ruhe lassen. (F)

7. Urlaub ist ...

... ein Abenteuer. Ich will alles sehen! (A)

... Brainfood. Ich will alles wissen! (B)

... eine Auszeit. Ich will mich erholen! (C)

... das zu tun, was mir gefällt – am besten zu Hause, wo ich spontan entscheiden kann. (D)

... ein Schritt in die richte Richtung. Irgendwann bleibe ich einfach! (E)

... überflüssig. Warum kann ich nicht einfach zu Hause bei meinen Freunden bleiben? (F)

8. Was packen Sie ein?

Na, alles! (A)

Wohlfühlkleidung, Joggingschuhe, Reiseführer und gutes Kartenmaterial (B)

Stilettos und Kleider, Flipflops, Sonnencreme, Hüte und Bücher – zwanzig Kilo sind viel zu wenig! (C)

Meinen Geldbeutel (D)

Nur das Nötigste. Sonst muss ich beim Umsteigen immer so viel schleppen. (E)

Wie, Wechselklamotten? Geht's noch? Will ich auf eine Modenschau oder was? Ladekabel. (F)

9. Welche Landschaft gefällt Ihnen am besten?

Berge und Meer. (A)

Die Landschaft ist nebensächlich. Ich interessiere mich vor allem für historische Schauplätze. (B)

Das Meer. (C)

Hinterm Ortsausgang rechts. (D)

Jede! (E)

Die von *Game of Thrones*. (F)

10. Welche Motive sind überwiegend auf Ihren Urlaubsfotos zu sehen?

Checkt einfach meinen GoPro-Film auf YouTube! Diese Downhill-Rides – coole Pics, sag ich euch! (A)

Sehenswürdigkeiten. Und diese römischen Tafeln, die fotografie-
re ich auch immer. Wäre doch gelacht, wenn ich sie nicht übersetzen könnte! (B)

Wir. Am Strand, beim Essen, beim Shoppen oder an der Bar! (C)

Ich mache keine Fotos, ich weiß doch, wie es hier aussieht! (D)

Klippen, Ebenen, Sonnenuntergänge, Blüten. Irgendwann einmal mache ich ein Fotobuch daraus! (E)

Mein linker Fuß, meine Zunge, meine Haare, mein halbes Gesicht. Mit Hasenohren, Brille und Sound, logisch. (F)

11. Wie wichtig ist Ihnen gesundes Essen im Urlaub?

Geht so, ich esse auch mal Ravioli aus der Dose. Kalt. (A)

Ich esse am liebsten regionale Spezialitäten. (B)

Sehr wichtig! Das ist ja das Tolle an diesen Büfetts: Die gesunde
Vielfalt. Nur diese Desserts machen mich fertig. (C)

Sehr wichtig. (D)

Ich probiere alles, aber ein bisschen Obst vom Markt tut es tagsüber völlig. (E)

Schmeckt eh alles Kacke. Und 'ne richtige Cola gibt's hier auch
nicht! Kannst du endlich mal mit der blöden Fragerei aufhören? (F)

Geschafft! Und hier die Auswertung! Sie haben überwiegend:

A wie Adrenalinjunkie, Allrounder und Abenteuerfan:

Radeln, Wandern, Schwimmen, Mountainbiken, Tauchen,
Surfen, Stand-up-Paddeln, Skifahren, Snowboarden: Ob Ferienwohnung oder Campingplatz, ist nicht so wichtig. Sie sind
sowieso nur zum Schlafen dort. Das Wichtigste in Ihrem perfekten Urlaub sind die Natur, ein funktionierendes GPS – und

Sie selbst. Na ja, und ein ordentliches Abendessen. Sie brauchen schließlich Kraft für Ihre Abenteuer. Andere Menschen kreuzen Ihren Weg, aber am liebsten Gleichgesinnte, mit denen Sie sich über Routen, Touren, Trails und Wind und Wetter austauschen können. Nur rumliegen und faul sein? Nichts für Sie. Die perfekte Reiselektüre: Landkarten und Wanderführer.

Ihre Reiseländer: Fuerteventura, Madeira, Portugal, Schweiz, Österreich, Neuseeland, Frankreich, Spanien. Aber eigentlich ist es völlig egal, wo Sie landen – Sie finden immer etwas zu tun.

B wie Bildungsurlauber:
Sie wollen alles wissen: Landesgeschichte, Baujahre, Anzahl der Treppenstufen, Traditionen, Fakten, Hintergründe … Andere Kulturen sind für Sie so spannend wie ein Actionfilm und Geschichte und Architektur interessieren Sie brennend. Im Hotel sitzen und lesen? Höchstens, um die nächste Besichtigungstour zu planen. Hitze, Eintrittspreise und Entfernungen sind Ihnen völlig egal, wenn Sie ein Land bereisen.

Studienreisen, Rundreisen, Städtereisen sind für Sie ideal!

Israel, Albanien, Sizilien, Griechenland und noch viele Länder mehr interessieren Sie. Zweimal in das gleiche Land? Nur wenn Sie noch nicht alles gesehen haben.

Unterkünfte für Städtereisen finden Sie zum Beispiel hier:
www.airbnb.de
www.fewo-direkt.com
www.jugendherberge.de

C wie Cluburlauber:

Sie überlassen nicht gern irgendetwas dem Zufall.

Auch bei Ihnen ist das Reiseland nicht so wichtig: Hauptsache, Sie finden in Ihrem Hotel alles, was Sie brauchen. Und das werden Sie auch, denn schließlich wurde es Ihnen empfohlen und Sie wissen schon vorher genau, was Sie erwartet: Nach dem ausgiebigen Frühstück ein bisschen Sport, mit dem Animateur eine Runde Volleyball, mit neuen Freunden eine Segeltour oder eine Runde Tennis. Die Kinder sind glücklich in ihrem Miniclub und beim Essen, denn hier findet jeder, was ihn zufrieden macht. Dass Sie nicht alles extra zahlen müssen, finden Sie praktisch, und wo es Ihre Lieblingsvorspeise am Büfett gibt, wissen Sie längst. Sie haben einen Lieblingstisch, einen Lieblingsliegestuhl und ein Lieblingsgetränk, das der Barkeeper schon mixt, wenn er Sie nur kommen sieht. Abends Party? Sie sind dabei. Gern gehen Sie jedes Jahr in den gleichen Club, da weiß man, was man hat. Er ist sauber, die Qualität stimmt und nach zwei Wochen sind Sie so etwas von erholt und braun – da stört es Sie auch nicht, wenn Sie nicht viel vom Land gesehen haben und der Urlaub ein bisschen teurer ist. Er hält ja dafür auch eine ganze Weile.

Ihre Lieblingsreiseländer sind die Türkei, Malediven, Marokko, Ägypten – oder Sie buchen sich gleich eine Schiffsreise auf einem Clubschiff.

Die Reisebürokauffrau Ihres Vertrauens kennt Sie jedenfalls schon sehr gut und weiß deshalb auch genau, was Ihren Wünschen und Ihrem Budget entspricht.

D wie »Daheim ist es am schönsten«

Sie brauchen wirklich nicht viel, um sich zu entspannen. Luxus, Abenteuer, Wellness? Nicht nötig. Das Wichtigste für Sie ist, Zeit zu haben und spontan sein zu können. Wandern und Radeln – geht auch gechillt vor der eigenen Haustür, danach an den Baggersee, in den Biergarten mit Freunden oder einfach Grillen auf der Terrasse. Dann kommt das Urlaubsgefühl schon ganz von allein. Perfekt.

Ihre ganze Familie hat bestimmt eine Saisonkarte fürs Freibad. Im Stau stehen, am Flughafen warten oder am Büfett? Alles nichts für Sie. Wenn alle gehen, ist es doch zu Hause am allerschönsten! Sie kennen Ihre Umgebung besser als jeder andere. Das heißt aber nicht, dass Sie ein Stubenhocker sind. Außerdem: Wenn es regnet oder langweilig ist, dann können Sie ja immer noch Ihre Sachen packen und losziehen.

Lieblingsreiselektüre: die Tageszeitung.

E wie je exotischer, desto besser

Weite Flüge machen Ihnen nichts aus. Im Gegenteil: Sie bringen Sie in Länder, von denen Sie Ihr Leben lang geträumt haben. Sie haben keine Angst vor fremden und wahlweise sehr großen oder sehr kleinen Tieren. Sie gehen lieber nicht so oft, dafür aber länger in den Urlaub und sind auch bereit, dafür ein bisschen zu sparen.

Zwei Hinweise von mir, aber das wissen Sie natürlich sicher längst: Am Wohnmobil sollte man niemals sparen. Und auch in Sehnsuchtsländern regnet es.

Reiseländer: Neuseeland, Thailand, Laos, Namibia, Südafrika … und noch viele mehr. Wenn Sie nicht selbst eine Reiseroute planen und alles organisieren möchten, buchen Sie mit Experten.

Zum Beispiel mit: www.erlebe-fernreisen.de

Von allem ein bisschen:

A, B, C, D, E oder eine Mischung aus allem?

Sie entspannen am liebsten am Strand mit einem guten Buch. Sie treiben gern auch im Urlaub Sport, aber schauen sich auch mal das Stadtzentrum an. Sie sind viel unterwegs, genießen aber auch ein paar freie Tage zu Hause. Sport ja, aber ohne Gruppen- oder sonstigen Zwang. Alles schön ausgewogen. Abends darf es ruhig ein bisschen Unterhaltung sein, aber nicht zu viel des Guten. Sie sind bereit, ein wenig mehr Geld auszugeben, wenn Sie sich dann darauf verlassen können, dass das Hotel sauber und das Essen lecker ist. Ob Sie Halbpension oder nur Übernachtung und Frühstück gebucht haben, ist egal. Sie genießen es, nach dem Abendessen noch auf der Promenade zu flanieren, in eine Bar oder zum Sternegucken an den Strand zu gehen. Ihre Kinder sind glücklich, weil sie Anschluss gefunden haben. Trotzdem sehen Sie sich auch ab und zu. Sie suchen nach einem kleinen Hotel, das ruhig, aber nicht einsam ist. Warm, aber nicht zu heiß. Direkt am Strand, aber ein bisschen im Grünen. Mit Sportmöglichkeiten, aber ohne aufdringliche Animation. Also: Wenn es möglich ist, buchen Sie am besten außerhalb der Saison. Und wenn Sie schulpflichtige Kinder haben, zumindest an Pfingsten.

Sie leben nicht in Baden-Württemberg und haben keine Pfingstferien und trotzdem haben Sie dieses Hotel gefunden? Rufen Sie mich an! Ich komme mit!

Sehr nah an diesen perfekten Ferien für Eltern mit kleinen und großen Kindern sind die Urlaubsangebote von Vamos-Reisen.

www.vamos-reisen.de

F wie Familienurlaub, nein danke!

Du bist vermutlich ein Teenager. Dass dir alles egal ist (sogar im Urlaub!), ist zwar normal. Aber eigentlich schade.

Vor allem für dich. Ja, du wirst auch im Urlaub die meiste Zeit in deinem Bett verbringen oder wahlweise vor dem Computer. Du wirst genau das Gleiche essen wie zu Hause und genauso wenig sprechen. Warum dich deine Eltern mitnehmen, obwohl du permanent entweder schlechte Laune hast oder völlig überdreht bist (sobald Gleichaltrige in der Nähe und besonders wenn sie vom anderen Geschlecht sind), ist dir vermutlich ein Rätsel. Deinen Eltern, ehrlich gesagt, sicher auch. Vermutlich schwören sie sich, den nächsten Urlaub unbedingt ohne Kinder zu verbringen. Und dann, ganz plötzlich, sitzt ihr eines Abends aus Versehen doch zusammen beim Essen und unterhaltet euch. Einfach so. Einer macht einen Witz und alle lachen. Und da ist es: das Familiengefühl. Der Grund, warum es schön ist, gemeinsam im Urlaub zu sein. Zeit zu haben, solche Momente entstehen zu lassen. Der Grund, warum deine Eltern dich mitgenommen haben, und der Grund, warum du mitgefahren bist. Nein, du musst es nicht laut aussprechen. Du musst es nur genießen.

Urlaub ist, wenn man hinterher eine Erinnerung hat, die einem immer wieder ein Lächeln ins Gesicht zaubert. Das geht egal wo – und manchmal sogar mit den eigenen Eltern.

Heimat

Stuttgart

Was wäre eine unglaublich tolle, inspirierende und erfüllende Reise, ohne eine Heimat, in die man zurückkehren und wo man sich auch im Nachhinein an allen Erlebnissen erfreuen kann? Vermutlich nichts weiter als eine Flucht, oder? Meine Heimat ist Stuttgart. Und unter uns: Im Sommer zieht es mich hier auch wirklich nicht weg. Warum auch? Es ist wunderschön hier in unserer Gegend! Klar, das Feinstaubthema ist echt übel und der Stuttgarter Bahnhof auch ein trauriges Kapitel, aber für mich gibt es über diese Stadt einfach wesentlich mehr zu sagen als nur das, was in den (Negativ-)Schlagzeilen steht.

Ich liege nämlich im Bikini auf den heißen Holzplanken unter einem riesigen Ginkgobaum. Vor mir erstreckt sich ein winziges, sehr niedriges, eiskaltes und nicht besonders ansprechendes Schwimmbecken mit glitschigem, braunem Grund. Man kann hier keine Bahnen schwimmen, so viel ist klar. Die Menschen am Beckenrand zieren sich. Das Wasser ist eiskalt. Auf den ersten Blick fragt man sich vermutlich, warum sich hier so viele Menschen tummeln, was sie hier freiwillig tun und warum die Stadt so etwas überhaupt erlaubt. Mit »so etwas« meine ich das Bad, nicht das Tummeln. Das darf man hier. Hier ganz besonders.

Es riecht nach Sommer. Nachher werde ich mir ein Käsebrötchen und ein hart gekochtes Ei oben an der Theke holen, dabei sehr braun gebrannten Männern beim Skatspielen über die Schulter schauen und nichts, aber auch gar nichts von dem, was sie sagen, verstehen, weil ich keine Ahnung von Skat habe und weil ihr Schwäbisch so unendlich breit ist.

Die älteren Damen, die sich ins Becken getraut haben, tragen gern mit Gummiblüten besetzte Badekappen und paddeln langsam und einträchtig neben lebendigen Enten zur Schwimmbadmitte, um einen tiefen Schluck aus der eiskalten Quelle zu nehmen. Das Wasser schmeckt scheußlich, aber es hält jung, sagt meine Mutter und sie muss es wissen. Sie kommt schließlich beinahe jeden Tag hierher. Niemand würde hier auf die Idee kommen, ins Wasser zu springen oder ernsthaft Bahnen schwimmen zu wollen. Ich bin eingehüllt in einen Klangteppich aus Schwäbisch. Und glücklich.

Jeder Stuttgarter weiß, wo ich bin. Und fast jeder Stuttgarter ist neidisch. Ich bin nämlich im Mineralbad Berg. Vielmehr war ich dort. Denn dieses historische Bad wird nun bis voraussichtlich Ende 2018 renoviert und keiner weiß, wie es danach aussieht. Vermutlich war es notwendig, schließlich hat sich seit der Eröffnung im Jahre 1856 nichts verändert, aber keiner der Stammgäste wollte eine Renovierung. Auf gar keinen Fall. Veränderungen an der Stadt mögen wir alle nicht besonders gern. Man denke nur an den Hauptbahnhof und Stuttgart 21. Ach nein, lieber nicht. Lieber an das Teehaus denken, das auf dem Bopser thront. An die Karlshöhe, das Weindorf und die angeblich zwischen vierhundert und sechshundert Stäffele. Das sind Treppen, die einen auf dem schnellsten Weg vom Kessel in die

Halbhöhenlage bringen und auf denen früher die Weinbauern gegangen sind. Jede Einzelne hat einen Namen und eine eigene Geschichte. Morde sind hier verübt, Lieben beschlossen, Geschichte geschrieben worden. Ganz genau. In Stuttgart.

Einer meiner Lieblingsplätze ist der Bärensee mitten im Wald, vielmehr sind es drei, um die man prima herumjoggen und dabei Leute beobachten kann. Ich mag die Zahnradbahn »Zacke«, die seit 1884 von Heslach nach Degerloch fährt, oder den Birkenkopf, einen Berg, der zwischen 1953 und 1957 mit rund 15 Millionen Kubikmetern Trümmerschutt auf 511 Meter aufgeschüttet wurde und deshalb »Monte Scherbelino« genannt wird. Man kann von dort supergut über die Stadt und in das Neckartal schauen. Apropos Blick über die Stadt: Dafür muss man natürlich auch unbedingt auf den Fernsehturm! Er mag nicht der höchste Fernsehturm Deutschlands sein oder der tollste, aber er ist der weltweit erste und die ganze Welt hat ihn kopiert! Und vor allem: Er ist unserer. Ich sage es mit einiger Verwunderung und großer Überzeugung: Ich habe eine persönliche Beziehung zu diesem Bauwerk! Er beruhigt meine Nerven, macht mich froh und mein Blick sucht ihn zwischen den Häusern, wann immer ich eine Lücke entdecken kann. Und da bin ich bestimmt nicht die Einzige.

Die Umgebung ist grün, das Wetter sehr oft schöner als anderswo in Deutschland, man ist in einer Stunde am Bodensee und wenn es einem dort nicht gefällt, kann man ja in die andere Richtung fahren. Dann ist man im Elsass.

Stuttgart ist kulturell in Deutschland ganz weit vorn, gleich vor Hamburg und Dresden. Ja, das hören die Hamburger bestimmt nicht gern. Unser Opernhaus ist auch immer noch alt, gerade deshalb wunderschön und genau richtig groß. Ich hoffe, es darf auch so bleiben. Die Stuttgarter Innenstadt ist voller Clubs, Cafés, kleiner Galerien, Theater und natürlich tausend Jugenderinnerungen.

Ich weiß, ich weiß, Prenzlauer Berg und so ... Unsere Antwort darauf heißt Lehenviertel. Wir haben eine Zahnradbahn, die abends mitten im Foyer des Theaters »Rampe« geparkt wird – und wer kann so etwas schon von seiner Stadt behaupten? Wir haben den ältesten Tunnel Europas und den auch noch mitten in der Stadt und Kneipen, die drei Quadratmeter groß sind, aber in denen sich mehr Leute drängen als in manch riesigen Hallen. Und überhaupt: Wir haben die Stuttgarter Bands wie die Fantastischen Vier, Max Herre, Cro, Freundeskreis und Massive Töne. Und das sind nur die bekannten! Wenn wir schon dabei sind: Schwaben sind sehr nett und gesellig! Doch wirklich! Man muss sie eben nur verstehen. Auch ich schreibe grundsätzlich »selber« anstatt »selbst«, weiß nie, ob ich »heben« oder »halten« sagen sollte. Wenn man einen Schwaben nach der Uhrzeit fragt, sollte man sich unbedingt das Zifferblatt zeigen lassen, denn sonst wird es schwierig. Die meisten können mit »viertel vier« und »drei viertel fünf« nicht wirklich viel anfangen. Und um es noch komplizierter zu machen, haben wir auch noch von den Franzosen geklaut: Trottoir (gesprochen: Trottwar), Chaiselongue (gesprochen: Schässloh), Souterrain (Suddrrai) und Portemonnaie (Portmonneh), um nur einige der Wörter zu nennen. Nein, unser Dialekt ist nicht einfach, und ja, man kann sich prima über die Schwaben lustig machen. Aber wer hält das schon aus? Und viel wichtiger: Wer lacht dabei am lautesten? Naaa? *Das* ist ja wohl wahre Größe.

Ja, ich liebe Stuttgart. Sehr sogar. Ganz wichtig für diese Liebe ist allerdings Folgendes: Wenn alle Stricke reißen, bin ich in 15 Minuten am Flughafen.

Und übrigens:

Viertel fünf ist 16.15 Uhr.

Drei viertel fünf ist 16.45 Uhr.

Wer sich selbst ein Bild machen will:
* www.eat-the-world.com/stuttgart.html
* www.stuttgarter-staeffelestour.de/staeffele.php
* www.geheimtippstuttgart.de

Sprache:
* www.schwaebisch-schwaetza.de

Anschauen und besuchen:
* Teehaus
* Bärensee
* Mineralbad Berg (vermutlich ab Ende 2018 wieder geöffnet)
* Karlshöhe
* Fernsehturm
* Birkenkopf (Monte Scherbelino)
* Zacke

* Wilhelma
* Markthalle
* Weißenhofsiedlung
* Höhenpark Killesberg
* Grabkapelle am Rotenberg
* Mercedes-Benz Museum
* Porsche-Museum
* Staatsgalerie
* Staatstheater

Mein Lieblingscafé:
* Herbertz Espresso Bar, Immenhofer Str. 13, 70280 Stuttgart

Meine Lieblingscocktails gibt es hier:
* California Bounge (unbedingt Gin Basil Smash probieren!), Börsenstraße 1, 70174 Stuttgart, geöffnet bis vier Uhr morgens

Meine Lieblingsmusik:
* Bix Jazzclub, Leonhardsplatz 28, 70182 Stuttgart

Und um die Ecke gleich ...

Eine Lieblingsbar:
* Uhu Bar, Leonhardstraße 4, 70182 Stuttgart, geöffnet bis fünf Uhr morgens

Schwäbische Küche:

* Zur Kiste (Stuttgarts älteste Weinstube), Kanalstraße 2,
  70182 Stuttgart

Ende

Oder vielmehr – Neue Pläne. Sehr gute neue Pläne

Ich treffe Arleen an Silvester auf der Straße. Sie ist erst vor Kurzem mit ihrem Mann Oliver in das Haus neben uns gezogen. Arleen ist dunkelhaarig und klein, sehr hübsch und vor allem fröhlich. Kurz: Ich mochte sie und Oliver vom ersten Augenblick an und ich freue mich, dass so nette Menschen direkt neben uns wohnen. Wir haben schon den einen oder anderen Abend miteinander verbracht und ich habe die beiden immer als sehr harmonisch wahrgenommen. Jetzt aber erschrecke ich: Arleen hat einen Koffer in der Hand! Wohin sie wohl geht? Und warum? Kalt ist es und auch schon beinahe Mitternacht. Ob sie Oliver verlassen hat? Und wenn, warum ausgerechnet jetzt? Besorgt frage ich, ob sie vielleicht jemanden zum Reden braucht. Sie grinst. Um es kurz zu machen: Arleen und Oliver sind nach wie vor glücklich miteinander. Aber Arleen kommt aus Ecuador und dort geht man in der Silvesternacht mit einem gefüllten Koffer einmal um den Block. Das bringt Glück. Und vor allem bringt es viele spannende Reisen im neuen Jahr.

Als wir das Feuerwerk über unserer Stadt bewundern, frage ich Holger, was er sich fürs neue Jahr wünscht.

»Oh, das ist einfach!«, sagt er, nimmt mich in den Arm und schaut mir tief in die Augen. »Ich wünsche mir, dass es einmal ein ganz langweiliges, vorhersehbares Jahr ohne größere Abenteuer und besondere Herausforderungen gibt. Ein ruhiges, erholsames Jahr, das wäre wirklich großartig.«

Ich lächle ihn an, küsse ihn und sage: »Happy new year!« Und dann gehe ich nur mal schnell rein, um meinen Koffer zu holen.

Thank you for travelling with ... me!

Natürlich kann man allein reisen. Ich habe das auch schon getan und es hat mir gefallen. Aber noch viel schöner ist es natürlich, Eindrücke und Erlebnisse zu teilen, gemeinsam Abenteuer zu erleben und Neues auszuprobieren. Deshalb gebührt mein Dank all meinen Freunden, die mit mir unterwegs waren, mich an den Flughafen gefahren und mir ein Bett angeboten haben und mit denen an meiner Seite mein ganzes Leben eine wunderschöne Reise ist. Ihr seid die Besten und ich freue mich auf alles, was wir noch zusammen erleben werden. Tita, Dagmar, Andrea, Michaela, Sabine, Katrin, Arleen – let's go!

Ich danke auch Holger und Paulina, Maria, Lilli und William. Ohne euch ist jeder Ort nur eine Sammlung von Straßen und Plätzen.

Danke dir, Anja Koeseling! Die Reisen, auf die du mich mit jedem neuen Buch schickst, sind so unglaublich spannend, kostbar und bereichernd. Deine Energie und deine Überzeugung können Berge versetzen und deine Anmerkungen machen jeden meiner Texte besser.

Ganz herzlichen Dank auch an die Damen von Eden Books: Svenja Monert, Nina Schumacher und Katrin Bojarzin – ihr seid toll! Es macht so unglaublich viel Spaß, mit euch zu arbeiten.

Und Jennifer Kroll: Was für ein cooler Titel! Wie schön, dass du an meine Texte glaubst.

Danke dir, Katharina Theml, für deine klugen Kommentare, deinen klaren Blick und deine Unterstützung im Lektorat.

Nuri, ich danke dir. Du weißt Bescheid.

Ganz besonders aber danke ich meinen Eltern, die in mir die Neugier auf die Welt da draußen so nachhaltig geweckt haben. Die mir von ihrer Offenheit anderen Kulturen gegenüber etwas abgegeben und mich ein wenig aus dem Nest geschubst haben, um mir zu beweisen, wie gut ich auch allein fliegen kann. Und viel wichtiger noch: die immer da waren, wenn ich Sehnsucht nach zu Hause hatte.

Danke dir, Thomas. Es ist schön, einen Bruder wie dich zu haben!

Impressum

Lucinde Hutzenlaub
Ruhe auf den billigen Plätzen!
Eine Mutter im Familienurlaub packt aus
ISBN: 978-3-95910-153-0

Eden Books
Ein Verlag der Edel Germany GmbH
Copyright © 2018 Edel Germany GmbH, Neumühlen 17, 22763 Hamburg
www.edenbooks.de | www.facebook.com/EdenBooksBerlin | www.edel.com
2. Auflage 2018

Dieses Werk wurde vermittelt durch die Literaturagentur Scriptzz, Berlin
www.scriptzz.de

Einige der Personen im Text sind aus Gründen des Persönlichkeitsschutzes
anonymisiert.

Projektkoordination: Katrin Bojarzin
Lektorat: Katharina Theml
Umschlaggestaltung: Bürosüd GmbH, München
Aufzählungszeichen: © Shutterstock/ittipon Munmoh
Illustration "Auto": Designed by Freepik
Layout und Satz: Datagrafix GmbH, Berlin| www.datagrafix.com
Druck und Bindung: optimal media GmbH, Glienholzweg 7,
17207 Röbel/Müritz

Das FSC®-zertifizierte Papier *Holmen Book Cream* für dieses Buch lieferte
Holmen Paper, Hallstavik, Schweden.

Printed in Germany

Dieses Buch ist auch als E-Book erhältlich.

Um die kulturelle Vielfalt zu erhalten, gibt es in Deutschland und in Österreich die gesetzliche Buchpreisbindung. Für Sie, liebe Leserin und lieber
Leser, bedeutet das, dass Ihr verlagsneues Buch jeweils überall dasselbe
kostet, egal, ob Sie Ihre Bücher gern im Internet, in einer großen
Buchhandlung oder beim kleinen Buchhändler um die Ecke kaufen.